U0449100

组织的逻辑

THE ORG

[美] 雷·菲斯曼 | 蒂姆·沙利文 著
Ray Fisman Tim Sullivan

吴书榆 译

献给我的父母

    ——雷·菲斯曼

献给我的母亲

    ——蒂姆·沙利文

引言　组织：一部为完成任务而打造的机器

美国的一份关于时间分配的调查显示，在 2008 年，年龄介于 25 到 54 岁、受雇于人的美国普通家长，每天在工作及"工作相关活动"上花掉超过三分之一的时间，也就是将近 9 个小时。我们花在工作上的时间和睡觉吃饭的总时长相差无几。我们和同事相处的时间，比和挚爱的亲人更长。

事实上，花了这么多时间和同事共处之后，某些同事已经可以代替家人了。"职场配偶"（work spouse）指的就是你和公司里的某人维持一份纯友谊的关系，但这当中的亲密感足以重现你在婚姻中的感受，且因为不涉及家庭琐事与财务上的紧张，这份关系的质量甚至比与配偶之间关系的质量有过之而无不及。一项调查指出，有 65% 的受访者表示他们有"办公室老公"或"办公室老婆"。

工时不断延长已成全球趋势，上面叙述的不过是近期的一项统计数据而已。自 20 世纪 80 年代初期起，人们的工时就开始增加,随着电子邮件和智能手机问世,工作几乎全面入侵家庭生活:员工可以走出办公室,但办公室不会放开员工。①

虽然待在办公室的时间很长(或者,也正因为如此),大多数人却很难找到职场人生的意义。很多人根本连试都不试了,对他们来说,办公室的人生太无意义,不值得一想。人们也因此变得愤世嫉俗,尖酸刻薄地嘲弄早已不成立的组织前提,并大开办公室玩笑:毫无头绪的经理人不知道直属员工的动向;组织无法沟通目标、无法制定实质目标,粗鲁地忽略数据和证据,设计出背道而驰的激励方案还划分个人的势力范围,面对新的挑战时只会死板反应;高级主管发送毫无意义的备忘录;人力资源部门的公告和格子间里的员工的感受完全脱节,等等。

虽说这些问题不见得百分之百没有信口胡诌的成分,但办公室里匪夷所思的事情根本无须捏造,讲都讲不完,这是众人皆知的,你可以随便问问哪个朋友或拦下一个通勤人士,如果你看过斯科特·亚当斯(Scott Adams)的漫画《呆伯特》(*Dilbert*)就知道了——这系列漫画大致上是以读者的亲身体验为蓝本。办公室里的光怪陆离,是我们的现实人生,为讽刺作家提供了丰富的素材,让他们一再从中撷取灵感。

但是当讽刺作品的荒谬都与现实相形见绌时,我们还能从职场中得到什么?现代组织引发的,正是这类"存在性"的问题。

这股对于存在性的恐惧,引得很多人愤世嫉俗,但也有更多人挺身而出。比方说,职场专家兼营销博主帕梅拉·斯利姆

(Pamela Slim)，在她的著作《逃离格子间》(*Escape from Cubicle Nation*) 中建议读者逃离"企业监狱"，成为大展宏图的创业者（这样一来，当然就无须面对令人头痛的组织问题了）。斯利姆并不是独一无二的，书店的书架上摆满了类似的成功指南。

不管你是要脱离组织，还是要跳进去拯救组织，都要先检视情况为什么会走到这般地步，这是很有价值的评估，这也是本书的切入点。本书要做的，是说明组织如何以及为何会如此行事：不同的部门处室如何整合、规则如何制订，以及当你改变规则或绕过规则时，会发生什么事。我们的目的是揭露与"格子间"人生共生共存的焦虑与困惑，说明从只有一个房间的自家工作室到独步全球的企业巨兽这条路上，有着哪些让人讶异的取舍和妥协，并演示办公室人生的逻辑。

等你更透彻地了解组织的运作之后，你就可以提升境界，迈向言之有物的愤世嫉俗了。

最轻微的功能失调

本书的两位作者并非钻研组织的技术人员。市面上有很多这种专家：他们会告诉你如何修正组织、要启动哪些战术手段、要采取哪些步骤，才能驱策员工更有生产力、更尽心、更敬业、更值得信任。这本书也不打算宣称你所知道的和组织相关的知识全是错的，绝非如此。

反之，我们的用意是要善用组织经济学的相关工具，来说明组织的内部运作。数十年来，经济学家（我们或许认为这些人应该可以针对职场表达一些看法）把职场或组织（经济学上都称之为"企业"）当成一个黑箱。生产原料丢进去（投入），产品跑出来（产出）。他们或许会更详细地描述这些投入与产出，贴上各种说明性的标签，诸如"劳动""资本"，以及在"产品"（这是任何制成品都可通用的说法）生产中会用到的"技术"。② 公司营销产品，消费者购买产品，经济学家则利用需求曲线进行衡量，判定该生产多少产品。20世纪中叶的制造业经济体，就通过这个架构呈现在你眼前。组织（可能是《财富》五百强企业，也可能是小店铺）里实际上发生了什么事，大致上不属于经济学专业领域。

但后来发展出组织经济学。组织经济学的历史根源悠远，但直到20世纪80年代中期才开始发展成独立学科（供各位参考：大概也就在此时，我们的工时慢慢开始延长）。组织经济学家建立了数学模型，他们的抱负是想弄清楚组织为何看起来是这个模样、组织如何运作，以及该如何强化组织。经济学家用一页又一页组织内部人员难以理解的数学演算，来描述组织内部人员的体验。希腊符号与隐晦的经济学术语背后有一套条理分明的原则，帮助我们理解自身的组织经验。经济学并未提供完整的组织观点（心理学、社会学以及其他学科倒是有很多精辟见解），但这门学科很善于展现逻辑架构，而这也就是组织人生的层级结构。

当经济学家在分析企业时，他们不太关注功能失调，或者说，至少不会完全只关注这一点。反之，他们认同组织是妥协之后的结果，是许多互相冲突的利益和目标取舍之后的面貌。因为要妥协，人们的职场人生就会出现明显的功能失调，也就是说，功能失调不过是所有成本效益取舍后的结果。组织经济学可提供解释，说明即便现今办公室世界极不完美，它的存在却代表现实世界处于"最轻微的失调"，但"最轻微的失调"这个概念，还真让人沮丧啊。

取舍是重点

比方说，来看看 X 先生的案例，他曾是美国航空官网用户体验设计团队的成员。2009 年春天，本身就是用户界面设计师兼博主的达斯汀·柯蒂斯（Dustin Curtis）写了一封公开信给这家航空公司，大骂他们的网站糟糕透顶，还列出了详细的范例，说明设计精良的网站应该是什么样子（柯蒂斯说，他用几个小时就归纳完毕）。柯蒂斯做的网页好太多了，至少从顾客的观点来看是如此。柯蒂斯在信末要求美国航空"想象一下，贵公司若有一支充分胜任本职工作的设计团队，可以做出哪些成绩"。

任职于美国航空的 X 先生回复了柯蒂斯的电子邮件，在获得了 X 先生的许可后，柯蒂斯把这封电子邮件贴在他自己的网站上，但删掉了某些可识别身份的信息（如X先生的真实姓名）。X先生在电子邮件的开头写道："您说得没错……您说得确实没错，但……"之后就开始说明美国航空官网设计团队面对的各种取舍问题。"美国航空官网的设计问题，"X先生解释道，"不在于我们的能力（或者如您在帖文中所说的，我们缺乏能力），而在于美国航空的企业文化以及采用的工作流程。"

X先生继续说明，负责运营美国航空官网的团队由200人组成，分布在各个不同的单位，包括"品控（质量保证）、产品规划、商业分析、开发程序代码、现场运营、项目规划、用户体验"以及其他叠床架屋的单位，这些部门处室的利益都和网站的运作以及内容休戚相关。新功能必须经过用户体验团队的审核，这些人都是专家，非常了解顾客在使用网站时的体验；但还有很多其他不受约束的人士也能把各种内容"推上"美国航空官网，完全不受干涉，也无须听从任何人的建议。

X先生解释，"重新设计首页"根本不是重点，这"没什么大不了的"。关键问题是互相冲突的利益角力。就像X先生说的："经营美国航空官网是一项大型的企业任务，有很多触角伸向不同的利益。"他最后以乐观的语气结束这封公函，他写道："即便是大企业，也可以有实质改革，但要采取不同于小店面所使用的方法。变革必然会出现，我们也深谙这一点。虽然我们多数人实际上宁愿推倒一切、从头再来，但我们会坚持下去，继续努力。"

美国航空完全不支持X先生的乐观。公司搜遍企业内部的电子邮件数据,从用户体验团队中追踪到这位 X 先生,并炒了他鱿鱼,表面的理由是他透露了公司专属信息。3 年后,美国航空的官网已今非昔比,部分要归功于 X 先生前同事的努力,但这并不足以挽救这家公司。美国航空于 2011 年底宣布破产。③

柯蒂斯或许可以做出比美国航空官网更出色的网站,至少从美学和使用性等方面来评估更出色(如果 X 先生不受组织牵绊的话,显然他也做得到)。事实上,柯蒂斯把他建议的美国航空官网新界面放在自己的网站上,与这封公开信一同发布:他的设计清晰、简洁且极具吸引力。但我们可以百分之百地确定,柯蒂斯不能把任何人从一地送到另一地、无法协商石油价格、排不出国际航班时程、不能应对劳资争议,也不会维修喷气式飞机引擎。柯蒂斯也不想做这些事,如果他想的话,他得打造一个与美国航空一样的组织。

委托人和代理人

像美国航空这样的组织面对的挑战是一个简单问题的必然结果:你要如何才能让别人做你希望他们做的事?几千年来,聪明的老板已经学到,激励员工时,你得到的取决于你付出的,激励员工的重点在于诱因。在设计诱因时达成正确的取舍(以及了解你实际上付钱买了什么)既是艺术也是科学,是每位成功老板与每个成功组织背后的支持力量。企业主和经理人设计出强激励制度，亦即根据绩效叙薪，以鞭策员工更努力工作。这样的制度可能出现偏差，比如激励员工尽快把不良贷款贷放出门（房贷危机就是这么来的）。

如果你是企业主或经理人，你无法时时刻刻紧盯每个人，要如何才能确认手下的经理人正在努力赚取利润，而且是赚进你的口袋里？如果你是中层管理者，又如何确定员工做了他们应该做的事？这股焦虑在组织里从上而下倾泻到每一个层级，流入每一个部门。多点丰硕成果，少些瞒上欺下。

经济学家说这是所谓的代理问题：希望看到事情做好与实际动手做事的是不同的两群人，要把这两群人的利益协调一致。这个问题始于企业主（也就是委托人）想要创造利润，他们聘用首席执行官（也就是代理人）来为他们赚钱；而首席执行官需要激励他的代理人（也就是部门经理），依此类推，便推演出组织结构中层层相连的代理关系，直到最底层的店长和店员。

激励员工最直接的方法，就是付钱给他们。自亨利·福特在密歇根高地公园的工厂装设第一条以传送带为基础的装配线之后，他很快便发现，即便工人越来越熟悉流程，也越来越有经验，但产能仍大致相同。为何如此？因为他们痛恨无聊、重复的工作。

福特的创新解决方案撼动了世界。他在1912年1月首先引进日薪5美元的颠覆性制度，这是很激进的解决方案，也对同业造成了严重干扰。福特发现，高地公园厂的劳工加薪前日薪2.3

美元,和附近工厂一样,但装配线的工作会让人的心智严重僵化。借由加薪超过两倍,让三班制的作业员日领5美元,福特激励员工带着热情上线工作,不管多无聊、多不愉快,都能撑过每天的苦工。他给的薪资太高,员工很难放弃。事实上,福特日后谈道:"付给三班制员工5美元的日薪,是我们最棒的成本精简行动之一。"福特得到的成果是,受过训练的员工生产力提高了,留任率也相应改善(但留任率到1916年出现下滑,因为其他工厂的薪资也开始追上福特车厂)。

福特找到了经济学家口中的效率工资也就是高于市场水平的薪资,搭配可能遭辞退的威胁,就能激发出绝佳的激励效果。他也体会到,在付出慷慨薪资的同时,必须同时监督员工的工作情况。福特竭尽全力,扫除无法抗拒诱惑的道德低下的员工,这些诱惑正是高薪带来的必然后果:酗酒与足以引发道德沦丧的其他行为。他聘用了200名侦探(他们隶属于监督部门),监控员工私生活的每一面。

那谁来监控监督者?监督部门的侦探同样拿着高薪,谁能保证他们遵循"简约、洁净、清明、家庭价值以及普遍的良好道德",一如生产线员工所背负的期待?这又是每个组织都会面临的另一种取舍。负责监督员工的部门与职位会不断扩充增加。一旦你拥有一个组织,就会像很早以前的法贝乐洗发精电视广告一样:一位女士很满意这个品牌的洗发精,大力推荐给两个朋友,而这两个朋友又再告诉两个朋友,他们又说给两个朋友听,"依此类推，绵延不绝……"这位女士的身影也不断在屏幕上复制又复制。④

填过差旅费和公关费报销表格的人，都很熟悉薪资监督。报销差旅公关费用是让员工向公司提出补偿要求，索回为了公事预先支付的相关成本，比如搭飞机去参加会议的机票、宴请客户的餐费、去市中心参加活动的出租车费。最普遍的做法是（不同公司有不同的追踪费用方法）员工先支付费用，再填写报销表格（或请助理填），把钱报出来。这涉及很多复印和粘贴发票的工作，要解释各种不同的花销，说明现场有哪些人、讨论了哪些议题，还要面对各成本中心的查核。等你拿到装在信封里的钱，你会觉得公司为了确认这 20 美元的合理性，大概花了 10000 美元设置各道制衡关卡。

机器人是完美员工吗

以福特来说，完美的员工可能是机器人。机器人不酗酒也不怠工，它们不用小憩、不会招待客户享用昂贵的晚宴，它们也不需要监督，只要花点维修费就行了（当然，这时候你就需要负责维修机器人的人员，那又回到激励与监督的老问题上了，但这已离题）。问题是机器人不会创新，它们只会日复一日地重复同样的工作，永不言倦。机器人不会发明内燃机，也不会开发 Gmail。

Gmail 系统能问世，正是因为谷歌不聘用不花心思的机器人。这家公司聘请非常聪明的人来解决非常艰难的工程问题，然后允许他们自由使用大量的工作时间（20%的工时，或是每周一天），寄望他们会做出有意思的成果，而且这也可能让公司获利。换言之，谷歌反趋势而行，不去监督员工的一举一动。这么做可带来报酬：在谷歌的新产品中，有 50%（包括 AdSense 和 Gmail）是出于这套允许员工自由使用时间从事独立创意工作的政策。⑤

即便是谷歌这样的大企业，同样适用种瓜得瓜、种豆得豆的原则。显然，谷歌付出大量的时间、金钱和努力，聘用聪明、有创意的工程师，这些人热爱谷歌的业务带来的各种挑战，而谷歌也得付出代价留住他们，同时要让他们心满意足。谷歌的园区绿意盎然，是工作的好地方。据说这里的便利设施包括餐厅、点心室、按摩沙龙，员工有了新生儿之后可领取价值 500 美元的外带食物，此外还有健身房、语言课程、洗衣服务、接驳公交车、电动自行车，为早已非常慷慨的硅谷企业立下新的标杆。以创新之名而牺牲的生产效率成本高昂，能创新的人才更是昂贵。

谷歌的工程师大致上身价越来越高，因为硅谷有太多科技公司想方设法要挖角。尽管福利优渥，谷歌仍避免不了人才流失。诱因大致上都是金钱：技能高超的工程师若能及早进入前途似锦但仍未上市的企业，薪酬配套方案中很可能会包括某些股票期权，这些证券的价值在日后有机会一飞冲天。比方说，脸谱网

（Facebook）的首次公开发行（IPO）虽然欲振乏力，但其目前的预估值大约有 400 亿美元。就算只分到一点饼干屑，都是很大一笔钱。

脸谱网第一次挖谷歌的墙脚时，谷歌放手让这些工程师走人，没有提出任何反制条件。他们的想法是，如果工程师这么贪图利益，为钱离开全世界最棒的公司，那就请自便吧。但员工投身敌营确实伤害了谷歌，影响了生产力，也导致项目偏离正轨。因此为了止血，谷歌提出了巨额的反跳槽条件。即便如此下血本，也未必永远有效。例如在 2010 年秋天，据说有位高薪工程师得到的反跳槽条件包括加薪 15%，额外还有 50 万美元的分红，但此人还是被脸谱网收买了。谷歌最近一次出手，拿出了价值 350 万美元的限制性股票，对象是一位很重要的工程师，过去在雅虎以及苹果同样战功彪炳（工程师留了下来，但把他的分红数字泄露给媒体，此人后来被找了出来，也因此被开除）。[6]

要解决这个问题很简单，但也很昂贵：你只要口袋够深，就可以加入战局。

但事情不会这样就结束：请记住，种瓜得瓜，种豆得豆。谷歌为了留人而掏出重金（也确实达到了目的），不啻是对其他员工释放出明确的信号。如果你想得到大幅加薪，那就先拿到脸谱网开的条件，之后我们就会提出反制条件。谷歌也因为员工的背叛和不忠扰乱行情付出了代价。[7]

组织：一部为完成任务而打造的机器

创造组织的冲动，代表了乐观人性中最好的那一面：一群志同道合的人决定聚在一起，完成一项共同的目标。但设计组织很困难，最后我们会看到期望（"我们将变得伟大，顺利完成任务！"）与现实（"我才不相信这地方能完成什么任务！"）之间出现落差。基本上，组织确实是一部为了完成目标而存在的机器：组织要完成的任务，是我们无法靠自己也无法付钱给别人请他们代表我们完成的工作。正因为种种的取舍和功能失调，人们很快就无法感受到组织的这一层意义。我们希望，借由了解组织的特性，你能穿越期望与现实之间的落差迷雾，让你因落差而生的心灰意冷也能稍稍释怀。

目 录
contents

第一章　黑箱：为何要有组织　001
惠普之道的生与死　007
为何要有组织　011
科斯的大冒险　014
交易成本　021

第二章　组织要如何设计工作内容　025
多重任务　030
简单化　033
团队合作　036
隐性工作　042
如何设计工作　045
找到合适的人　050
聘用信号　053
以暴制暴　054
员工理想必会幻灭　061

第三章　如何构建组织　063

　　组织最重要的制衡　066
　　完成伟大的任务　069
　　复杂的拯救灵魂服务业　071
　　拯救灵魂的奖金　075
　　偷羊的代价　080
　　不适应就灭亡：再造宝洁　082
　　从多部门到矩阵　084
　　合而为一　089

第四章　层级组织与创新　091

　　协调必不可免　096
　　没有计划就开战　101
　　以企业压制创新　105
　　不一致的成本　108
　　创新的层级组织　112
　　臭鼬模式　115
　　以创新做实验　119
　　军方的应对之道　124

第五章　好的管理是什么样的　131

　　一场实验：好管理对企业有益吗　134
　　改变前后　137
　　在没有经理人的世界里从事管理　139
　　管理的起源　142

铲子科学　148
　　管理的黑暗面1：升迁到无法胜任的管理位置　151
　　管理的黑暗面2：经理人和被管理者　155
　　更优质的管理可以救人性命　159

第六章　豪华办公室和首席执行官　163

　　首席执行官的一天　167
　　首席执行官日志　169
　　只有开会才能办到的事　172
　　只有首席执行官才能做到的事　176
　　别具风格的作风　179
　　首席执行官的市价　183
　　老板的老板　187
　　水涨船高　191
　　无法预期后果的逻辑　194
　　拿钱，走人　198
　　我办得到　201

第七章　组织的文化　205

　　定义错误的文化　208
　　文化经济学　210
　　超越文化的源头　213
　　维系好文化　215
　　从核战中得到的教训　217
　　甜蜜的复仇　220

得到的超过你付出的　223
　　　　团队里无"我"　227
　　　　领导改革　230
　　　　改革的代价　233

第八章　灾难与改革　235
　　　　灾难频传的组织　242
　　　　有用的人不打字　245
　　　　失误的情报　247
　　　　缺乏协调的国家安全　250
　　　　组织反恐工作　256
　　　　另一方面……　262
　　　　兼顾型的联邦调查局　265

结　语　未来的组织　271
　　　　组织的性质：一点提醒　274
　　　　乌托邦之二：缓慢的演进　276
　　　　信息科技与咖啡店　278
　　　　更扁平，但规模更大　281
　　　　数字设备公司的网络　285
　　　　终极组织：基地组织　289

致　谢　293
注　释　297

组织的逻辑
The ORG
第一章　黑箱：为何要有组织

斯科特·厄本（Scott Urban）过着隐士一般的生活。在他的公寓工作室的一角，摆了一张单人床和一张小桌子，另一个角落则有两辆旧脚踏车。大开间的中央，则是一部计算机数控雕刻机，斯科特就用这部看起来笨拙的木工设备，将带有异国情调的坚硬原木变成眼镜镜架的粗胚。他手工雕琢镜框，用挂在其中一面墙上的各种工具辛苦工作，以生产量身定做的纯手工镜框。这间工作室、这些工具和网络上的分工营销，再加上斯科特这个人，便构成了他的企业——厄本眼镜。

厄本的手工作品并不便宜。《连线》（*Wired*）杂志报道了他那好似"炭烤羊肋排"的精致讲究的镜框，附注说明这些成品"很适合和谷歌签下大项目"。如果你认为一副太阳眼镜要价1000美元（镜片还得另外收费）太贵了，厄本会和你争论，说你错拿了其他镜框来参考。厄本自视为工匠兼艺术家，在这个由低成本生产主导眼镜及一切产品的时代，他是"生产线制造"纪元里的英雄。厄本的网站上曾有一段影片，旁白不断地重复以下这段咒语:"每当我想到现代的眼镜,我总是忍不住想要动脚踹一踹。"厄本真的会动脚,而且踹的对象体积越来越大,从玩具橄榄球一直踹到木头椅子。

对厄本来说,要衡量他的作品价值,比较对象不是其他镜框。反之,就像任何艺术家一样,他主张你该考虑他的手工多有价值,并把他的镜框想成实用性艺术。从构思到完工,一副眼镜随随便便就要花上大半年时间,厄本眼镜一年的产量总共也不过十来副。

厄本一开始并没打算靠设计与销售高档镜框过活。他暑假打工时从事营造工作,学了一点机械工具与木工的相关知识。大学毕业后,他在一家策展公司当上班族,晚上则熬夜做自己的木工作品。他因为学习街舞(这是他的另一个计划)摔碎眼镜,之后打造出第一副手工镜框。那副摔坏的镜框很有年头了,是20世纪60年代的塑料制品,是他爸爸留给他的,他把自己用木材复制出来的成品命名为"老爸"。厄本眼镜的产品目录上还有这副镜框可供客户下订。

当他开始在手工艺展览会上销售自己的镜框后,发烧友也跟着口耳相传,厄本使用雕刻机做木工的时间越来越多,安排艺术展览的时间越来越少,后来他不再受雇于任何人。

厄本实现了很多人无法实现的愿景——把百分之百的时间投注在自己拥有的技艺上。虽然还是得辛苦维持生计,但他可以沉溺在自己的创作中。他稀奇古怪的作品集里包括了"自行车筐"(用旧的自行车零件制成)、"啤酒镜"(用旧的啤酒瓶制成),还有一副称为"埃尔顿·约翰的大头"的设计,两个镜片都嵌在用黑檀木、骨头以及水晶雕成的钢琴形状的镜框里。半岛电视台的新闻报道过厄本眼镜,厄本眼镜也曾在纽约及里约时尚周的秀场出现过。在福克斯电视台的剧集《厨神当道》(*MasterChef*)的第三季里,厄本的手工眼镜修饰了明星主厨格拉汉姆·艾略特(Graham Elliot)的大饼脸。时尚潮流观察网站酷猎网(coolhuntings.com)也介绍了他的作品。这些镜框还出现在各种设计杂志中,从《护眼专家》(*EyeCare Professional*)、《美丽家居》(*House Beautiful*)到之前提过的《连线》杂志。[1]

厄本成功了。交易条件都由他定,而且他根本没有老板。自离开策展公司之后,厄本就过着有如僧侣一般的简单生活,他一个人就是一个组织。暑假时有艺术学院的学生来实习,但他不用管理任何人,也没有人会来管理他。他的顾客(勉勉强强)算是他的老板,但他的作品市场需求量够大,如果他认为有些客户很讨人厌,他大可以"开除"他们。他过着灵活、自由的独立人生。

然而厄本建构的组织与艺术乌托邦并非事事完美。当厄本沉浸于最单纯的组织、最自由的创作中时,从财务角度来看,他几乎只能算是勉强度日。如果花 1000 美元买一副眼镜是一大笔钱,那一年就算乘上 30 或 40 倍,他的收入也不过是勉强过得去而已。特别是,在这当中还得扣掉 10000 美元的材料费,再扣掉 10000 到 12000 美元厄本称之为"必须开销"的费用，比方说他列出来的"房租、食物、水电和啤酒"。算下来他几乎所剩无几。

厄本当然有成长的空间。等着他交货的眼镜订单数量说明了产品需求量与厄本满足需求的能力之间严重不成比例。有人愿意为一副厄本眼镜等上几个月，这是很有力的信号，代表他可以多做一点，或把价格提高。这也是另一项明证，代表市场（至少是一部分的市场）渴望获得他的手工镜框。比方说，在厄本眼镜初次登上纽约媒体之后不久，纽约的高档百货公司巴尼斯也开始销售宫下贵裕的蔷薇木镜框，一副要价 2665 美元。[②] 以厄本的眼光来看，巴尼斯橱窗展示的眼镜显然是次级品，是剽窃他的设计的仿冒品。

厄本为什么不进化成规模更大的组织？这件事厄本也思考了好几年。这样一来，他可以设计一条机器生产的非定制化镜框生产线，让顾客在自家附近的眼镜店就可以买到现成品。就像大设计师奥斯卡·德·拉·伦塔（Oscar de la Renta），一边在亚马逊网站上销售 50 美元一件的背心裙，一边继续在巴黎时尚周展示有繁复刺绣的晚礼服。

扩大规模还有其他理由。但没有会计、包装与营销部门，到头来，厄本得自己去做所有他极力避免的行政工作，任职于没有个性的大型设计公司的艺术家，虽然得忍受组织的无理与限制，但他们不用管这些琐事。

为什么选择维持小规模？当厄本从他的厄本眼镜工作室偷偷瞄向美国的企业社会时，他看到哪些让他恐惧的景象？若我们检视另一家从加州帕拉阿尔托爱迪生大道上某个车库起家的创业公司，看看这家企业的发展和几度起落，就能理解他的恐惧，而这股恐惧同样也出现在我们大多数人身上。一个只能停放一辆车的车库，曾是威廉·休利特（William Hewlett）和戴维·帕卡德（David Packard）两人的工作室，现在这个车库连同爱迪生大道上的房子，都被加州政府确认为"硅谷的诞生地"。

惠普之道的生与死

就像厄本一样，一开始休利特和帕卡德两人靠着作品中呈现的创意与技术挑战而宏图大展（他们后来用两人姓名的首字母当作公司名称，即世人所知的惠普）。从20世纪30年代末到40年代初的早期阶段，他们提供定制化产品，包括口琴调音器原型产品，以及利用电脉冲刺激肌肉组织的"运动器材"（由产品代理商"亲切随和"的妻子亲身试用）。[③] 就像厄本一样，休利特和帕卡德早期几乎什么事都亲力亲为。这两位由斯坦福大学训练出来的工程师设计、打造并包装产品，也负责定价、撰写广告文案与打扫工厂。和厄本不同的是，当第一项成功商品（射频发射器）的需求大增之后，他们聘请了一位助理帮忙打扫环境、包装以及处理其他杂事。

休利特、帕卡德两人也和厄本一样，对于扩大业务、打造超越两人合伙的企业戒慎恐惧。从一开始，他们就很努力地保持车库企业的亲密感和文化，有位替惠普写传记的作者说，这种企业文化"可以不断地创造出近乎奇迹的创新、高品质和极强的适应能力"。他们把员工当成自家人，并决心不让管理层干涉"员工想把自己的工作做好的天生渴望"。这也就是所谓的"目标管理"：提供指引说明企业要完成的任务是什么，然后信任基层员工的判断与智慧，相信他们会做出"正确"之事。[4]

这套管理风格后来被称为"惠普之道"，重点关注的是组成企业的员工，而不是产品。"这个概念的本质在当时来说相当激进，"彼得·布洛斯（Peter Burrows）在《商业周刊》（BusinessWeek）写道，"他们认为员工的脑力是公司最重要的资源。"惠普之道也包括了一套利润共享方案，有助于调和员工与企业的目标，再加上朋友与公司员工对两位创办人只喊名不称姓，这些做法让惠普把重点放在了人性与感受上。不管是哪个机构做的最佳职场调查，惠普总是名列前茅。[5]

休利特和帕卡德把小型创新企业变成大公司，到1992年已经聘用了10万名员工。那年，《纽约时报》（New York Times）报道："一股抑郁的气氛在这家公司蔓延开来，部分原因是组织层级太多了。"即便有与众不同的创始人，惠普之道还是开始变味，最后屈服在不断扩张的超级大组织架构的重压之下。你不可能在毫无制衡机制的情况下经营规模这么大的组织，过去不可能，现在同样不可能。⑥

2011年的惠普已经与1992年相去甚远，更别说惠普之道想要体现的理想了。它是美国第十一大企业，员工超过30万人。要打造惠普王国，或许得刻意决定放弃惠普之道，才能面对种种新的现实。"目标管理"已经无法监督、激励员工，投资人急切地想要靠手上的惠普股票赚取更高报酬，惠普也必须面对财务核查等。

若想了解员工对惠普的改变有何看法，你可以浏览玻璃门网站（glassdoor.com）上的反馈意见。这个网站让企业员工有机会以匿名身份一吐怨气，抱怨他们的现任与前任东家。满分制为5分，惠普从员工评鉴中得到的平均分数是2.5分，在玻璃门评鉴的112家硬件公司里，惠普是倒数第18名。

从2011年4月"最有帮助"的评论摘要列表来看，惠普员工的心情一览无遗："公司把员工当成数字。""就是来赚薪水，没别的了。""落后于市场的需求。""令人失望。""有害的环境。"在第一页列出的评论中，获得最多人认同的一则说法是明褒实贬、暗暗咒骂："对于新进员工来说还好，待久了就不妙了。"其下的评论完全和休利特、帕卡德以及爱迪生大道车库代表的一切背道而驰，也点出了21世纪的惠普若要坚守惠普之道将会面临的挑战："领导者都不真诚，他们不受人信任。""完全没有员工参与这回事。""没有创新，也没有创新者。"

路透社在2010年刊出一篇文章说："休利特和帕卡德可不

会高兴。"⑦

虽然现在的惠普仍热爱回首车库的岁月,把惠普之道挂在嘴上,但如今一切重点多多少少都在利润上。时至今日,对员工有利的做法,例如以电子通信取代通勤工作、弹性上下班、有自由时间从事独立项目,以及绝对的工作权保障等,都需要通过"市场测试"。这些做法能提高产能,收益足以支付成本吗?当利润与员工利益互相冲突时,利润总是胜出。比如2005年,新任首席执行官解雇了数千人,只为博得华尔街投资人的一笑。《信息周刊》(*InformationWeek*)杂志在2010年刊出一篇评论文章,题为"同声赞扬(惠普首席执行官)马克·赫德(Mark Hurd)解雇9000人"。⑧

在大举精简规模让投资人欢声雷动之后,因为调查一桩性骚扰申诉案,阴错阳差地挖出胡德的差旅费用账目不合,他因此辞职,股价也重创约10%。惠普的董事会备受批评,而当时这家公司根本很难找到继任人选。最后惠普找到了一名业外人士李艾科(Leo Apotheker),11个月之后,他建议惠普退出制造计算机硬件的核心业务,就此被炒鱿鱼。最新的惠普救星是首席执行官梅格·惠特曼(Meg Whitman),她在2012年宣布了新一轮的裁员行动,这次总共砍掉了27000个职位。

就是这些事让厄本裹足不前。

为何要有组织

如果组织这么可怕（不仅是厄本有这种想法），那我们为何要设立组织？很多理论简单地宣称组织是为了"要完成更多工作"，但有很多证据证明组织功能不彰，所以这个目的显然不成立。

在回答这个问题之前，我们要先稍微离题，去看看18世纪美丽的爱丁堡，这里是苏格兰的首府，也是亚当·斯密（Adam Smith）的诞生地与市场概念的发源地。斯密在经济学上最大的贡献，或者说至少是他最为世人所知的，是他那篇发人深省的文章，描述价格的魔法如何在混乱市场经济体中引导资源流动。他把价格比喻为主导市场的"看不见的手"，引导每一个人做出决策，最后的结果，就跟仿佛有一个全知全能、以社会利益为优先的规划者所做的决定一样。

如要具体了解亚当·斯密的"看不见的手"在他心里代表什么意义，请想一想你最近一次去超市买东西的情形，这绝对是以市场为基础的交易。你在通道上走来走去，根据明确的标价以及你晚餐想吃的食物进行组合，把一件一件的货物放入你的购物车里。此处涉及的实验成分相对较少：人不时就爱尝鲜，但采购商品时，大多数的尝试不过是在不同品牌间换来换去。比方说，换掉某种花生酱或果酱的牌子，换成跟原本没有太大差别的另一种品牌。采购商品时，你不太会怀疑自己会得到什么东西，而且至少在大多数国家里，你要付多少钱也一清二楚。在市场上，价格"决定"花生酱、果酱以及一切商品如何分布。

一个运作顺畅的市场中价格是如何决定的，这个问题引导斯密做出了结论。斯密还谈到了别针厂、酿酒厂和面包师，且让我们回到超市。一罐 16 盎司重的吉比花生酱要价 3.99 美元，若是这个价格，每天都会有成千上万的顾客购买吉比花生酱。吉比花生酱出自联合利华，他们很乐意用这个价格为全世界供应花生酱（联合利华 2009 年的整体利润接近 70 亿美元）。花生酱的市场处于动态均衡状态，花生酱不会供过于求，也没有任何不满足的消费者想要更多花生酱。如果价格高一点，联合利华就会积压一部分卖不出去的花生酱，但最后只能被迫降价求售。如果价格低一点，全球将会出现花生酱短缺，刺激价格上涨。

斯密对于看不见的手提出的深刻洞见是，这只手有助于全体社会的最佳利益。现在假设一般人的口味变了，比较偏爱果酱，而非花生酱。卖不出去的花生酱存货会增加，果酱则会出现短缺。盛美家果酱公司会扩充产能，联合利华则会精简规模，随着每一份三明治涂抹的花生酱与果酱出现新的理想比例，两家企业的规模大小也会很快重新洗牌。市场的魔法让数十亿人的决策加总，引导花生酱、果酱以及经济体中万事万物的"正确"组合。

这些犀利观点让经济学家为之着迷，他们忙着填补斯密的市场模型中出现的空白。[9] 与此同时，组织则被丢在一旁当成黑箱，投入要素（比方说玻璃罐和花生）从一端输入，完整的消费品

（如花生酱）则从另一端输出。

会有这种现象部分或许是因为，与市场的错综复杂相比，组织内部发生的事要简单得多。在组织里，做决定的是人，而不是价格。拍板定案的那个人叫作老板。通常，大部分的事物会由规则"决定"：你领多少薪水、你是八点上班或九点上班、几点可以休息以及休息多久。制定（以及更改）这些规则的人是谁？当然是老板。

只要你曾经体验过主导现代组织的上下呈报关系、规定和期望，了解其中的错综复杂，就会用有别于经济学家的黑箱观点来看待组织。在一家《财富》五百强企业里，首席执行官当然没有时间亲自去做每一个小决定，因此有些事必须留给下面的人。事实上，首席执行官必须决定他要做哪些决策，哪些又要留给副手做。这些副手又必须决定哪些要交办给更基层的经理人，以此类推。光是决定谁做决策就很复杂，推到一线员工那一层时，已经有太多规则操控他们的职场人生，根本没有什么决策需要做了。这些规则总得由某个人制定，这表示某个主管得做出更复杂的决定。所以说，问题不在于组织内部太简单了，相反，对于早期经济学家用来理解这个世界的模型来说，组织太复杂了。

也就是说，找出某个组织应该做什么事（他们如何决定生产什么、采购什么），甚至是组织为何存在，都是古典经济学理论从未真正面对过的议题。然而，复杂的组织被经济学忽略长达150年之后，却被一名21岁的英国交换生翻了开来。这名学生靠着旅行学者奖学金来到美国,在这里亲身检视福特、美国钢铁以及美国其他大企业的黑箱内部。这位学生就是罗纳德·科斯(Ronald Coase),他将协助我们回答"为何要有组织"。

科斯的大冒险

科斯生于1910年,在那个年代,经济学的世界很少涉及组织。据他所说,他的父母虽然受过教育,但他们对体育活动的兴趣远高于学术。他的父亲是草地保龄球比赛的全郡冠军。科斯自己则比较倾向于智力活动。他曾说小时候他会和自己下棋,轮流换边。他饱览群书,从"当地的图书馆借阅各种书籍"。11岁时,他被带去见一位骨相学家(这门伪科学到了1920年便已销声匿迹),根据小科斯的头骨来评估他未来在智力上的发展(看他的照片时,我们无法从他的头型推断出任何结论)。

经过一番身体检查,再加上和科斯本人对谈之后,这位骨相学家做出判断:"你具有极高的智力,而且你自己也知道,但你很可能低估了自己的能力。"他建议科斯读商科,例如银行学或会计学,并认为园艺和饲养鸡鸭是很适合他的休闲嗜好。

后来,科斯误打误撞,或说是根据排除法,才开始研读经济学和商业。他从来没修过拉丁文(这是取得文学学位的必要条件),也发现"数学不合我的胃口",因此结束了进一步研习科学的可能性。在他就读的吉尔邦文法中学只剩下商业这个选项了,他在 1929 年通过大学入学许可考试（他把通过考试当成当时英国高等教育标准低落的证据），之后在伦敦政经学院继续研读这个专业。

科斯在伦敦政经学院从未修读过任何正式的经济学课程，这或许是值得庆幸的。他把焦点放在研读和当时前途似锦的英国商人高度相关的课程上：商法、运输组织以及"海外自治领地、印度以及热带属地的经济发展"。在阿诺德·普兰特（Arnold Plant）的带领下，科斯才认识了现代经济学。普兰特曾是商界经理人，后转任伦敦政经学院教授，也是伦敦政经学院新兴商业管理领域里的第一位讲师。

普兰特是受过训练的经济学家，他让科斯看到了"看不见的手"的光环。普兰特认同商界人士（毕竟他自己的事业生涯也始于在工程公司担任经理人），但他认为这些人大致上屈从于客户的市场需求。普兰特也为科斯解惑，消除了他早年的社会主义倾向，向科斯解释了以特殊利益为导向的政府垄断事业以及"自价格系统引导的经济体流出的利益"都是邪恶的，并说服了他。普兰特的经理人理论认为，他们是一套机器齿轮组，带动黑箱里的各种活动。

科斯两年后就通过大学毕业考，但他需要多留一年，才能符合大学研读三年的要求，因此他决定前往美国，了解为何美国的产业与企业组织会呈现出当时的面貌。他带着一位英格兰银行资深官员的介绍信，联络了几位商业人士，在 1931 年秋天抵达美国。

科斯参观了通用电气位于斯克内克塔迪的大型发电厂，也去底特律观摩了福特与通用两家车厂如何制造汽车，并顺道前往印第安纳州加里市的钢铁厂；然后转往芝加哥，参访西尔斯·罗巴克公司的总部。他和经理人、采购人员、会计人员交流，有时甚至直接和大老板对谈。他广泛阅读、来者不拒，从各种刊物中汲取信息，包括产业杂志、联邦贸易委员会的报告，甚至连工商电话簿都取来一读。他认为电话簿"很让人着迷，即使我们只是粗粗地一瞥，也能找到许多各具专业的公司在营运，像以冰炭公司为代表的很有意思的活动组合"。

科斯从直接观察与深入阅读芝加哥的电话簿，得出对商业组织的理解。他在1932年返回伦敦，说明为什么会有一家公司同时出售煤炭和冰块，为什么有些化工企业直接销售产品给终端顾客，有些却转卖给中介者，以及为何他在美国看到有些企业大规模增长，有些却仍维持专做街坊生意。

科斯花了5年时间推敲琢磨这些想法，在1937年写成一篇论文。60年后，这篇论文让他得到诺贝尔奖。《企业的性质》(The Nature of the Firm)这篇论文开头先温和地指责了经济学界的同僚竟然在这么久之后才开始试着解释企业内部到底是怎么回事："在建立理论时，经济学家常疏于检视奠定理论的基础。"为了了解企业和客户之间到底发生了什么事，你必须先明白企业本身存在的理由。他引用早期经济学家丹尼斯·罗伯逊

（Dennis Robertson）的话，要把企业想成"无意识合作的大环境中具有意识力量的个体，就像一桶牛奶里凝结的奶油一样"。（农场生活对许多早期的经济学家影响深远。当家族的农场生计基本上系于价格和产品时，你就会常常去思考市场。实际上，很多一流的经济学家都成长于乡下农场，如约翰·肯尼思·加尔布雷思、谷歌的首席经济学家哈尔·范里安，以及诺贝尔奖得主弗农·史密斯。）

社会如何"决定"哪些活动要留在企业内部（并由老板负责监督），哪些又要放在市场中买卖？从经济学家的观点来说，答案要视如何做才能实现最高效率而定。企业追逐客户的行为，有利于用最少资源提供最大效益的一方。对商业人士来说，究竟要选择市场还是组织，则是以"哪个便宜用哪个"为基本原则。但要计算当中的利害得失，远比你想象中更困难。

在科斯于1937年发表这篇论文之前，经济学家的共识是使用技术来定义企业范围：像厄本眼镜这种制造木质镜框的艺匠，必须辛苦地用手完成每一项工作。如果他聘用一位员工，把企业规模扩张成两倍，两人加在一起，能生产的木质镜框产量也不会超过以前的两倍。反之，科斯在大学后的美国产业之旅中看过的钢铁厂和汽车厂，使用大量的机器和众多劳工来转动产业之轮。你不能把10家钢铁厂加在一起，期待他们的钢铁总产量等于另一家规模大10倍的大钢铁厂。制造钢铁有规模经济的优势，但制作艺术镜框则没有。

然而，这样的论述无法协助我们回答为何厄本应该向外订购眼镜镜片，或者为何会有时尚品牌想把整个厄本眼镜买下来，买他的自主权，给他稳定的收入。这也并未解释为何企业总是为了消除市场上的中间商而收购其他企业，但在几年后又以业务聚焦为名，让这些公司独立出去。

组织之所以做出许多互异的选择，企业之所以改弦易辙，从精简内部的生产成本到为了节省成本而外包，原因之一是很多道理两边都说得通。厄本为何应该划地自限仅做镜框，把部分利润分享给开采沙石和金属矿的公司或销售镜片与螺丝给他的中间商？"看不见的手"背后的逻辑是无懈可击的：亚当·斯密信奉的真理是，市场是最有效率的，因此从经济的观点来看，市场一定是对的。

科斯对组织何时以及为何超越市场效率的解释是他对经济学的主要贡献。他的立论始于一项不证自明的前提：如果自己生产比从公开市场向美国钢铁购买更便宜，那通用电气和福特汽车就会设法拥有铁矿来制造涡轮发电机与生产汽车。如果厄本涉足镜片业务会比他向中间商丹尼·奎购买更便宜，他可能会一脚踩进去。但诺贝尔奖评选委员会并不是为了如此显而易见的洞见而发给科斯百万美元的奖金，而是看重他论述驱动市场交易成本与组织内部活动的因素。他的架构为我们提供了计算方法，明确在市场上交易和由组织亲力亲为哪个更便宜。

在亚当·斯密"看不见的手"那个单纯原始的世界里，市场价格绝少包含交易成本。每个人都可以出现在本地市场上，价格是公开的，卖方出售商品以换取顾客的现金，每个人都获得自己想要的花生酱和果酱、镜片与铁板。基本上，许多原材料市场在实务上就是如此运作：铜矿、小麦和猪肉的生产者"聚集"在芝加哥商品交易所，价格就在交易所里公告，货物买卖的契约也在这里签订。⑩这样的市场和提供原材料给厄本眼镜的市场实况相去不远。木材商人是木材厂和厄本之间的中间商，由他定下价格，并用木材来换取现金。

斯密的叙述欠缺了许多环节，其中之一就是在公开市场里从事交易的实际成本。亚当·斯密的信徒发展出数学模型，用来解释市场看不见的手优于老板的掌控之手。在这些模型里，成本因素（科斯称之为"交易成本"）全无一席之地。然而交易成本正是科斯企业理论的核心。一旦承认在市场上进行交易可能所费不赀，你就能看出，为何从经济学上来说，你或许宁愿把许多工作都纳入单一组织架构之内。

在这篇 20 页的论文中，科斯粗略地提出了他心中所想的交易成本。使用市场的成本包括你为了购买商品或服务而支付的价格（例如一部 iPhone 要价 399.99 美元），但除此之外还有其他各种成本，比方说发掘价格的成本，包括寻找最低价零售商的时间成本，而且这还是假设所有的 iPhone 都是一模一样的（如果你相信因特网会让搜寻成本降至零，请三思。很多时候同一本书在不同的网络书店仍有不同的定价。一项关于机票的研究⑪也发现，因特网并未改变不同航空公司经营的相同路线的价差幅度。即便有了谷歌和在线旅游网站速订网，价差仍然存在，这是因为找到与购买最低价的书籍与机票仍是极为耗时的任务）。

苹果的成功引来大量山寨，因此要调查 iPhone 这类设备的市场，不仅要找到最低价的零售商，还要试验比较不同的安卓与微软系统版本，判断哪一种系统最适合你。企业在搜寻产品及了解价格时，也面对同样的市场交易成本。厄本可以从许多种不同的计算机数控雕刻机中选择，通用汽车可以向三菱或德尔斐购买燃油泵，也可以试用正在兴起的中国制造商。苹果公司永远都在寻找更便宜、更优质的 iPhone 零件供应商的产品。对于要大量采购燃油泵或半导体的公司来说，搜寻产品"价格"这件事更加复杂。

对于购买 iPhone 的普通人来说，只要你找得到，标价至少或多或少是固定的，就跟杂货店里花生酱和果酱的价格一样。而且 iPhone 就是 iPhone，买一部 iPhone 没别的因素需要考虑。买卖双方的"契约"很简单，就是拿产品来换钱，再加上一点售后服务。虽然偶尔会碰到很糟糕的客服，但基本上你付了钱之后，就能拿到期望中的商品服务。

反之，苹果和众多供应商之间的契约很可能长达千页，写满了条款和可能情况，载明各方要负哪些责任。对苹果来说，经常性地重新调查外包企业以寻找新的供应商太过昂贵；对供应商来说，不断地寻找新订单来填满工厂产能的成本也太高。双方立约的目的，对供应商来说，是为了提供稳定的工作与收入；对苹果来说，则是为了稳定的 iPhone 零件供应。苹果每个月承诺的订单量是多少？供应商保证的良品率又是多少？如果锂的价格上涨一倍，那苹果支付的价格有何变化？如果锂价跌了一半呢？随着每次供应商出现变动，苹果也要进行内部调整，要重新训练员工并更改供应链，以适应新的伙伴。

这么一来，在公开市场里做生意的成本，就不只是你的购买价而已。

科斯的市场概念，比亚当·斯密的原始市场涉及更多摩擦与不一致。它让我们更完整地理解组织为何存在，以及为何我们没有在公开市场交易一切；它也提供了一套新思维，说明组织在做决策时如何画出内外的界线。他主要的洞见（即内部交易的成本要拿来和市场交易的成本做比较），更是现代组织行为经济理论的基石。

交易成本

如果说，科斯证明了在公开市场上交易非常昂贵，那为何不在企业内部完成一切活动？为什么不是人人都在同一家大型组织里任职？科斯以他对当时仍繁荣兴盛的苏联的看法来说明这一点。苏联是他的灵感来源之一，刺激他去思考市场与组织之间的取舍。

1917年俄国爆发革命，之后的75年，俄国人民就像生活在一家大公司里。根据列宁的规划，要把苏联经济体当成一座大型工厂来经营，把这个国家变成人类有史以来规模最大的企业。我们都知道最后的结果是什么。

苏联单一企业的做法变成了一场经济大灾难。在克里姆林宫的规划者与主宰者监督之下，这家企业能生产出一支精良的核弹舰队，但做不出能装满商店货架的面包或鞋子，即使苏联人民很乐意付钱购买这些民生必需品。如果单一企业模式比相对自由奔放的美式资本主义更好，结果就会变成每个人都要为一家大集团工作，这个集团可以轻易地铲除任何试图与之抗衡的独立企业。反之，就像科斯从阅读美国工商电话簿中注意到的，现实中有规模不同、各有特色的组织，大家都想方设法要在市场上分一杯羹。

科斯明白，你必须去思考市场与组织的成本如何随着每一批产品而变动。以市场来说，当生产规模扩大时，市场成本不会出现太大变化。从铁砂开采商到塑料外包装的模具商，价格会"告知"产业链的每一家公司要生产什么，以及要生产多少。价格也会"告知"产业应该扩张还是收缩。这正是"看不见的手"美好简洁之处。

科斯发现，在单一组织内部扩充业务，不只是自我复制那么简单。产品越多，需要管理的员工越多，也就需要更多经理人来管理员工。到最后，人类认知能力的限制会显现，老板能监督的也就是这么多了。最终在组织内扩展业务的成本会太高，有些活动将流回市场上。

将这两方面的论述汇总,你就能得出在经济和谐环境下的组织与市场生态。当公司增加产量或扩张产品线时,活动会先留在公司内部进行,直到管理与协调成本超过和外部供应商打交道的成本与麻烦。之后市场就会接手。这样两方不断权衡的行动,正是科斯最重要的深刻洞见。

《企业的性质》一文提供了经济理由,说明组织为何存在,以及我们为何不在公开市场上从事一切商业活动,这也是很好的基本原则,可用来说明组织如何做出划分内外的决策。就像很多伟大的想法一样,《企业的性质》论文中提出的主张显而易见,但世人都只有事后之明。这套理论看来直截了当,或许是因为这套架构让世界理解了人们早已心知肚明却未曾停下来思考的组织世界。铁幕内外的人民,都曾因监理处或其他公家单位被类似苏联规划人员之流的人物控制而受罪,也都看过叠床架屋的企业层级组成的组织。无须想象也可以知道,层级的成本会越垫越高,最后便会失控。

科斯为经济学家提供必要的观点,检视这些在市场里彼此交易的黑箱内部,发现企业并不像经济学家之前所认为的那么完美。但这篇文章于 1937 年发表于英国期刊《经济》(*Economica*)时,并未吹皱一池春水,之后数十年也少有人注意到它(这是科斯在这份期刊发表的第二篇论文。他 1935 年的研究《英国火腿生产与生猪周期》["Bacon Production and the Pig-Cycle in Great Britain"〕，并未拥有同样久远的影响力)。⑫但新一代的经济学家受科斯基本观点的引导，数十年后继承了他的衣钵。自20世纪70年代中期以来，这些学者开始发展理论，论述经理人要做什么、组织应如何安排，以及为何企业内部的生产成本不断发散、最终失控，借此为科斯的骨架增添血肉。

就以厄本的例子来说，即便手工制造镜架的方法效率不彰，但扩张也未必能为他带来实利。对他来说，目标是手艺追求尽善尽美，而非实现最大效率。独自工作似乎不是问题。当有人告诉他，全美各处正兴起社区式的"黑客空间"，让志趣相投的技术人员、编织高手以及艺术家齐聚一堂，做自己的项目。他回答："这是好主意，但不是我的风格。我比较想留在隐士空间。"对他来说，独立作业或和实习生一起工作已经足够。在组织理论当中，他是不涉及利益的局外人。但对我们多数人来说，科斯的洞见以及后续接踵而来的研究，有助于人们理解决定我们大部分人生的组织。

组织的逻辑
The ORG
第二章　组织要如何设计工作内容

1999年10月29日，彼得·莫斯科斯（Peter Moskos）坐在巴尔的摩市警局代理局长的办公室里，面对一个将会改变他人生的抉择：签下训练同意书，成为巴尔的摩市警局当年第五期的新人，还是带着挫败回到哈佛大学社会学系。

莫斯科斯是一位社会学家，并且家学渊源。他的父亲查尔斯·莫斯科斯（Charles Moskos）是知名的军事社会学家，最为人所知的，便是他提出了克林顿总统的"我不问，你也不可说"（Don't Ask, Don't Tell）政策。①彼得·莫斯科斯以优等生身份取得普林斯顿大学社会学的学位，之后就进入声名卓著的哈佛大学攻读博士学位（申请遭拒绝率为95%），计划研究警务系统。他希望跟着其他社会学家的脚步走，充分浸淫在研究对象的生活当中，他的研究对象是与毒品对抗的警察。②

美国各地的警察局都会固定让童子军、新手巡警以及好莱坞明星搭警车一起巡逻，但莫斯科斯不是童子军，当然更不是大明星。他的对接部门根本不会理他。他们何必呢？有哪一位警察局长会让基本上是超自由派的常春藤高才生社会学家登堂入室，对他过去的缺失指指点点、深入挖掘问题，并记录警察局尘封已久的丑事？

经历了几个月的挫败之后，莫斯科斯最后在素有"魅力城市"之称的巴尔的摩交上了好运。

莫斯科斯的父亲有位朋友是高阶警官，私下对巴尔的摩市警察局长托马斯·弗瑞泽（Thomas Frazier）说起此事，弗瑞泽知道自己即将离任。市长选举即将到来，在领先的候选人当中，除了一人之外，全都明说警察局需要新的领导人。一个知道自己在几个月后就要走人的警察局长，不太需要考虑莫斯科斯的访查研究会留下哪些后遗症。弗瑞泽允许莫斯科斯观摩第五期新进学员在警察学校的受训情况，并可以跟着他们上街头。

但弗瑞泽的继任者罗纳德 L. 丹尼尔（Ronald L. Daniel）却必须承受莫斯科斯的研究造成的后患，他的态度可没这么自由放任。[3] 在知悉整件事之后，丹尼尔命令莫斯科斯来他的办公室，但没有叫他马上打包滚出去。相反，他给了莫斯科斯一条路。丹尼尔说，如果莫斯科斯想要留下来，那就必须通过警局的聘任条件，并愿意成为真正的警察。没有乘车实习，不能成为观察者，其他人忙碌时不能闲坐。莫斯科斯如果接下这份全职工作，他就能得到一个几乎算是史无前例的机会，一窥警局内部，但在犯罪猖獗的巴尔的摩市东区担任警察，会置自己的生命于险境。

可想而知，就算丹尼尔局长完全不了解眼前这名哈佛研究生，他也胸有成竹，认为只有当莫斯科斯不会变成替警局制造麻烦的那种人时，才会同意这个条件。警察工作大致上都在执法，有时会变得高压暴虐，这是对罪犯宽厚、心地仁慈的哈佛高才生无法忍受的。观察是一回事，身在其中又是完全不同的另一回事。远观批评，要比身为内部人士轻松得多。我们可以假设，看到莫斯科斯如何面对抉择，丹尼尔可以衡量出这位社会学家真正的意图，评估莫斯科斯究竟是要站在警局同仁这一边，还是他的研究生同学这一边。如果同意在东区担任警察一职，莫斯科斯就是对局长提出了可信的保证，他不会惹出太多麻烦。

如果说莫斯科斯和丹尼尔的会谈很反常，那么他走进巴尔的摩市警局的过程，则是常见组织选才流程中的一种变化形式而已，是每一位经理人都要面对的挑战：如何确认挑对人选来承担手边的重任。

留待组织内部解决的都是很困难的工作：难以衡量、难以定义而且难以入手。如果很简单，我们就会聘用外包商来做。在价格系统施展魔法之下，市场也会运作得宜，顺利完成这些工作。工作若留在组织内部，老板就要辛辛苦苦地追踪哪些事做得好（或者更中肯的说法是，哪些事没做好）。经理与主任领班没办法同时分身，只要一下没盯紧，每个员工都会偷闲聊天、上网或玩游戏。

也因此，设计组织的人要面对许多重大挑战：要确保难以监督也无法获得奖励的工作能顺利完成。就像彼得·莫斯科斯点出的，早在员工进入组织之前、早在招聘当时，这个问题就已经开始。组织必须定义工作、挑选适任人才，并要想尽办法让员工完成任务。

巴尔的摩市警局要担负一项不会有人羡慕的重责大任：在这个几乎每一类犯罪记录都名列前茅的城市里，他们得负责扫荡街头（巴尔的摩有个很贴切的诨名叫"谋杀州多尸市"[Bodymore, Murdaland]，这里也是 HBO 著名犯罪剧集《火线重案组》的背景发生地），并且还要面对市政严重失调的大环境，公立学校功能不彰、经济疲弱不振，以及全美最严重的毒品问题。也因此，这是一个绝佳的模型，可让我们充分了解当组织要求员工做好工作时会面对哪些难题，而且一旦能做好，也要去珍惜近乎奇迹的成果。为解析格子间的逻辑和工作，我们要特别来看看东区警察从午夜到清晨八点的混乱大夜班。从获聘到被分派任务，再到小队长对他的监督与评估，莫斯科斯的巴尔的摩市警局经验有很多值得学习之处，让我们更加了解多数人必须在其中度过漫长人生的绝不完美职场是怎么回事。④

多重任务

很多人都认为多重任务是信息时代特有的现象，人们抗拒不了智能手机、电子邮件、实时股票报价和网络并因此分心，人们根本无法停在同一项任务上太久。但经济学家口中的多重任务则意义不同，他们指的是工作中有多重组成要素，也就是说，任何工作都可能是多重任务。就激励与评估员工而言，多重任务代表了一大挑战。若员工是以最终绩效接受评估，他们就会全心全力投注于要被评估的任务上面，忽略其他不在评估范围内的工作。有纳入衡量的工作就会有人管，同理有人管的工作就会有人做。

如果以接听的客户投诉电话次数来计算客服代表的薪资，而不根据时薪叙薪，那么客户来电就能有效率地分派下去。如果以铲除的积雪高度来计算铲雪车司机的薪水，而不根据时薪叙薪（就像波士顿从 2009 年开始实施的办法一样），那他们的效率将会一飞冲天。但可惜的是，客服和铲雪的绩效不只在于速度而已，当中也有质量的考量。若用接听的客户投诉电话次数来叙薪，结果可能是制造出一大群愤怒的客户，因为客服代表都用粗鲁（但快速）的事不关己的态度来处理客户投诉。如果以铲雪高度来计算铲雪车司机的薪资，他们可能会快速地开着车在光滑的积雪路面上来来去去，轻松解决积雪，却忽视其他已经结有薄冰和较难处理的道路危机。

虽然如此，我们还是很容易就能想出确保质量的控制手段，例如随机抽检或监督客服代表和铲雪工人。这也就是为何有很多客服电话一开始就会告知："本通电话可能受到监督或被记录，以确保质量并作为培训之用。"

就像警察一样，我们多数人遇到的问题远超过铲雪车司机和客服代表。正因如此，警察局很难告诉警务人员到底应该做什么，更遑论激励他们去完成任务。

假设你想根据警察解决的犯罪事件来支付薪水，也许更好的做法是，以他们能防范的犯罪事件来叙薪。那么你可以从美国联邦调查局（FBI）的统一犯罪报告中的分类系统开始。联邦调查局把犯罪分成第一类与第二类，第一类犯罪又再细分为财产犯罪与暴力犯罪，这两类之下又各分成四种罪行：暴力犯罪包括重伤害、强暴、谋杀与抢劫；财产犯罪则有纵火、抢劫、窃盗与偷车。抢劫罪又再分成三项。

第一类犯罪就有千百种罪行，更别说我们还没提到第二类里的二十几条罪行。第二类犯罪的罪行从看来不甚严重的小事（例如游荡和滞留街头），到让成千上万人承受苦果的罪行都有（麦道夫犯下的数十亿美元股票诈骗案，让数以千计的个人和慈善团体散尽老本，这属于第二类犯罪之一）。

如果计算警员奖金时要纳入每一种统一犯罪报告的犯罪数据，用复杂的算式针对每个数据做计算，警员很可能完全得不到激励，表现得就像根本没有绩效奖金时一样，而且有很多人会更搞不清楚应如何分配工作时间。

你也可以只考核非常重要的犯罪。如果警员的薪水会因为谋杀率下降而提高，这座魅力城市的谋杀案一定会减少，你付出了代价，大致上都会得到相对应的结果。⑤但同样，你没有付出代价的那部分就不会得到成果。如果损失很低的抢劫案不属于可得嘉奖的犯罪，抢劫犯将会像恶霸一样到处横行。倘若设定的盗窃罪门槛是 1000 美元，那小偷很快便会发现，只要他们把战利品的价值限制在 999 美元以下，警察就根本懒得查。

你甚至不用在奖励清单上删去任何罪行，激励系统自会引发缺失。就算想设定成打击不同罪行可拿到不同奖金，也不可能针对抓到小偷、谋杀犯和游民定出"正确"的奖金比例组合。如果所有犯罪的奖金都一样，警员就会柿子专挑软的捏，比方说违规停车和扒窃，而不在乎谋杀以及巨额诈骗要付出的社会成本更高。引导出错误的激励，结果很可能非常严重。还有，如果工作顺利完成，谁可以获得奖金？是破案的警探吗？是注意到可疑线索的巡警吗？还是深入研究重要 DNA 证据的法医专家？

统一犯罪报告虽然很准确（或许也正因为很准确），但并不是规定一般警员应该做什么或如何叙薪的好方法。

简单化

上述的复杂制度，某种程度上有助于解释巴尔的摩巡警面对的奖励架构，如莫斯科斯负责的地区有一位警官所言："小队长喜欢逮人，我就逮人交给他……如果我看到面色苍白的毒虫跑来这里进货（指买毒品），我会逮捕他们，罪名是怀疑持有毒品，还有滞留街头。"这很直截了当：小队长喜欢逮捕人，警察就把人逮过来，结束。

保持简单自有其缺点。这倒不是说，以滞留街头为罪名逮捕人有什么大错（除了可能违反公民自由权并有损公共关系）。就如莫斯科斯所言，这不失为一套好方法，可扫荡充满毒贩与毒虫的街道，至少暂时如此。但这也代表很多警察会设法用最轻松的方法提高逮捕率，完全不管这是不是让东区成为更安居乐业之地的最好方法。毕竟，小队长可没说他喜欢的是有质量的逮捕，而且巴尔的摩市的警员也不必在成功起诉后才能获得奖励，逮到人就够了。因此，正如以拨出的电话次数叙薪的电话营销人员一样，如果小队长喜欢逮捕人犯，那他就要冒着牺牲质量以换取数量的风险。

也就是说，至少东区的警察还能逮到犯人。故以警力而言，保持简单可能是最好的。这是一种取舍。同样的道理也适用于根据销售量计算薪资的业务人员。他们可能会受到诱惑，大打折扣以刺激销售，完全没有想过对公司的利润会有什么影响。

为了解释奖励逮捕人犯是一把双刃剑，莫斯科斯提到一个范例。有位警官下定决心，要缔造最高的月逮捕率。他的计划是这样的：锁定违反道路规则的单车骑士，把他们铐起来。夜间骑车时，所有单车都要加装照明灯。这位警察会拦下所有违反单车照明法规的骑士（多数单车骑士都违反这一条），要求查验身份证，然后拿出他的罚单簿开出罚单。多数骑士骑单车时都不会随身携带身份证，只要没有身份证，不管犯下什么罪都可以实时逮捕，这位警员的小小伎俩使单月净逮捕人次达到 26 位。这可创下了纪录。他的小队长乐得很，对莫斯科斯说："看好了，我不知道他的动机是什么,但我认为那一定是好事。他铐了很多人,比半个小队的人还多。"小队长为何如此开心?他的主管(也就是副中队长)也会因为值班时逮捕率提高而威望大增,以小队长的话来说:"只要副中队长喜欢,我就会全力以赴。"为何副中队长喜欢高逮捕率?可能是因为大队长喜欢。以此类推。最后,我们可以推测,这一切都是因为市长可以大声说:"我们在东区逮捕了很多人,我们正全力以赴,保障街头安全。"当街头不那么安全时,这番话也有助于转移责难。

东区的警察显然已经收到信息。莫斯科斯写道:"巴尔的摩市一年逮捕7万人次。我还在当警察时,有2万人次是发生在我负责的地区。东区的人口还不到4.5万人,被逮捕的比率还真是高啊。"差不多每两位居民中就有一人被捕。市警局奖励逮捕,也获得了成果。

这或许看来毫无意义,甚至有点反作用,但逮捕没装自行车灯的骑士也有好处。虽然夜间骑车不算是东区最严重的问题之一,但很多单车骑士没带身份证在午夜里跑出来,可不会怀着什么好意。借由铐上26位单车骑士,那位创纪录的警察也扫出了某些毒品交易。

莫斯科斯也描述警员追逐毒品嫌犯时面对的取舍,更凸显了注重逮捕率的缺点。在莫斯科斯担任警察期间,法律规定,除非警察一直盯着毒品,否则巴尔的摩的毒品犯罪不会被起诉。所有嫌犯都很清楚这一点,逃离警察追捕的嫌犯,会把手中的毒品丢掉。这么一来，警察就要面对冲突了，他们通常必须在监视毒品与追踪嫌犯中做选择。虽然紧盯着毒品对于起诉来说非常重要，但评估警察的标准是逮捕率，而非定罪率。警察通常会追着嫌犯跑，而不是停下来收集证据。在此同时，每个人都知道，如此一来将导致起诉失败。但逮捕率还是很漂亮。

注重逮捕率和维持安宁和平的整体目标并不一致，这导致系统最终崩解，至少在巴尔的摩是如此。当巴尔的摩的谋杀案在2007年6月达到历史新高时，当时的警察局长伦纳德·汉姆（Leonard Hamm）因为无法降低犯罪率（逮捕率非常高也无济于事）而被迫辞职。当然，我们不知道若采取不同的做法，犯罪率将有何变化。就算系统有这么多缺点，在多重任务、难以监督的警察世界里，着重每月逮捕率可能仍是处理巴尔的摩犯罪问题的最佳解决之道。[6]

团队合作

如果个别警员要担负多重任务，以至于根本不可能建立任何清楚且有吸引力的激励机制，那为何不把工作分门别类，把每项工作交给不同的警察？有些执法工作便是这样做的，像是让凶杀组警探负责侦破凶杀案。他们接受的委派任务相对专业且有针对性（例如他们不用被呼叫到现场去处理家庭纷争，也不用巡逻），以逮捕和起诉数据作为衡量解决犯罪的标准，警局就可以更有效地激励与评估专业化的单位，例如凶案组和缉毒组（利用起诉率和定罪率判断探员的工作质量自有其价值，因为地区检察署只会起诉他们有把握赢的案子，这样一来，警察就必须谨慎行事）。

如果把这番观察中的逻辑推到极致，那何不把警务划分成可个别衡量的小任务，并把整个警务工作交由市场执行？某些类型的警务工作目前正是这样处理。比方说，追回弃保潜逃躲进墨西哥的被起诉罪犯，就由独立承包商承包。通常的做法是，在法院附近开店的职业保释人[⑦]支付保释金，只有当被告被逮回来受审，他们才能把保释金拿回来。结果是单一且易于衡量的目标：被保释的人在开庭当天是否有露面？回报也很直截了当，就是保释金的一定比例。找回弃保潜逃人犯的工作，大致上是一个由赏金猎人[⑧]构成的活跃市场负责处理，这些赏金猎人和职业保释人签订契约，以每名逃犯作为收费标准。

同样，私人安保公司则分到另一杯羹，负责保护富有的屋主免于遭人入室。在高级小区修剪整齐的草皮上，处处林立的集宝（Chubb）和安达泰（ADT）安保公司标志便是一种宣告。安保公司的工作是保护住宅与居民的安全。

赏金猎人或私人安保公司都无法提出一套可靠的确保安全的模式。电影里描述的赏金猎人，是穿着黑衣的孤独牛仔，闯进城里搜寻他的猎物，这和真实情况相去不远。他们若非独立行事，就是以小队的方式工作。当集宝和安达泰这类公司组成团队以保护比弗利山庄的豪宅时，他们着重的仅是保护客户的房子而已。

一栋由集宝负责安保的房子只要能吓退可能的盗贼就好，集宝并不在乎这些小偷有没有跑到对街的房子里。

如果安达泰是城里唯一的安保公司，那一般人的生活又会有何变化？去问问肯塔基州奥拜恩市的居民就可略知一二。在这里，只有付75美元保护费给邻近的南富尔顿市，失火时才会有人来帮忙。奥拜恩市有一户姓克拉尼克的人家选择不付钱，当他们的房子失火时，消防队一直待命，直到火舌殃及池鱼才出动，因为隔壁邻居家之后也着了火，但他有付保护费。至于克拉尼克一家人，可就倒霉透顶了。吉因·克拉尼克说："我以为就算没付那75美元，消防队也会出动灭火，但我错了。"克拉尼克提议当场付钱给消防队员，他愿意支付拯救家园的所有必要成本，但他们拒绝。⑨

在小区里担负警务工作（而不只是追逐逃犯或保护个别房屋），牵涉的是一市内的不同地区以及一局内的不同部门。凶杀组警探仰赖巡警注意嫌犯及可疑的活动，还有法医专家的尽力分析。巡警通常独自巡逻，但一有状况很快就会有人来接应。负责调派的人员则根据报案电话指引巡警。巴尔的摩东区三支小队使用相同的频率，必要时可互相支持。如果个人层面的激励因素太过强烈，警察很可能花太多时间用来追捕犯人，而不去支持同仁。

和赏金猎人不同的是，警员的成效仰赖同仁的善意与协助。某种程度上，这也是另一种多重任务的变化形式。广告业务人员可以无私地奉献自我，发展出整个销售团队都可使用的工具，或者他也可以把全副心力都放在结案上面。律师可以只管自己的案子，或者他也可以花时间为事务所里的其他伙伴提供建议。警探可以"牺牲小我、完成大我"，接下棘手难解的案子，或者也可以便宜行事，争取很轻松便能定罪的案子。如果员工（不论是业务员还是警察）的叙薪标准是年度的销售业绩或侦破的谋杀案件，就会鼓励他们谋取私利，不顾大局。

在博弈论中，这就是所谓的"囚徒困境"，这个概念简洁地捕捉到团队生产的挑战。在经典的囚徒困境案例当中，假设有两名嫌犯（他们是犯罪搭档）被捕，警方想分别从这两人口中获得口供，于是对两人提出相同的条件。如果一人作证指证另一人，而另一人却选择沉默，自首者可无罪获释，沉默者要承担完全的法律刑责（假设是 10 年）。如果两人都保持沉默，两人都会以轻罪判刑，大概是监禁几个月。若两人都背叛对方，便都要接受 1 年的有期徒刑。当你的伙伴在做决策时，他不知道你会不会合作，这时你会选择背叛、合作还是保持沉默？挑一个吧。

面临的困境在于，如果单个的囚犯盘算的是服最短的刑期，那么"理性"的选择会让两人都选择招供，背叛对方。因为就算两人都知道同时保持沉默的结果会更好，但在不知对方决定的情况下，自首对个人来说可达成刑期最短的目的。如果伙伴招供，另一名罪犯也招供，就会被判刑 1 年，而不是 10 年；如果伙伴保持沉默，另一名罪犯招供，那招供者连几个月的牢都不用坐，马上就可以无罪开释。不管另一方怎么做，对每个罪犯来说，招供对自己最有利。

团队生产也面临同样的挑战：如何才能确保每一名"囚犯"（也就是员工）顾全大局？囚徒困境的问题并无简单的解决方案。你可以尝试改变博弈结构，把每一项工作设定成只需要一个人做，然后把团队放入和过去相同的职场环境，让员工可以彼此监督。这样一来，你或许会在团队中培养出团结和互信。但这些都是不完整的措施，最终团队的绩效仍小于团队人员潜能的总和。

无论如何，组成团队以完成任务，通常都是很有用的方法。比方说，在 20 世纪 70 年代早期，瑞典车厂萨博和沃尔沃做了一项实验，制造汽车零件时以 4 到 7 人为一组。这两家车厂的动机不是要在企业内部体现北欧式的社会主义，而是把重点放在强化质量，甚至是提高劳工产出上。在制造业中，如果是以团队的形式从事生产，当某位团队成员的工作落后时，员工比较能够互相帮助，出现瓶颈时，也比较容易调度人力。团队生产模式也让汽车工人的工作比较有乐趣，不像自福特以来使用的装配线生产法这么单调。⑩

但以团队从事生产时，必须针对团队评估绩效，而不是个人。曾因职场或学校里的团体作业而受罪的人，都很清楚当中的净效应是什么。在一群同事当中，不免会有一个想搭顺风车的人，他发现其他人会把事情做好，他只需坐拿分数即可。搭便车的人不太在乎拿低分的风险，只要可以偷懒就行了。

所以说，就像组织生活的其他方面一样，这也是取舍。团队生产的革命情谊、互相支持以及刺激，对上的是装配线；在装配线上，偷懒怠惰很容易现形，也可以轻松铲除。通用汽车在生产"土星"这个品牌时采取团队生产的形式，但命途多舛，最后判定装配线虽然会摧毁员工的灵魂，但极有助于提高效率，效果最好。上述两家瑞典车厂和许多日本车厂仍偏好团队生产。（1972年《时代》[Time]杂志有一篇文章，认为通用汽车早年之所以能降低离职率，不单是因为采用团队生产，更重要的是个人激励因素：出勤率高的装配线员工都可以得到免费的马克杯。当然啦，我们都知道，大家努力上班就是为了能得到免费的马克杯。）⑪

警务工作和生产汽车不一样，无法任意组团或拆解。如果可以的话，警务可能会随着不同的管理风潮而变动，今年靠巡警团队维持和平，明年则换上赏金猎人。但现状是，整个警力必须同心协力，以保障城市的安全。从某个角度来说，在设定单个警务人员的激励奖金时，反映的是集体努力的成果。也就是说，每一名警察个人都少有动机去多做点什么。

也许正因为如此，警务工作就像多数的办公室文职一样，完全无法评估，也难以奖励。

隐性工作

警务的目标比追逐利润的企业更暧昧不明,企业的目的是赚钱,这至少是非常接近现实的说法。巴尔的摩市警局公开宣示的任务,是要"保护生命,保障财产,了解与服务本市各地区的需求,并提升社区的生活质量"。

当中牵涉很多维持和平的工作。降低谋杀率、处理紧急报案电话以及减少毒品交易,或许有助于实现更高远的警务工作目标,但有很多其他难以观察甚至难以量化的工作也有同样的效果。举例来说,在客气地安抚一群在前门廊喝酒、把音响开得很大声的年轻人之后(其中只有一个人带身份证),莫斯科斯的搭档说:"气死我了……他们现在更尊敬我了……因为我完全不找麻烦。如果我把他们铐起来,这样算是比较好的表现吗?我把警察的工作做好,却得不到任何功劳。"

莫斯科斯的搭档所谓的"把警察的工作做好",再度突显了应该要设法激励担负多重任务的警察,但其中有些困难。警察做的工作有很多根本无法衡量,这一点自是让这位警察非常不快。莫斯科斯的搭档确实做了该做的工作,但是无法量化。你很难去衡量没有发生的事。如果警察局长看的是每月犯罪报表,从他的观点来看,或许可以把没有犯罪活动认定成警察把工作做好的成果,一如这位巡警的定义。毕竟,街头平静了,会打电话报案的人少了;但是,打电话报案的人少了,也可能是犯罪分子因为晚上下雨或气温骤降而留在家里，或是当地的经济状况好转了。[12]谁说巡警就不能坐在桥下温暖的巡逻车里？就连莫斯科斯也承认，他偶尔也会偷懒。

有很多警察的工作是坐在办公室的小队长看不见的，这让每一位警察在很多方面都享有极大的自主权：他们可以翘班开小差、夸大统计数据，也可以认真维持和平。就算是犯罪率高的巴尔的摩市东区，多数的警察还是独自巡逻，根本没有另一人会看到他的好行为（或坏表现）。在任何执勤时段，警员都可以自行决定是要专心开出交通违规罚单、逮捕单车骑士，还是捣毁毒品交易的巢穴。他可以训斥犯下小错的人之后放人，也可以把他们逮回去。

莫斯科斯有一位同仁描述他在处理游民时如何展现权力："有时候我会丢硬币。反面的话他就要入狱，正面就免刑。他们就会一起大叫：'正面、正面、耶耶耶！'"出现反面时会有人抱怨吗？显然没有：每个人都知道，如果犯的是小罪，结果完全要看警察的脸色，你最好不要危害这套至少有一半概率可逃脱的系统，这总比完全没机会好得多。

要不要逮捕犯下轻罪的人完全是裁量问题，能不能逮到暴力重刑犯同样也牵涉运气。警察不会在开始值勤时就下定决心，今天一定要逮回武装抢劫犯或谋杀犯，毕竟能不能碰上得看运气如何。如果某件案子找不到嫌犯，则会转给警探处理。

如果说很多时候当警察把工作做好却没人看得见（比方说化

解了可能很严重的冲突），而逮捕罪犯又牵涉运气，警方还可以运用裁量权挡下游荡的单车骑士和游民并加以搜身，那为何要设置一套以逮捕率为依据的激励机制？因为这是你能找到的最好的机制。维护和平涉及团队合作，你不能因为片面的太平而奖励个别警员，这样做的话，会鼓励警察把罪犯和犯罪推到他人值勤的时段，或推入其他辖区。宁可错杀，不可放过，可能是比较好的制度。

警政系统之所以没有完全崩解，是因为很多警员不是只在乎钓鱼执法或虚报统计数字。任职多年后，许多警察都厌倦了牛仔式的值勤风格，开始理解逮捕人犯越多，其实代表的是警务绩效不彰。如果他们之前能防微杜渐，便不会有这么多犯罪行为。在不愿意追逐高逮捕率的警员当中，一定有一些本性懒惰者，也有一些工作热情已经燃烧殆尽的，但也有很多可能是非常出色的警察。这些你从数字中是看不出来的。

幸好，虽然警局鼓励逮捕，并通过升迁和加班费给予反馈，但激励作用仍相当薄弱。如果你总是远离麻烦事，只求时不时逮捕个犯人，就不会有人太重视你。抛下过去牛仔式作风的老警察，也表现得很好。若非如此，巴尔的摩可能不会有任何杰出的警察。

如何设计工作

在思考如何设计工作之前，先去想如何设计激励以确保工作能顺利完成，这是有一点可笑。警察局长可以用很多方法来安排警务工作，排列组合可说是无穷无尽：组成紧急应变小组或采取固定巡逻，搭档配对或独立巡逻，要让警察在不同单位之间轮调，还是让他们日复一日专心从事相同的工作。对警察来说，何谓适当的激励机制，取决于主管规定他的工作内容是什么。

如果说在设计工作时有什么可遵循的概括性原则，那就是尽量减少我们之前提过的那些激励问题，这些现象存在于巴尔的摩市警局或几乎任何其他组织里。目标不是要消除这些问题，而是要降低问题造成的阻力。

设计出不当的工作内容，会对激励机制造成严重影响。假设现在已经倒闭的华盛顿互助银行里有一位负责放款的员工，他的工作是和其他放款机构竞争房贷业务。如果你想要给他明确简单的激励，那就让他以贷出去的款项固定比例抽佣。就像依据逮捕人次进行奖励的制度会助长警察专找游民、不管凶案一样，根据放款金额叙薪，也会鼓励放款员工赶快把款项贷出去，而不管之后的违约率有多高。不幸的是，你很难根据坏账来惩罚放款员工，因为违约情形只会出现在遥远的未来，到时候他很可能早就跳槽到另一家公司了。放款金额容易衡量但放款质量只有在多年后才能显现。

正因如此，华盛顿互助银行以及其他房贷经纪商都会设置核贷部门，以审查欲贷出的房款质量。将销售贷款和审核贷款两项工作绑在一起，显然是非常糟糕的想法。这两项工作的激励完全相反：一方要想尽办法把钱贷放出去，另一方要监督每一笔放款的质量。两项任务中可见的部分也不一样。计算贷款件数很容易，衡量核贷质量以计算年终奖金则很困难。指派任务与设定激励机制的合理做法是，将推销房贷与核准房贷分开来，然后针对推销提供强激励诱因，同时让核贷人员领固定薪水。事实上，推销房贷直截了当，何不通过专业的房贷经纪商交由市场买卖？华盛顿互助银行发展出来的系统大致上就是这样，银行的贷款业务双管齐下，有内部领佣金的贷款部门员工，也有收取手续费的独立经纪人。

华盛顿互助银行及其他贷款机构的问题（也就是如今众所周知的 2007 年次级房贷市场崩溃），并不是因为将背道而驰的激励因素绑在一起。反之，重点是经纪商、核贷部门以及其他人面对的激励严重失衡，且这些机构都有一个庞大的业务部门，一心一意冲刺任何贷款产品，只要能带来最高额的佣金即可。贷款业务人员领取的薪金，是以在符合核贷条件之下推销给借款人的利息为基准（当然越高越好）。负责查核的审理部门也没在打瞌睡，他们做了银行要求他们做的事——尽量核准放款案。如果你不做银行要你做的事会怎样？凯莎·库珀（Keysha Cooper）是华盛顿互助银行的资深核贷人员，她对《纽约时报》说，因为拒绝签核她认为是诈骗的贷款项目被银行停职30天。这个项目后来由她的主管加以"重组"并核贷，几个月后就违约了。⑬

斯坦福大学的经济学家戴维·克雷普斯（David Kreps）与他的耶鲁同行詹姆斯·巴伦（James Baron）画出所谓"明星"任务与"监督者"任务的差异。只有在完全无法避免时，这两类任务才能结合在一起，但我们经常看到两者混为一谈。以华盛顿互助银行为例，"监督者"是核贷人员与风险管理经理，就像华盛顿互助银行前任风险管理经理戴尔·乔治（Dale George）在ABC新闻台的专访中所说的，这些人就像汽车里的刹车。然而华盛顿互助银行的高层主管却"把刹车拿掉，直接向悬崖冲过去"。⑭ 其他在安全、稽核与合规部门任职的同仁，是乔治先生的同类人，工作内容毫无光鲜亮丽之处，他们要做的是捍卫组织，以防其他人做出的严重错误决策造成伤害。

反之，当明星奋力一搏、毫不在意风险时，他们能展现最佳成绩。如果你要聘用的是研发人员，最好找有赌徒个性的人，而不是杞人忧天型的人。一种药只要大卖，数十亿美元的利润就足以支付几千次失败的成本，而且还绰绰有余。你最不希望看到的，就是研究人员对每一次的挫败念念不忘。

任何组织都一定要既有明星也有监督者，并谨慎达成平衡。当监督者太过强势时，官僚层级的阻力将会毁了创新。当明星握有主导权时，我们迟早又将碰上类似金融危机的险境。有想要拉高犯罪统计数据、栽赃枪支或毒品，或是殴打嫌犯的冲动警员，就需要有风纪处和高阶警官负责管理。有拿薪水钻探有利可图油井的钻井工人，就要有安全监督部门。有操纵外来新兴衍生金融产品的金融鬼才，就要有首席风控官。这就是为什么我们总是会有负责打压的层级官僚，也有和这群人完全相反的天马行空的企业家。这并没有问题。

有时候设计看起来或许违反直觉，但其实合情合理，把看起来背道而驰的任务绑在一起，有时效果甚至更好。在某次灵光一现时，激励机制设计天才，同时也是旅游搜索引擎独木舟网（Kayak.com）的共同创办人保罗·英格利什（Paul English），正面迎击多重任务的问题——他强迫公司里的软件设计师亲自回复客服电话。这些软件工程师年薪15万美元，客服工作可以用最低工资外包到亚利桑那州，或者更好，用每小时1美元转包给总部在印度的客服公司。何必要他们浪费时间听客户抱怨？你又为什么要强迫顾客和软件工程师对话？后面这群人可不是以温馨贴心的态度取胜。

编写程序代码和倾听客户对你写出来的程序有何抱怨，这一组任务的性质和多数利益冲突的相斥任务不同，反而可以互相强化。主要是因为软件工程师痛恨应付爱找碴儿的客户。英格利什说："如果你要求工程师回复顾客的电子邮件或电话，当他们第二次、第三次听到同样的问题时，就真的会停下手边的工作，开始修正程序代码。之后我们就不会碰到相同的问题。"

英格利什买下一部大型的红色电话，铃声又响又刺耳，人人都痛恨，他借此来强化工程师修正问题的动机。有员工抱怨时，英格利什就会对他们说："解决方案很简单，接听该死的电话，铆足劲儿让客户开心。然后挂掉电话、拔掉电话线，把电话拿到办公室的另一头，再插上去，让下一个负责处理客户服务的工程师接听下一通来电。"

虽然接听客户投诉电话让受过高等教育的内向软件工程师很不快，但这强迫他们直接听到产品的缺陷，转化成一个小型的焦点团体，进而勾画出未来的设计。（英格利什本人宣称，他正是基于这个理由而乐于倾听客户的抱怨。）[15]

要监督与激励员工，有很多更好、更巧妙的方法。但只要员工想使坏，不管什么绝招都会破功。团队的革命情谊可以是正面，也可以是负面。本来要互相监督的员工，很可能反过来相互勾结以对抗管理阶层，比如替对方打卡、掩护彼此开小差、互相合作以侵占公款或虚报医疗费用。

无可避免地，大部分工作偶尔都简单到让人想打瞌睡，或者可以选择好客户、不理难缠的麻烦人物，常常也得在对组织有益与让自己轻松愉快之间选边站。也因此，企业才会耗费大量时间与精力挑出适当的员工，确保他们即便在没有任何激励或没人监督时，仍会为组织做出正确之事。

找到合适的人

在 20 世纪后半叶的多数时候，对社会新鲜人来说，挨家挨户推销《百科全书》就算不是极让人兴奋的工作，至少也备受尊重。在这项事业发展的早期，推销员真的会带着样书上门，推销产品。到了 20 世纪 90 年代，客服人员会划出一个能找到潜在客户的区域，公司则会派遣推销员通过打造"成交的四堵墙"来完成交易：提出无懈可击的立论，证明花 800 美元购买重达 500 磅、多达 12 册的大部头书之必要，让顾客找不到任何逃离的借口。这些推销人员是抽佣制的。⑯

大英百科全书公司就算找来糟糕的业务员，也没什么大不了。在他负责的区域里，销售量可能会暂时减缓，但很快他就会发现自己不适合这份工作（因为赚不到任何佣金），然后离职。每天都有新的业务员抢着要做。

然而，若是硅谷高科技公司要聘用软件工程师，或身为绩优蓝筹股的麦肯锡咨询公司要聘用初级顾问（或巴尔的摩市警局要招募新警员），他们得砸下资金、训练培养员工，还要支付薪水。一旦成为组织内部的一员，除了标准医疗保险与年金计划，员工还能享有其他优渥的福利。包括谷歌在内的多家硅谷高科技公司，还提供多项让人眼红的奖金。⑰

这些奖金的目的，都是要确保新进员工会选择留下来（而且工作到很晚）。毕竟以谷歌和麦肯锡这两家公司来说，聘用决策的总和结果大致上就决定了企业的成就。谷歌原始的搜索算法大都是由克雷格·西尔弗斯坦（Craig Silverstein）开发出来的，他是谷歌的第一号员工，是创办人布林（Sergey Brin）与佩奇（Larry Page）从斯坦福大学博士班请来的同学。自 Gmail 之后，这家公司很多最成功的创新，都出于敬业投入、积极进取的工程师之手。至于麦肯锡，除了 7000 多名顾问人员的脑力之外，这家顾问公司实际上并没有为客户提供其他产品，因此每个人都必须是最出色的。

因此，无须讶异的是，谷歌和麦肯锡都砸下重金，开发能找到最适任员工的秘密武器。这两家公司完全接受一般的招聘流程：问问题，从电话到现场面试的所有步骤，耗掉该花的决策时间。麦肯锡甚至会在面试期间提出脑筋急转弯的问题和案例研究，请应聘者谈一谈：如何说服顾客付钱买瓶装水？在美国东部时间正午 12 点时，全世界有多少高尔夫球会飞在半空中？为什么井盖是圆形的？他们要找的，是具备基本商业概念但高智商的大学生和 MBA。谷歌则比较看重程序设计技能。虽然谷歌并未在网络上公布试题样本，但网络聊天室中流传出很多版本。最近去面试的人贴出的问题是："请用 C 语言写出程序，启动通过输入端口流入的第 655 位数据串流"，以及"要用多少罐油漆才能涂满整架波音 747 飞机？"他们要找的，是高智商的杰出程序设计师。

有些因素和智商及分析能力同样重要：应聘者是认真尽责的人吗？情绪稳定吗？如果是员工决定了麦肯锡的样貌，那公司最好要有能力从面试备忘录中整理出这些特质。然而就算社会心理学的实验证据可以提供任何指标，麦肯锡或谷歌在面试时，也不可能进行这类实验，一探应聘者的灵魂。2002年有一项研究发现，应聘者在认真负责与情绪稳定方面的评分，和他在面试前的自我评价分数相关性极低。探知情绪比了解分析能力更加困难，应聘者都会说出面试者想听的话。面对要用几罐油漆或几颗高尔夫球会飞在空中这类问题，应聘者没有说谎的动机。但如果面试者太没创意，问出"你自认最大的缺点是什么"这类问题，得到的回答很可能是："我过于认真。"

有些公司主张要对应征者做性格测验，商业银行就是其中之一。经过简历筛选与电话面试流程后，商业银行会邀请可能的候选人接受面试，这些人认为自己要接受的是严谨的盘问，但银行真正的用意，是观察这些人在等候面试时的表现。就跟麦肯锡一样，商业银行是一家以客服为导向的组织，他们发现最能传递优质客户体验的柜员，是休息放松时面带微笑的人，这表示此人态度随和，且大致上抱持友善的观点。因此当候选人等待时，接待人员会观察他们的表情，并在实际面试时排除不适当的人选。商业银行就通过这种方式，聘用通过微笑测试的人。"微笑测试"之后会有性格训练，借此确保商业银行的每家分行都能做到"微笑服务"。[18]

显而易见的是，微笑测试有其局限性。其一，本书的读者现在就很清楚，去商业银行面谈时一定要面带微笑。而像麦肯锡和谷歌这类组织，他们寻找的人格特质也并非一个微笑就能说尽的。因此除了一般的筛选与面谈过程之外，他们还试着让有潜力的员工发出信号，证明自己真的值得一个众人梦寐以求的好职位。[19]

聘用信号

以目前来说，哈佛商学院的学杂费大约是 12 万美元，而且这还不包括你本来可以赚到的薪水。有些人对哈佛商学院的价值冷嘲热讽，说这是"价值 12 万美元的信号"，除了证明你愿意花两年时间在案例讨论上学着回答某些问题，比方说麦肯锡非常重视的"如何营销瓶装水"，除此之外别无他用。攻读哈佛商学院的学位是非常有效的信号，说明你具备成为出色管理顾问的技能和本质（麦肯锡是哈佛商学院学生的第一大雇主，谷歌也从这里招聘新人）。

如果有人真的非常渴望进麦肯锡，渴望到愿意付 12 万美元给这家公司，换一份初级分析顾问的职务，也是不可行的。哈佛商学院的学历对麦肯锡（或其他雇主）证明，你不仅能通过该校非常严格的入学标准（2010 年的录取率只有 12%），而且你具备必要的能力，能完成以案例研究为主的高标准研究课程。

有些企业会以更具创意的方法来找出适当的信号。网络鞋店美捷步（Zappos）提供让人称道的极致客户服务，他们创下纪录，曾用 8 个多小时来处理一次客户来电（我们可以讨论这是好是坏)。有一则经常被人拿来传诵的公司逸事。有位客服代表发现,某客户并未按计划退回她之前订购的鞋子,原因是客户的母亲猝死。客服代表安排快递公司去取件,并送上一束白色的百合、玫瑰与康乃馨给悲悼中的客户。美捷步的首席执行官谢家华(Tony Hsieh)总是不断地重复他的名言,他说,美捷步是一家客服公司,只是刚好也卖鞋。

美捷步的新进人员要接受(或许更恰当的用词是被灌输)160小时的客户忠诚训练方案指导,受训期间可领全薪。沉浸在美捷步的企业风格一周之后,新进人员可领2000美元然后走人(这家公司用的暗语是"那笔钱"),另外再加上他们在受训当周已经赚得的薪水。为什么要付钱给通过你审核、挑选的员工,让他们走人呢?美捷步的企业哲学,就是要竭尽所能让客户心满意足,也许是送花,也许是和手头拮据的客户马拉松式长谈,这不是每个人都做得来的。提供"那笔钱",让对自己的服务承诺有疑问的新进人员可自行选择放弃这份工作,而大约有10%接受客户忠诚训练方案的储备人员会离开。但以美捷步来说,员工愿意放弃2000美元的离职金留下来,拥有这些员工的价值远远高于成本。[20]

以暴制暴

美捷步想要的是能投入全副精神满足客户需求的出色客服代

表；商业银行看中的是能通过微笑测试的人；麦肯锡和谷歌寻找的则是有毅力且高智商的员工。巴尔的摩市警局局长要的警察，要在适当时机能积极追捕可能携带武器的危险嫌犯，不可以在夜晚巡逻时躲进小吃店停车场睡懒觉。想过悠闲懒散人生，并等着领取丰厚退休金的诱惑很容易出现，特别是警察工作奖励有限，而且少有人监督。警察局长想要的人才，是在面对打瞌睡与认真值勤的选择时，会选择做好警察工作的人。

巴尔的摩市警局版的微笑测试，是新进人员是否愿意忍受警察学校的准军事制度。据莫斯科斯说，在警校的日子，经常要一边跑步一边喊口号，要检查制服，要熟知几乎毫无重点的警务人员行为规范，学着敬礼，因为各种小错而受罚，还要做俯卧撑，更要和以大吼大叫为乐的训练教官为伍，再加上去太平间见习。如果你喜欢玩枪，乐于学习运用警棍以制服嫌犯，而且你愿意忍受一位教官口中的"废话"课程（我们很确定许多新进人员也心有戚戚焉），那代表你真的很想维持这个城市的和平安宁。

巴尔的摩市警局需要这个代表新进人员渴望铲奸除恶的信号，因为以逮捕罪犯的工作来说，惩罚会多于奖励。嫌犯可能根本没有武器甚至是无辜的，但在充斥枪支与毒品的巴尔的摩市东区，想活着领到退休金的警员可不会做这种假设。有些警察在别人看来或许太过激进，但他们发现一旦自己有所蹉跎，退休金就危在旦夕（莫斯科斯说，以未受过训练的人来说，就算亲眼看到逮捕的实况，也不见得能明确区别出警员是正当执法还是施暴，因此就算谨慎行事，警察还是要面临调查与问责的风险）。

警察工作的裁量权很大，在这个世界里，以社会最佳利益为优先的警察局长，很可能想要招募天生就喜欢追逐、逮捕犯人的预备警察。一旦这些人进来之后，养成的是积极、攻击性强的组织文化。他们执法（而且积极执法）是因为他们乐在其中，就像商业银行的柜员之所以能提供优质的客户服务，是因为他们天性如此。

不幸的是，这种以逮捕犯人为乐的人，也很可能是那种有点（或严重）执法过度的人，还会用自我的正义施以惩罚。

实际上，巴尔的摩市警局里有些老警察就带着一股怀旧心情，谈到一种老派但非正式的做法，叫"揍过之后放人"。莫斯科斯写道："当我开始上街巡逻时，'以暴制暴'（指警察靠殴打嫌犯来遏阻可能的犯罪）已经成为历史。毫无疑问，一定是高层撂下狠话，说现代除了监禁之外，不可考虑使用法律以外的手段……过去，满口胡说八道的难缠家伙头上可能会肿个包……有谣言指出，以前打老婆的人也会挨揍。如今，在成效不彰且裁量权大幅减少的制度式家暴逮捕法之下，只要有人受伤，就代表某位警员得因此坐牢。好了，说完了。"

巴尔的摩市的警务改变了，就像全美各地的警务也改变了一样，部分理由是因为出现了一套名为"计算机驱动犯罪统计"（CompStat）的系统。这是一套以数据为基础的方法，利用地理定位（GIS）计算机系统和统计技术来比对、辨识与应对犯罪问题，是引导警力配置的终极管理工具。在威廉·布拉顿（William Bratton）的带领下，纽约市警局于20世纪90年代中期首创计算机驱动犯罪统计系统，此后很多地方的警察局也拿来应用，包括巴尔的摩。这套数据导向的系统，重点在于降低犯罪数据，并提高逮捕率，警方整条指挥链从上到下如此执着于逮人，这套系统正是始作俑者（至少也是其中一部分因素）。就像莫斯科斯的小队长说的："计算机驱动犯罪统计根本是废话，重点还是在于数字。如果大队长跑下来却看到任何一类逮捕挂零，他们会气炸。因此，现在我们任何一个项目都不能填零……如果我因此被骂，我会抓狂。"

为了确保实现目标，大队长会对小队长施压，要他做出好看的统计数字；小队长转而胁迫巡警，要他们逮人；基层巡警则回归可疑的手法，以实现目标。指挥链的最末端是被称为嫌犯的人，他们之所以被拘留，可能只是在错误的时间出现在错误的地点而已。对罪犯来说，比起头上肿个包，很难说这种结果是更好或更糟。

老百姓的申诉，可以当成终极的警察行为不当的查核关卡，就好像利用客户反馈意见让咖啡厅服务人员保持和蔼可亲的态度，或是让登机口地勤人员面对班机延迟时仍能面带微笑（咖啡厅还有另一种迂回的技巧，利用客户以确保员工诚实。听说过有店家承诺没拿到发票可以免费用餐吗？收款机使员工不会中饱私囊，而鼓励客户索取发票，你可以确定员工确实使用了收款机）。

但对巴尔的摩市的警察来说，哪些人等同于顾客呢？

虽然警员基本上是为市内奉公守法的好公民服务，但警察最常、最直接面对的，却是罪犯和歹徒。同样的道理也适用于类似的官僚机构：儿童福利机构要把孩子从失去抚养能力的家庭中带走，国税局要查核可能的逃税人，运输安全局人员得负责搜寻炸弹和违禁品。他们的目标不是也不该是"保证客户满意"。或许就因为如此，机场安检人员在提供服务时很少报以笑脸。安检的目的不是要哄乘客开心。

这些组织的目的和客户利益并不一致，也因此少了客户这道重要的监督机制。如果难缠乘客的抱怨不利于航空公司创造最大利益，那么在同样定义下的警方"顾客"，其满意度与警察机构的存亡兴衰则完全背道而驰。在这样的条件下，"请警方的顾客"提供回馈是很荒谬的事。你很难想象警方会设置专职的客户联系官，让他们去问："以 1 分到 10 分为标准，您认为这次的逮捕经验是几分？"

2000 年芝加哥大学的经济学家康尼斯·普兰德加斯特（Canice Prendergast）在《纽约时报杂志》（*New York Times Magazine*）上读到一篇报道洛杉矶警局改革的文章，文中描述警务机关在安排警务时将警察当成犯人，其中的荒唐无稽让他十分震惊。这篇文章距离洛杉矶警局警察被拍到殴打手无寸铁的黑人摩托车骑士罗德尼·金（Rodney King）至几乎昏迷，已将近 10 年。这个视频变成全球头条，警察无罪开释后，在洛杉矶市中心南区引发暴动，导致美国立法赋权予联邦政府，可控制失控的各警察局。

罗德尼·金事件引发全国对警察执法方式的讨论。莫斯科斯说，对他的警察同仁来说，这次事件是值勤方法上的转折点。"揍过之后放人"的心态被取而代之，变成担心问责与害怕失去退休金。手持式摄影仪将监督警察的权力移转回公众手上。当有证据明确摆在陪审团眼前时，再也不会光凭警察证词就判定被告的生死。

《纽约时报杂志》那篇引起普兰德加斯特兴趣的文章，描述的是1991年后的洛杉矶警局。过去洛杉矶警局极为抗拒任何监督或改革，大家都知道洛杉矶警局很激进，紧握不放几乎可以完全免责的动武权，以对付洛杉矶的帮派与毒品问题。洛杉矶的警察似乎并不担心监督警政的民主化浪潮。[21]

这篇文章指出，新任警察局长是一位有35年洛杉矶警局资历的老兵，名为伯纳德·帕克斯（Bernard Parks）。他努力引入"当责"（accountability）这个概念，于1997年发布命令，要求每一件人民对警员提起的申诉案都要获得调查。可想而知，申诉案如潮水般涌入，警局职员被书面工作淹没，基层警察和高级领导层也因此互相疏离。帕克斯的回应是，太令人遗憾了，这套新系统的用意在于服务大众，而不是洛杉矶警局。

普兰德加斯特就是在这一点上和帕克斯局长的意见相左。普兰德加斯特的理由是，洛杉矶要招募的警察，是愿意追捕罪犯的人，而不是先想着退休金的人，甚至他们可能要找的是天性冷酷的警察。但当使用武力与滥用武力的界线变得模糊，而且转而有利于罪犯这一方时，即便是怀抱激进积极心态的警察，都会开始三思。为保有优势以胜过对手，警察行动时必须要获得某种程度的豁免权。因此在普兰德加斯特看来，警局不只要聘用强悍的警察，还要尽力忽略市民对警察的抱怨。洛杉矶人可能不喜欢警方的粗暴，但这或许是他们不得不接受的处境，是让街头更和平安宁的附带损害。

确实，洛杉矶市民和普兰德加斯特站在同一边。局长上任几年后，洛杉矶市警局爆发了一次重大丑闻，问题出在简称为"CRASH"（全名为 Community Resources Against Street Hoodlums，反街头流氓公众资源小组）的反帮派组。这个小组负责执行兰波特斯安家项目。虽然重点仍是警察滥用职权程度的问题，但这次事件却很明显：有些 CRASH 小组的警员利用他们几乎可不受批评或责难的豁免权，往疑为帮派分子的家中栽赃枪支，以提高逮捕率；并假借自卫的名义殴打或枪杀嫌犯，甚至亲自下海交易毒品。帮派分子的申诉无人过问，就像普兰德加斯特的警务客服理论预言的一样。

《纽约时报杂志》的文章提到，洛杉矶市民对于兰波特斯丑闻事件没有什么反应，尤其是那些住在兰波特斯地区的人。市民担心越来越猖獗的帮派暴力，更胜于警察滥用职权，他们认为警方的粗暴是遏制帮派的必要手段。聘用粗暴的警员并忽略人民对他们的抱怨，用这种态度为一座城市提供警务，听起来或许很可怕，但在监督与激励警察困难重重的前提之下，这或许是洛杉矶人民最好的选择。

员工理想必会幻灭

你尽力聘用最好的人才，不管是警务工作还是编写程序代码，这些人都热切地想要完成任务。但你不一定都能找到纯粹为了乐趣而工作的员工。因此你要制定激励和奖励机制，你要监督，你要评估。讽刺的是，正是这些激励与评估机制会引发风险。由于管理上的指标和工作绩效之间没有明确关联，会害你最出色的员工（还有把工作当成事业，而不是混时间等发薪的员工，以及全心相信应该要把自己的工作做好、不太关切激励诱因与奖励的员工）变成最挫败的员工。想想莫斯科斯的搭档，他化解门廊下的冲突，让当地变成一个更安宁的小区，而且没有逮捕任何人就办到了。他生气，是因为他在警务工作上表现出色却未受到肯定。但这种人绝对是巴尔的摩市警局要找的人。

当中的逻辑若推演到极致，得出的结论或许是当最出色的员工心生不满、理想破灭时，你就知道你的组织确实在运作。显而易见，这并不是我们要提供的建议。

但知道这套逻辑可以推出什么结论之后，你应该成为示警者，提醒那些执着认定组织就该建立在强激励与其他理性经济原则之上的人。组织要很努力，才能在维持激励机制与认同内在动机（正是这种动机协助休利特与帕卡德白手起家）之间求得平衡。对员工而言，这也是一种警示，让他们知道要找到这种平衡极为困难，但这是建构组织的必要成本。

组织的逻辑
The ORG
第三章 如何构建组织

1505年7月17日，在道别晚宴上，19岁的德国男孩马丁（Martin）对齐聚一堂的亲友说："今天各位见到我，未来将永不再见。"此时的马丁遭逢的，是放在现代美国背景之下也同样适切的后青春期危机。他的学校体验很不愉快（他把学校比拟为地狱、炼狱），父亲强迫他走法律这条路，最近两位朋友过世让他悲伤不已，还有一次，他在一个暴风雨之夜骑马回家，差点被闪电击中，他惊恐地感到自己终有一天会死。

但马丁的下一步，对现代青少年焦虑的经验而言，就完全天差地别了。在那个七月天的傍晚，马丁即将成为罗马天主教的禁闭修士，在圣奥古斯丁修道院过着献身宗教与内省的人生，他的计划是永不出关。

教皇利奥十世在接下来这场大戏里扮演马丁的死对头，他一定衷心希望事情的发展真能如马丁的计划就好了。

12年后，马丁（他姓路德）离开修道院成为枢机主教，并在维滕堡大学教授神学。他呈交一份文件给美因茨兼马格德堡的枢机主教，这就是未来让天主教会与整个欧洲分崩离析的"九十五条论纲"。①

马丁·路德与罗马教会的决裂以及新教的兴起，让我们有机会了解组织如何筚路蓝缕，从无到有。在脱离天主教会之后，从英格兰的圣公会到日内瓦的卡尔文教派，每一个教派的新教徒都要决定如何建立组织以完成他们的使命：吸引教徒并拯救信徒败坏的灵魂。他们要变成单一的大型反天主教集团吗？还是要让每一个教区的教会自行选择发展之路，放弃由中央控制各教派的走向？又或者，他们应该走中庸之道，让每个教会有一定的自治权，但同时打造出一个层级体制，再加上无穷无尽的会议与沟通，变成一个完整的组织，以维系质量控制并确定他们选定的方向能获得世人的认同？

组织最重要的制衡

每个组织都要面对上述问题，只是版本有所不同，很少有组织的目标是要拯救灵魂，但通常都要协调组织内各个相异但必要的部分。不管是什么职位或属于哪一个部门，你要如何调整每一个人的步伐，让他们对组织制定的目标有所贡献？你又如何把这么多的角色结合在单一组织的伞状结构之下？彼得·莫斯科斯隶属的巴尔的摩市警局的目标是维护和平，欲达任务，要借重巡警、警探、小队长、职员、风纪处、冲锋部队、特警队以及许多其他相关人士，并以不同的方法激励、派任、监督与奖励这些人员。在任何组织里，都有众多可各自行动的部分，必须予以整合，才能达成更高远的目标，或许是拯救灵魂，或许是维护和平，也或许是创造利润。

如果组织的每个部分都必须整合在一起，顺着这个道理推演下去，建构者在设计组织时，就必须重新思考激励和监督机制中的每一处关键。而且，只要牵涉到重新设计组织，就一定要调整激励。当新创公司已经变成不断膨胀的层级组织，就无法再通过股票期权激励程序。首席执行官将权力赋予部门主管，让这些人制定自己的流程方针时，也要确保他们受到激励，做出最有利于整体企业的选择，免得任由部门各自为政的走向撕裂整家公司。主教及其他教会领导者也必须确认，神职人员受到的激励（包括财务上与精神上）呼应了教会组织的设计。

解决方案之一是制定如军纪一般严格的规范与执行强力的监督。这是大约1516年时天主教教会实行的对策。当时地区的神父并未受过太高等的教育，他们负责满足教众的一般需求，同时遵循天主教会领导阶层制定的中心信仰。如果某位神父证明自己非常适合在教会阶级中担任更高职务（大多数是基于出身，至少在中世纪是如此），也会有机会升迁。不会有人要求教区神父倡导任何行动，也不会有人期望他们自愿参与任何行动（路德不就表现出积极进取吗？看看他的下场是什么）。

主教与他们手下的人员监督神父，确保神父们善尽职责,现身讲堂布道,接受教徒告解,同时确保他们仍信奉纯洁的教义。枢机主教(cardinal)、修士(monk)、赦罪教士(pardoner)、教区牧师(vicar)、座堂牧师(dean)、执事(deacon)等职位,由上至下井井有条,每一个人都要担负特定的职责以推动教会运作,而且每一个人获得的奖励也不同。

教会严格的阶级制度,非常适合其高压的监督与粗糙的激励制度,反之亦然。就算这套机制无法培养出一个充满活力、有创造性的教会也没关系,因为那本来就不是重点。教会运作了好几个世纪,服务了遍布在广大基督教世界里未受过教育的天主教信众②,满足他们的宗教需求。管理基督教帝国的任务,是在还没有印刷术,也没有远距离通信工具的慢速变动时代下进行。

天主教最高职位上安坐着教皇利奥十世。他生于极富影响力的美第奇家族,13岁就成为枢机主教,不到40岁就登上教皇宝座,他的人生都用来欣赏罗马艺术与音乐、宴饮以及追求其他俗世之乐。他经常三天三夜狂欢作乐,因此沉迷于从教会信徒身上榨出更多金钱,以填满自己的荷包,并在罗马建造圣彼得大教堂作为他的传世之作。

奢侈浪费再加上财务管理不当导致罗马教会破产,这迫使利奥越界,积极在整个基督教世界推销赎罪券,廉价出售救赎,洗涤罪愆。赦罪教士(是教会认可的营销与业务专家)保证教会代表你或你的至亲至爱向上帝说情,洗净你的罪行,或为已沦落炼狱的人开启通往天堂的大门,以交换你的一点点奉献。③这种唯利是图的宗教募款方式，刺激路德写出并张贴他的"九十五条论纲"。这又引领我们回顾历史，看看路德和他的追随者如何设立自己的教会，以便和利奥十世抗衡，赢得全世界基督教徒的理智与感情。

完成伟大的任务

我们无法探查每一个教派的发展路径以了解他们选择如何建立组织，因此我们把焦点集中在其中一个分支上，也就是联合卫理公会。了解卫理公会教徒如何整合组织的各个层级（包括本地、主教教区与全国等层次），以及这样的架构如何契合他们用来激励与鼓舞牧师的工具，有助于我们理解每一个组织面临的挑战。

两位经济学家将协助我们了解卫理公会层级组织的复杂内部运作：克里斯·帕森斯（Chris Parsons）是得州浸信会传教士之子，他的论文指导教授杰伊·哈泽尔（Jay Hartzell）则是卫理公会本堂牧师的继子。在纽约大学的同事戴维·耶马克（David Yermack）的协助之下，这两位经济学家编纂整理了俄克拉何马主教教区的财务以及人力资源文件。哈泽尔的继父是此地教会组织里的第三把交椅。这些可回溯至1961年的记录，让研究人员能完整了解每一位神职人员的薪酬，以及主日学礼拜的出席率和教会的各项费用。凭借这些详细记录，哈泽尔、帕森斯与耶马克得以提出相关的统计资料，说明卫理公会如何面对筹组教会与激励牧师的任务。

卫理公会从《马太福音》之中获取灵感。《马太福音》记载，耶稣对他的信徒说："所以，你们要去，使万民做我的门徒，奉父、子、圣灵的名给他们施洗。凡我所吩咐你们的，都教训他们遵守。"借此吸引信徒。卫理公会接下了这项"伟大的使命"，把焦点放在寻找新信徒上面，主要的方法是通过各地教会吸引信众。④

一如任何组织，卫理公会也要激励员工。唯一的差别是，现在我们讨论的员工是神职人员。思考激励如何影响修士修女，听起来或许有些古怪。我们并不指望他们像投资银行家一样叙薪，因为激励他们的是超越俗世的因素。侍奉上帝并得到永生，应足以让他们把心思全放在教会的使命上。

但就连《圣经》也认同牧师需要某些非精神层面的激励。看看使徒保罗写给哥林多人的第一封信中的几段话："我们若把属灵的种子撒在你们中间，就是从你们身上收割奉养肉身之物，这还算大事吗？若别人在你们身上有这权柄，何况我们呢？"换言之，如果高盛的银行家赚取的薪酬，是以他们为公司创造的利润为基础，那么传道士为何不能因拯救灵魂而得到奖金（并且付钱给新招募进来的成员）？⑤当然，崇尚精神的修士修女也会回应物质层面的动机。说到底，他们也是人。

有些人的本性比其他人更强烈一些，也陷入同样纠缠着教皇利奥十世的诱惑，只是没这么严重。自利的传道士至少可以追溯到犹大，传道者约翰指控犹大从使徒的钱箱里偷窃。电台问世之后，电台传教士随之出现，其中的知名人物如麦艾美（Aimee Semple McPherson），她是国际四方福音教会的创办者。这个教会募得大笔资金，建造一间有5000个座位的礼拜堂安吉利斯主教堂，并为领导者兴建一栋占地广达4400平方英尺（约400平方米）的摩尔复兴式豪宅。电视则带来了电视布道家如吉姆与塔米·菲·贝克（Jim and Tammy Faye Bakker）夫妇，他们建立了"赞美上帝"（Praise the Lord）这个侍奉基地，借此创造财富并买下一栋房子，里面有上了金漆的卫浴设备，有走道宽50英尺（约15米）、可供人在其中随意走动的衣帽间（以及用来填满房间的购物战利品），更别提被人大肆报道、专为塔米钟爱的狗儿们兴建的空调狗屋。后来吉姆爆发婚外情，还为了筹资建造美国历史主题公园与从事公寓开发，而涉入一场庞氏骗局[6]，最终锒铛入狱，此时这一切才曝光。[7]

从犹大到吉姆与塔米·菲，这些人都是极端的范例，显示神灵与俗世诱因之间的冲突。一般的传道士当然在这两方面都具备某种程度的动机。但更重要的是，教会的宗教倾向和牧师的财务目标不需要直接冲突，在理想的状况下也不会造成冲突。

复杂的拯救灵魂服务业

若承认即便是信仰虔诚的人也需要某些补偿，例如为了让身心灵仍为一体，你可能会认为，衡量牧师的绩效并据此叙薪是很容易的事：所谓有生产力的牧师，就是能让更多人受洗并能减少信徒流失的牧师。如果说传道士绩效高应该得到报偿，吸收更多信徒应该能提高薪水并增加升迁的机会，但事情要是有这么简单就好了。

卫理公会的抱负不只是增加信徒而已。"我们要向外接触群众，欢迎他们进入教会"，这是教会的最优先任务，但在卫理公会使命宣言的四大项目中，这仅是第一点而已。其他的包括培养现有信众的信念，以"深化他们与上帝之间的关系"，更广大的任务则是要"滋养活在基督教义下的人民"。归纳下来，神职人员的工作就像巡警或办公室职员一样，都要担负多重任务。

要完成各式各样，有时甚至互相冲突的使命，卫理公会教徒必须建立一个结构相对紧密、中央集权程度相对高的组织，掌控教会认定的成为教徒的意义。相对之下，其他竞争的教派，比方说浸信会，会让每一个教堂都拥有广大的裁量权，可以制定本堂的行动方针。但卫理公会仍和天主教大不相同，他们不以命令来掌控信念和敬拜。卫理公会的信徒自称，他们特意"不要单一的中央办事处，不要大主教，不要教皇。这反映了卫理公会组织的代表性质。卫理公会也设置制衡系统……是全世界组织最谨慎、规模最大的教派之一"。⑧

在这套有限的宗教阶级制度中，每家教堂都要向监督一州或一地区所有教区的主教报告。各地区的代表会定期聚会，以应对更高层次的全组织层面的问题。教会也明确纳入非宗教界人士以管理本地教会事务，正好符合路德平民起义的精神。

如果教会仅根据教徒人数奖励牧师，神职人员就一定会把更多时间精力投注在吸引新教徒上面，但要付出的代价就是无法顾及既有教徒的许多需求。神职人员在服务教区时，他要负担的任务包括精神层面与纯粹的世俗层面。神职人员是集演出者、管理者与社区工作人员于一身的人。他们必须传讲扣人心弦的宣道、为面对个人危机的信徒提供咨询，并探访贫病孤苦的人。与此同时，他们也要花掉无数个夜晚参与社区大会，撰写或者至少要监督教堂发行的通讯刊物，还要让捐献箱充实饱满（没办法，如果教会没有钱，就无法成为社区的明灯，也无法维护教堂内的长椅）。留得住教徒某种程度上可以代表神职人员在许多任务上表现优异，因为去做礼拜的人如果不满意，最终会改到他处另寻宗教上的满足。但以人头评估牧师在服务信众时展现的关怀与仁爱，是非常粗糙的做法。

因此，虽然我们可以计算每个教堂吸引的新信徒与留住的既有信徒人数，并记录在电子表格里（然后据此叙薪），但这些数字只能针对每一位牧师的绩效提供非常有限的评估。神职人员每天都要忙着从事各项职责，这些工作可能无法直接影响信众人数，且主教并非全知全能，但他一个人就要管理州内数百个教区，很多事难以周全。

正因如此，俄克拉何马以及世界各地的卫理公会领导者，都把制定薪资的工作交给当地的牧师教区关系委员会，委员会内约有一半的委员是信徒。每个委员会都有职责范围，从设定教会任务的优先级，到确保教区的运作顺畅。委员会也要负责评估牧师的绩效并据此叙薪，"倘若更换牧师更符合教会与牧师的最佳利益"，甚至还可以开除牧师。⑨这套架构，把制定报酬奖金的工作交付给教会相关成员，他们最能观察牧师付出多少努力与关怀照料信徒。

2006年，一般神职人员的平均薪资预计为3.5万美元，而以巡回教士身份服务三个郊区社区的年轻神学院毕业生，大概仅能赚得约1万美元。牧师教区关系委员会有权裁量的薪资差额数以千计，这里加一点，那里减一点，每位牧师能带回家的薪水袋厚薄就会有所差异。卫理公会还有另一套鼓励神职人员积极进取的奖励制度。若获得升迁，便会调派至拥有数千名信众的塔尔萨或州内其他城市地区，薪资等级会随之升高，可拥有更美丽的房舍，名声也更好。如果是大城市教会里超级巨星等级的牧师，薪资加上各种附带福利，如免费房舍与大方的年金，一年可赚得约25万美元。

牧师教区关系委员会的成员无疑将会竭尽所能管理当地教区，以实践教会更高远的使命。但说到底，他们也是人，也有人性脆弱的一面。教会自然很清楚这点，所以牧师的近亲不得加入委员会，以免他想办法让委员会里都坐满了自己人。

就算没有恶劣的裙带关系问题，委员会成员可能也会为了其他理由而被当地牧师的利益所影响，从而改变他们对牧师应如何照料、培养教徒的看法。但这没有关系，因为大致上来说，委员会和教会的利益刚好一致。俄克拉何马的主教希望教徒人数增加并带来更多收入，监督教堂财务的委员会成员也是这么想的。主教希望信徒心满意足，和教会维持密切关系，并成为更活跃的卫理公会信徒，委员会亦作如是观。因此，在多数时候，主教将监督当地神职人员的工作外包给当地委员会的做法运作得很顺畅。

拯救灵魂的奖金

帕森斯和哈泽尔从未质疑，神职人员是不是受金钱之外的因素激励，才能一天工作12小时却只赚取低薪。但他们想知道的是，牧师教区关系委员会能否利用财务奖励（也就是拯救灵魂的奖金）当作激励，刺激牧师更卖力工作以达成天命。保罗写给哥林多人的第一封信里所说的，是对的吗？

帕森斯和哈泽尔是经济学家而非神学家，因此他们一开始了解卫理公会如何管理教区事务时，是通过经济学的动机观点，并以统计方法来分析教会资料。他们进行两项研究，标题都很冷硬、不带情感——"宗教界的人力资本与供给"（Human Capital and the Supply of Religion）以及"天命就够了吗？教会的激励诱因效果"（Is Higher Calling Enough? Incentive Effects in the Church）——这让经济学家热血沸腾，但让新教社群里的某些人愤恨难平。他们认为，这些研究是对神职动机的诽谤。[10]

尽管神学家抗议，但统计数据难以辩驳。在分析过数据之后，帕森斯和哈泽尔发现，神职人员在吸引信徒上的表现确实非常容易影响薪资。每一位新的信徒，都会转化成大约15美元的额外奖金；每损失一名信徒，则会导致薪资等比例减少。看到牧师的绩效叙薪敏感度这么高，连这两位见多识广早已麻木的经济学家都大感惊讶。捐献箱里每多一块钱，卫理公会的牧师可以留下大约两毛钱，这和《财富》五百强企业首席执行官的绩效叙薪敏感度相当——他们每替公司多赚一元利润，自己就可以拿三到四毛钱（当然，首席执行官面对的利润金额高太多）。

光看信徒的变动只能粗略地判定牧师是否善尽职责，因为有太多影响信众的因素不受牧师掌控。比方说，信众的生死等大事便得交由上帝决定。有些卫理公会的信徒会自动搬进教区，有些则会搬出去。牧师为什么要因为基本上属于老天爷的事而受到谴责（或得到全部的功劳）？

神职人员的出纳非常明智，会过滤随机发生的增减，例如出生与死亡、城乡的成长或萎缩等因素，都不会影响牧师的薪资。反之，宣告信仰的新信徒（亦即从他教改信卫理公会者）及从其他教区吸引过来的卫理公会教徒，平均每一人的价值约为25美元。这听起来不多，但若以规模相对小的教堂而言，一年新增或流失数十人，对年薪3万美元的牧师来说，结果就是增加（或减少）上千美元的奖金。

牧师教区关系委员会采用根据信徒人数叙薪的奖励制度，也增加了与主教之间发生不快冲突的概率，当教会里需要招募新进信徒填满会内的长椅时，尤其明显。主教和当地的监督委员都有动机去影响本来非信徒的人，让他们改投卫理公会。毕竟，卫理公会的使命里有一部分是要传教，借由吸引世人接受基督教义拯救众人的灵魂。身为有责任捐款奉献的成员，新进的卫理公会教徒对教会的财务大有帮助。这对当地教会的银行账户余额来说是好事，这些钱大都是信徒的捐款。这对于塔尔萨的俄克拉何马州卫理公会总办事处来说也是好事，总部会针对各地区教会的盈余征收税金。

但若是从附近的卫理公会教区引来新教徒，两方的利益就开始有分歧了。在教会的术语里，这叫作"偷羊"。教会没有多拯救任何人的灵魂，俄克拉何马州的卫理公会总部也不会得到任何额外的收入。从主教的观点来看，手下的众位牧师为了俄克拉何马州人数固定的卫理公会教徒互相竞争，是一场零和游戏。但对每一家当地教堂来说，偷来的羊也和改变信仰的新教徒一样宝贵，至少从财务观点来说是如此。

主教并不反对友善的小小竞争。绩效不彰的牧师应该失去信众，让给比较出色的牧师，就像生产力低下的企业将会失掉市场占有率，败给更有效率的生产者。[⑪] 对不同教区招募的信众人数做比较，可帮助主教与他的委员会判断，决定俄克拉何马州哪一个教区应挪到其他教堂，或者鼓励完全撤离某个教区。

竞争也有黑暗面。身兼传教士的作者威廉·查德威克（William Chadwick）写了一本书名恰到好处的书：《偷羊》(Stealing Sheep)。他在书中直言不讳，畅谈竞争对美国教会造成的影响："快餐教会已经取代家庭教会，以及教会在关系上的价值。速成的基督徒就像是在穿梭餐厅点餐一样，在教会版的快速通道停下，点一份特餐，品尝宗教经验，然后走人。在人生这条路上，他们轻易地就把关系抛下，就像丢掉汉堡包装纸一样。灵光的……牧师很快就发现，如果教会能学会如何营销自己的汉堡，就能抓住这一群来来去去群众的胃口，教会就可以快速壮大。"

为何教区可以轻易借由偷取其他教区的信众而成长？因为偷来的羊很便宜。查德威克解释，要让非信徒改变信仰是很困难的事，"要以他们能理解的方式解释教义，而这通常需要建立……好几座桥梁，才能走进他们的世界"。如果你从镇内挖走信徒同样可以得到许多利益，那又何必外求，去新世界里闯荡？

来自其他教区的卫理公会教徒，或许也比新成为教徒的人带来更多益处。在不同教堂之间来来去去的卫理公会信徒，虽然显示出他们有意愿尝试不同服务、接触不同社区，因此很可能再次变心，挑选另一个摊子上的教会汉堡，但至少他们已经许下承诺，成为卫理公会信徒。新近改宗的信徒同样也可能再次跳槽，但范围是美国早已拥挤不堪的宗教市场提供的全部选择。牧师将新信徒带进卫理公会，关怀他们、滋养他们，但做尽一切的牧师要面对的风险是，刚刚受洗的新信徒会流失，改选其他的基督教派，甚至投入完全不同的宗教。这些正在寻找精神意义的人可能会在各个城市中来去，就像他们在各种宗教间游走一样，而且教徒也可能因为调派到外地而流失。这些飘荡的灵魂很可能并不具备稳定的获利能力，无法在财务上支持教会。

最后，就像哈泽尔和帕森斯主张的，如果当地的牧师教区关系委员会看到某个教区的信众流入镇内另一个教会，委员会可能会认为这是他们自家牧师的质量有问题。如果牧师无法让信众满意，又如何能寄望他发展教区呢？（同样，如果某位牧师的信念和演说才华吸引了附近的卫理公会教徒，那他相对来说必是一位出色的牧师。）

根据哈泽尔和帕森斯的统计推算，从附近教区引来一位新的卫理公会教徒，会让牧师的薪水增加 35 美元；相较之下，新受洗成为教徒的人，则价值 17 美元。但以郊区的教区来说，新受洗教徒和挖过来的卫理公会教徒价差就小多了，在这些地区，卫理公会教徒可能会随着搬家，在不同的教区来来去去，很难把他们的变动归因于牧师的才华。

在根据信徒人数叙薪的制度下，若有信徒流失，价差更是明显。因为死亡而导致的信徒流失，完全不会影响牧师的薪资，这更是上天的决定，非人力所能干预。牧师也不会因为信徒流失而受惩罚。信徒若完全脱离基督新教，比较该受抱怨的是整个卫理公会，而不是当地的教会领导者。但如果信徒是流失到其他的卫理公会教区，牧师在财务上则会受到严厉的责难，少一名信徒，薪资会减少 55 美元。

从其他教区偷羊可以获得更高的薪资，这不是使徒保罗心目中理想的教会绩效叙薪制，却是教会组织自然而然出现的副作用（至少经济学家是这么认为）：教会把权力下放到本地层级，但本地的利益不见得永远和组织更广大的目标完全一致。牧师及他们的薪资委员会也和任何组织里的人们一样，会受人性的弱点所影响。如果激励措施很强大，他们可能会受不了诱惑而去偷挖其他教区的信徒，并且将薪酬制度设定成鼓励这种行为。

偷羊的代价

或许原本意不在此，但卫理公会在调整薪资制度以切合教区成长目标这方面做得很好，让人刮目相看。有了这些激励，你或许会认为，卫理公会的神职人员都把时间花在竞逐彼此的信徒上面。为什么主教容许牧师教区关系委员会对诱惑让步？请记住，主教忙着经营一个非常大的集团，包含全州成百上千家教堂，就是因为这样，他一开始才会把制定薪资的任务交付下去。这同样也是取舍：一边是时间、注意力有限；另一边则是组织壮大，不再是单一的教会或工厂，中央失去控制力量，以至于对组织造成伤害。

这也不代表主教必须让牧师教区关系委员会拥有最后的决定

权。虽然每个委员会都很清楚教区内发生了什么事，但是他们无法看到全局，不知道整个州内的牧师整体绩效如何。因此，如果是谈到谁应该调派到规模更大、声誉更好的教区（以及伴随而来的更大房屋、更高薪资），则由主教本人和他的地区监管内阁负责，一起在俄克拉何马州卫理公会年度会议上决定。升迁也和薪资一样，是引导绩效的有效方法。

哈泽尔和帕森斯发现，年会上的升迁决策是很大的助力，有助于重新调整牧师的激励，契合俄克拉何马州教会的整体目标。牧师每几年都会被调任到新的教区，在派任到新责任区的那几年，让更多非教徒受洗改信新教是最重要的事（当牧师做到这一点时，他的成果最切合主教的目标），这有助于未来调派到规模更大、薪资更高的教会。通过比较牧师在新、旧教会的薪资，哈泽尔与帕森斯发现，牧师新接掌大教区时，每从基督教世界之外多带入一位改换门庭的新教徒，薪资提高的幅度超过200美元，更别提派任到大教区可以得到更好的名声、更高的地位。

同样，当牧师接任新职，从其他教区吸引教徒，可创造出超过250美元的加薪幅度（绩效好的牧师获得升迁，负责规模更大的教区，有利于教会安排传道士讲道，在这些地方，传道士的演说与管理技巧可用在更多信众身上）。偷羊型牧师付出的努力则无法得到同样的升迁，在轮调那几年，每新增一位原本就信仰卫理公会的信徒，加薪幅度不到40美元。

我们详述卫理公会如何激励牧师，并不是要说金钱是他们唯一的目标，金钱甚至不是主要目标。这些修士修女完成了四年以上的专项教育，长时间辛勤工作，只赚得微薄的财务奖励。即便是最成功的牧师，能获得的收益也远不如商学院毕业生毕业后工作一两年的收入。因此，虽然薪资委员会可以把奖酬当成额外的工具，激励牧师把重点放在对当地社群有益的事务上，但大致上他们还是可以只仰赖牧师的内在动机，做出正确之事。

同理，既然多数牧师都献身于卫理公会拯救世人灵魂的基本目标，即便组织的设计与他们身为牧师的激励因素并不一致，也不会太严重。他们行正确之事并非因为亟欲获得升迁或加薪，而是因为那是分内之事。然而，即便对象是在性灵面上备受鼓舞的修士修女，俄克拉何马州的卫理公会主教仍须把升迁至声誉卓著的教区当作工具，以抵消当地牧师教区关系委员会设定的某些不一致诱因，确保整个教会仍适于履行更高层次的天命。对于员工动机和组织目标并未紧密结合的机构来说，更需要让一切制度互相配合，彼此兼容。

不适应就灭亡：再造宝洁

《财富》50大首席执行官要为遍布全球的企业帝国设定方针，并调配资源在数十个部门与数百条甚至数千条产品线之间流动，相较之下，卫理公会主教在组织上面对的挑战，绝对轻松得多。这不仅仅因为价值十亿美元的企业，其员工与办事处都比俄克拉何马州主教管理的规模大上不止千倍（尽管这也是事实），且企业首席执行官在激励员工时也不能诉诸天命。即便教会的使命（侍奉上帝）有助于鼓舞多数成员，但卫理公会还是得花时间和耐心不断尝试错误，才能创造出一个运作顺畅的组织。企业的目标是替股东赚钱，这就更难以激励人心了。

除了赚钱别无其他更崇高的使命，企业领导者必须更认真深思，如何妥善安排企业，确定每一位员工、每一个单位、每一条产品线和每一个部门都能协调一致，让组织成为一体，而不只是个别部分加总。以下案例中的这家企业，是史上寿命最长、最成功的企业之一，他们不断试错的过程，正好说明了要把组织做好有多困难。

宝洁是一个不断壮大的消费品王国，它的起点是调制出象牙肥皂的研发实验室。这家公司成立于19世纪30年代，由肥皂制造商詹姆斯·甘博（James Gamble）与蜡烛学徒威廉·波克特（William Procter）两位连襟在岳父推波助澜下合力创办。这是很好的组合。宝洁这桩合伙业务繁荣兴盛，到了1859年，卖出了价值100万美元的肥皂和蜡烛（换算成现今的币值，约为3000万美元）。但就像当时多数的公司一样，宝洁仍是家族色彩浓厚的企业。宝洁聘用了80名员工，只有辛辛那提中央大道上的一家工厂，通过直接观察就能监督与激励这里的员工，和休利特与帕卡德早年监督惠普的方法相同。

到了19世纪80年代中期，宝洁搬进更大的生产基地艾佛利戴尔，以安置不断扩张的产品线。宝洁至此仍是家族企业，由波克特和甘博的子孙负责管理，他们实验新的肥皂配方并监督运营，当时工厂的规模已经壮大到一定程度，无法靠着在厂区走动监督。由于员工骚乱的日益加剧（当时美国其他地方的情况也一样），波克特的外孙威廉·库珀（William Cooper）想出一个办法，让员工分享利润，把员工和雇主的经济利益绑在一起。官方的公司沿革上说，库珀在管理上的创新，创造出一群更快乐、更有生产力的员工。

之后数十年，宝洁从化学专业逐步发展，成为一家从事创新的公司，范围从烹饪用油、纸品到药品都有。新产品再加上营销策略，产品线更趋多元化，20世纪30年代甚至还纳入了电视制作。宝洁的市场研发团队在1933年发明了肥皂剧，美国电视史上最长寿的日间连续剧《指路明灯》(Guiding Light)，就是由宝洁的子公司制作，直到2009年才停播。

从多部门到矩阵

为应对不断扩大的规模与复杂性，宝洁不断寻找新方法管理组织。当时全美的商业界都在经历发展过程，宝洁也顺势成为一家拥有多部门的大企业，肥皂、盥洗用品和食品大致上为自主运营的部门，有权发展、制造与营销他们自己的产品，相对不受宝洁总部干涉。20世纪30年代，这家公司发明了品牌管理，甚至把决策权下放到组织基层，品牌管理赋予个别产品经理权力，当他们认为合适时，就可以紧盯特定的客户群体。

这会导致无可避免但通常有益的冲突。有时，佳美香皂和象牙肥皂可能会瞄准同一群客户，就像偷羊的牧师可能会试着从别人的教区偷挖信徒一样。但本地控制的优点是，无论如何都有利于宝洁的整体利益——不管是佳美香皂还是象牙肥皂，任何一项产品的利润越高，就代表宝洁这家公司的利润也随之增加，就像交由牧师自行监管对俄克拉何马州的卫理公会有利是一样的。即便享有自主权，产品与品牌经理最后仍必须响应宝洁的资深管理层，这一群人有最后的决定权，必要时会施展权力以确保组织整体的根本利益。比方说，高层经理人会通过研发流程上马畅销的汰渍洗衣粉，借此驳回其他洗衣粉品牌经理的想法。这些品牌经理想得没错，汰渍对他们自己的市场占有率来说，确实是一大威胁。

这套安排在宝洁运作顺畅，对其他新兴产业巨擘而言同样有效。但随着商业领导者寻找更多方法，以便从组织中榨取更高利润，他们生出一个想法，那就是要裁掉产品部门里重复的部分。象牙肥皂、汰渍洗衣粉以及其他产品线都有销售经理负责同一地区，有会计人员各自做账，有独立运作的制造设备，想想这当中有多大的浪费！因此，到了20世纪80年代中期，宝洁的高层主管决定进行组织重组。他们提出的解决方案是矩阵。

矩阵式组织源自20世纪80年代的美国航空航天局（NASA），NASA利用矩阵整合科学家与行政管理人员，以设计火箭推进器、卫星面板及从事其他项目型的任务。商业界很快起而效仿，并以产品线取代 NASA 定义矩阵的研发项目。职能部门（如销售、财务、制造、研发）则叠床架屋，高于先前决定组织呈报架构的产品部门之上。

在矩阵之下，工作不再区分成互相独立、彼此无关的个别品牌或产品线。所有科学家都整合纳入同一个研发部门，制造工程师、市场人员、销售人员都由个别部门统一管理。销售活动可以跨品牌或跨类别协调安排，负责研发洗洁精的科学家也可以提供自己的发现和最佳做法，和负责研发洗衣液或餐巾纸的人分享。

矩阵显然可以避开企业在多部门时代必须面对的取舍，无须在职能或产品之间选择。哥伦比亚大学教授伦纳德·塞尔斯（Leonard Sayles）在 1976 年的一篇论文中，倡导这种新的组织形态，他的支持完全不带讽刺："以组织来说，矩阵管理代表了组织努力想要'鱼与熊掌，兼而得之'。"[12]

因为宝洁在全球皆有运营，因此它的矩阵有另一层复杂性。到了 20 世纪 80 年代早期，宝洁已经在 27 国营运。得州佬和纽约客对于牙膏和薯片的品味或许类似，但他们的喜好和英国人显然天差地别。在英国，宝洁销售咖喱口味的品客薯片，还有土耳其烤肉和鸡尾酒虾口味，其他地方可能不会有。若拿英美口味和亚洲口味相比，差距更大。（照烧鲑鱼口味的薯片，有谁知道在哪一国出现？显然是印度尼西亚！）宝洁有数十条产品线，在应对不同的规范、富裕程度、顾客特质时，定制化非常重要，甚至连宝宝的小屁屁都有不同的形状和尺寸（帮宝适纸尿裤是宝洁旗下的品牌）。

最后创造出来的是一套很有效的三方面矩阵，产品、职能以及地区有各自的报告链和层级。一个组织里有很多主管有其益处。适当时，会计人员和销售代表可以跨产品线共享，以创造出"跨产品综效"（综效是一种商业用语，用来指称整体大于各部分的加总）。全球性的产品经理可以整合所有宝洁市场推出新产品，更快速地将创新带入市场。将制造功能整合纳入单一的全球供应链之下，有助于提高效率并让生产合理化（合理化又是另一个时代流行用语）。从整体来说，各国的地区总经理都能针对当地市场的需求提供反馈意见和指引。

但不论哥伦比亚商学院的教授怎么说，从组织上来看，你很难光拿收获而不付代价。把控制权交到两个目标不同、彼此竞争的主管手上，会引发紧张与冲突。要协调三个群体，就会制造出多层会议、官僚主义和混乱。在矩阵中生活、工作的人，得承受集体性混乱与紧张造成的重大冲击。也因此，20世纪70年代有很多企业采用矩阵式组织，得到的结果好坏参半：对有些企业来说有效，有些则废弃不用。

产品线、地理区划以及职能部门的主管，把宝洁和员工往三个不同的方向拉。以管理阶层来说，执着于质量的研发经理为追求最高性价比，不计一切代价，杠上根据成本控制接受评估的制造部门经理。各国地区总经理则沉浸在他们新到手的自主权中，不太在乎本地定制化会产生多少全球性的成本。

或许是必然，1998年，宝洁激活一套成本高达十亿美元的组织重组计划取代矩阵，名为"组织2005"（Organization 2005）。名称中的2005，便是这项多年期流程结束的年度。新任首席执行官德克·雅格（Durk Jager）的格言是"竭力、创新与速度"（Stretch, Innovation and Speed, 简称SIS），意图让宝洁转型成一股机敏、迅捷的创新力量，成为一个比严谨天主教组织更愿意出手尝试的团队。雅格的行动，意欲对抗宝洁的保守企业文化，也就是宝洁的层级组织培育出来的员工（也就是所谓的宝洁人），以彻底服从且完全没有灵感而闻名。用来强化新式创新企业文化的工具，是更有效率的决策规则，强调个人的责任高于委员会所做的决策，在过去矩阵式层层交织的组织设计之下，主导宝洁的正是委员会。

任何人都不会说"组织2005"也是一种矩阵，宝洁多年来销售量停滞不前，层级组织不断膨胀，这笔账全要算在矩阵头上。但新架构同样会在产品经理与制造部门主管之间制造冲突，因为这两群人有一边注重的是质量，另一边在乎的是降低成本；并且也同样会出现诱因的冲突：创新者根据创新叙薪，负责精简成本者则以降低的成本接受评估，业务员的重点则在于销售额。最大的讽刺是，在这些强效激励、目标明确的诱因之下，组织里有太多的争吵辩论和背后中伤，根本什么事也做不了，这正好也是当初矩阵式架构失败的原因。

当"组织2005"无法扭转乾坤时（失败是理所当然的，雅格只有17个月的时间来证明自己），宝洁提拔雷富礼（A.G. Lafley）坐上首席执行官之位。冒着可能会让员工模糊目标的危险，雷富礼在矩阵中加入了一些跨群体的同理心。比方说，制造端负责精简成本的人招致公司里其他部门员工的抱怨，这些申诉抱怨会被纳入员工评价。公司也会让每一个人知道更广大的绩效指标，像市场占有率、利润率、营业额，诸如此类，让每一个人更感同身受，了解大家都在同一条船上。

雷富礼营造的文化，大致上被视为重返宝洁的旧日时光，强调的是所有宝洁人都是一体的。但这个版本的"一体"，其中心基础在于理解每一位宝洁员工都要仰赖他人的努力与善意，才能把自己的工作做好。同样，其他人也需要你秉持诚信善念付出的努力，才能完成他们的目标。某种程度上，这是一种"投桃报李"的文化。雷富礼把他处理员工关系的方法写进了宝洁的信条里，并加入这一句："互相依赖是一种生活方式。"这是一种可以融入矩阵式组织的文化。

合而为一

我们大可宣称雅格是输家、雷富礼是赢家，大言不惭地宣称"遵循雷富礼的领导，一切就会顺利"。即便这么多人大书特书雷富礼的成就（尤其是他自己），但这可能是你从本章中得到的最不当的结论。如果说我们能从宝洁的历史中学到什么，那绝对不是矩阵式组织是无效的，或者雷富礼很成功。宝洁的发展是一个更巧妙细致的故事，诉说如何从尝试错误中找出更好的组织方法。如果说宝洁在过去十年的确回到正轨上，部分原因正是领悟到，如果众位主管之间没有这么多理由互相对抗，彼此的冲突就会减少。

建构出正确的组织很困难。想想新教徒付出了多少努力，才让目标、信仰、市场以及成员的动机彼此一致。这牵涉到很多的尝试，很多的失误，偶尔还会出现非常严重的崩溃，就算有最聪明的经理人付出最善意的努力，亦在所难免。从前人的尝试与磨难当中学到的一切，让雷富礼受益，且很有可能是他的运气好。但了解基本组织经济学绝对也可以助你一臂之力。

组织的逻辑
The ORG
第四章 层级组织与创新

在西点的美国陆军军官学校里，重点只有求胜。求胜，就张贴在查核关口的告示板上，每一位进入西点军校的访客都看得到（"2009年柔道、拳击、定向越野与射击全美冠军"）；求胜，就镶在校长的白墙住宅墙面上（"陆军冲吧，击退海军"）。校际体育理事会办公室追求的主要目标，也是胜利（目标一："全力奋斗，追求胜利"；目标二："打败空军，击退海军"）。

运动只是一种手段，目的是要让年轻、积极的男男女女集结起来，共同承担美国陆军更崇高的使命与目标："为了国家奋战，并赢得胜利。"足球和拳击只是比喻，模拟这些军校学生以后在阿富汗的山谷里、巴格达的街头，以及各种地缘政治将引领他们面对的各种竞争。

强调求胜，有部分理由是为了培养纪律。新进的军校生要学会听令，从把擦鞋当成极限运动做到极致，到随着教官的命令做俯卧撑。这也是为了塑造一致性，从严格的校园服装仪容规则（包括鞋子要闪闪发亮），到每一名学生在大餐厅里和其他5000

名同学一起坐下来的用餐时间（中午12点05分），也有相同用意。军校生会觉得很多日常活动毫无意义到让人沮丧，还伴随着一连串的惩戒（毕竟，你大可去买永远不用擦的铜扣）。但西点军校的领导人知道，适当的行军训练培养出的对细节和一致性的关注可以救命。

军校也是训练军官的摇篮，这些人是未来美国陆军的领导者（陆军运动竞技目标三："培养出可以领导军队的学者型运动员"）。一从军校毕业，军校生就挂少尉军衔，开始服五年的义务役，领导一个排，平均来说，会有30名士兵接受他们的统领。近年来，很多毕业生直接被送到伊拉克。在那里，他们被迫要面对种种试炼与挑战，包括维持和平、发展经济以及在主动交战时战斗。

交战时，刚出校门的少尉军官（交由比较有经验的士官照料）必须把交战的复杂规则内化，并确定手下士兵专心注意大量让人困惑且彼此抵触的现场条件。他们也必须负责把五角大楼里将军们发出的模糊不清的战略指示化为行动，例如：刺激经济活动、镇压叛乱分子、尽量不要杀戮平民。从事苯交易的黑市应该关闭，还是放任它继续下去？能信任当地的宗教领袖吗？社区规划与社区监督之间的适当平衡是什么？对人生没有任何自我想法的盲目服从者，无法自己找出答案。最后能挂上星星成为将军的少数西点军校毕业生，将要号令成千上万的士兵。

因此，军队需要的核心干部特质，是要能盲目服从，但又能激励人心的领导；思考要能跳出框架，但当被要求时，又能留在框架里面。想要达成这些彼此冲突的目标，军队必须维持巧妙的平衡——一边是充满了听话绵羊（某位满心想要改革的将军便用绵羊一词描述他的属下）的组织，另一边则是当西点军校培育出天马行空的创新者时会出现的混乱。

这项挑战并非美国陆军专属，甚至也不是军方才会有。全世界所有公文流程繁复、规模过大的组织，都明白中央集权以及创新之间本来就会出现紧张，并不断地寻找方法培育创意与想象的种子，但又不至于破坏规则的力量与听从命令的文化。你如何在寻找组织下一个重大创新的同时，又确定每个人都以整齐划一的步伐继续前进？

在市场上为了生存而拼搏的组织，不能愚蠢行事或偷懒怠惰，以免被机敏的新创公司取代，落入经济学家约瑟夫·熊彼特（Joseph Schumpeter）所说资本主义的"中心事实"——"创造性毁灭"（creative destruction）。但如果有任何组织有动机在创新和守旧间达成平衡，可想而知，那一定是美国陆军。毕竟，西点军校的重点是求胜，这并非基于打败海军是件很有趣的事，而是因为在战争的情境下，失败代表的就是死路一条。当美国陆军努力追求平衡时，他们从数十年的经验中学到，要从一个前提出发：遵守规则及服从命令绝对必要，毋庸置疑。

协调必不可免

在第二次世界大战中,同盟国最重要的胜利,是1944年6月6日的诺曼底登陆,这次行动的代码为"霸王计划"。赢得战争有一部分要靠勇气,但要让英雄们活着登上滩头,则需要冷静、理性的规划。军事史学家史蒂芬·安布罗斯(Stephen Ambrose)说,霸王计划是"范畴无限大的计划行动"。英国首相温斯顿·丘吉尔则说,这次的登陆是"有史以来最复杂的计划",这个说法至今仍然成立。

艾森豪威尔将军是这场互相牵动、极为复杂的攻击计划的最高行动指挥官,目标是利用诺曼底的一个立足点,同盟国从这里发动欧洲本土对抗希特勒的行动,终结战争。在规划防御时,德军的军事策略专家太清楚攻占法国海岸有多重要。德国方面,与艾森豪威尔抗衡的对手是隆美尔元帅(Field Marshal Erwin Rommel),他指导大西洋壁垒的防御工事,这是数百万枚水雷加地雷的恐怖组合,巩固存放防坦克装置与机枪的坚固碉堡,也装备了好几个整建制的坦克兵团。河道遍布泥泞,让跳伞登陆的部队狼狈不堪。

为了攻破如此强大的防御阵地,艾森豪威尔协调了17.5万名人员以及他们使用的设备,包括5万辆机车和推土机等。登陆之前会有一场海空联合轰炸,搭配协调得宜的登陆与攻击,计划甚至详细到以秒为单位,以削弱德军的防御;之后,盟军则快速冲向海岸。以奥马哈海滩为例，在 6 点 25 分时，也就是同盟国船舰与飞机展开攻击时，两个水陆两栖坦克连会上岸，为接下来数波步兵团登陆提供支持。5 分钟后，攻击时刻到了，另一连坦克将会登陆。1 分钟后，第一批步兵会沿着海滩在不同的地点登陆。在攻击时刻过后的 30、40、50、57 与 60 分钟，步兵陆续登陆。上述计划只不过是第一个小时而已。

回到英格兰，还有成千上万的士兵留守，管理燃油、食物及军需品的运输，为这次的登陆提供后援。甚至，早在此之前，后方已先大力整备，重新引导工业生产，以满足艾森豪威尔和他手下指挥人员的需求，并建设好输送必需品的运输基础设施。1944 年初，也就是发动攻击的前几个月，同盟国已开始持续从空中攻击德国的工厂和精炼厂，借此破坏德国的后勤以及再补给的能力。

从历史的洪流来看，这次事先精心策划的攻击是相对的创新，让负责指挥的将军用不同的角度来思考战争。艾森豪威尔曾对访问他的人表示，参战之前，计划就是一切。历史学家约翰·基根（John Keegan）说，这样的领悟始于普鲁士军队在 1866 年击败奥地利与法国，当时主要靠的是普鲁士绵密的铁路网（部分为国有），可以快速地将军队送往前线。其他欧洲军队的统帅都记住了这一课。1944 年时防御诺曼底海滩的德国军队，自 1876 年起就拥有自己的铁路部门，铁路在协调后勤支持方面的地位早已获得认可，必要时可确保军队顺利抵达目的地。①

谨慎规划（再加上一点过人的勇气）会带来回报。在拿下诺曼底海滩之后，同盟国军队穿过法国，长驱直入比利时，并收复荷兰，年底之前更是已踏上了德国的土地。这支打败希特勒的军队，之后又负责建造、管理有数万枚导弹的火药库，并在冷战期间效力。

那些上过战场的人归乡后，又回到和军队非常类似的组织里工作。美国的很多大规模公司也向军方学习，在打造为工业革命加柴添薪的大企业时，注重后勤与规划的价值。现代的组织结构——把整个组织划分为不同部门，并通过一系列单向的箭头将员工与经理人连在一起，又将经理人和高层主管连在一起——是 1855 年时由伊利铁路公司的丹尼尔·麦卡勒姆（Daniel McCallum）所发明，他的用意是追踪当时全世界规模最大的铁道系统里的人员与资源。就像艾森豪威尔的军队一样，麦卡勒姆想的，是在伊利铁路公司里创建一个部门责任分明的组织，可将权力赋予指挥链上的各主管，并有可以呈报各项职责履行状况的沟通渠道，而这套方法还要能让负责人（也就是麦卡勒姆本人）清楚了解整个组织的现状，并在组织里行使权力。②

在科斯赴美参访那一年，他观察到官僚主义、中央规划的组织主导着经济格局。在当时，没有理由去质疑这种模式。金字塔型的组织，在建设美国铁路、轧制钢材及精炼石油时同样成效极高。这种组织架构在欧洲打败了战争机器德国，在太平洋则击溃了日本。它可以协调各部门以实现战略性目标，并带动全世界千百万的人力、启动千百万吨的原物料。请比出代表胜利的手势"V"吧！再加上坐镇金字塔顶端的总裁，组织结构因而完整，既理性又美好——理想上应该是如此。

然而，对于在进攻日前一夜先行空降的第101空降师的士兵来说，军队模式的缺点他们全看在眼里，这些人用完全不同的观点看待军队的规划。③艾森豪威尔的诺曼底登陆剧本在很大程度上避免了恶劣天气带来的复杂性。6月6日本来是满月，但法国的海岸却乌云密布，阻碍了同盟国飞行员的空降行动，使他们难以将人员和机械部署成理想的战斗队形。步兵团分散各处，当场自主组成战斗人员特殊任务小组。在这场全世界前所未见的大规模袭击行动中，高层军官还拿出两项未经测试的创新，使伞兵的处境更加复杂。

伞兵花了好几个夜晚，试着想出如何使用他们新拿到的"腿包"。英国空军已经有效地试用过腿包了，腿包让每位士兵有地方放机枪三脚架、医疗用品等，这些东西很笨重，跳伞的时候不好拿。腿包上有一条6米长的绳子，把腿包和士兵的腿绑在一起，降落前可以快速松掉绳子，让士兵落在装备上，准备战斗。第101空降师的士兵把他们想要的东西全绑在腿包上：额外的弹药、迫击炮底座、冲锋枪等。当他们拿这"价值1万美元的一跳"（军队提供1万美元的人寿保险）开玩笑的同时，以18人为一组的伞兵组陆续登上运输机去参加第二项创新：吃晕机药。时至今日，仍无人知道这些药里面有哪些成分，但很多士兵因此睡着了。有很多人从此没有醒过来：他们睡着时运输机被击落，伞兵也跟着丧命。晕机药还让很多伞兵在跳伞时头重脚轻、头晕目眩。

有办法带着腿包跳伞的伞兵，发现飞行员的速度比计划中更快（每小时 240 公里，而非 145 公里），高度也比计划中更低。如果你要跳伞，这不是好事，但对于要避开敌人战火的飞行员来说绝对合理。因为腿上的重量增加了，伞兵打开降落伞后几秒钟就降落到地面了。而且由于士兵是从时速 240 公里的飞机上跳下来，再加上腿包超重，装载比设定重量重三倍的物品，在下降的这几秒钟内，综合效果就是将士兵和腿包绑在一起的绳子断掉了。你可以去问问在进攻日当天早上摇摇晃晃、手无寸铁的伞兵，请他评论艾森豪威尔与其部署的计划效果如何。

最高计划者或许同意第 101 师空降部队士兵的意见。在宣称"交战之前计划乃是一切"之后，艾森豪威尔又再补充一句，说一旦开战，计划便毫无用武之地。[④] 对人在现场且心生疑惑的士兵来说，艾森豪威尔或许曾明确地对他们说过，只需要把注意力放在防御弱点即可。攻击前的规划替同盟国在备战上带来了很多优势。要让成千上万的士兵登陆，并协调他们展开进攻，没有计划根本不可能成功。这是一幅错综复杂的拼图，由互有关联的攻击行动组合而成，每个人的成功都深深地依赖其他人的有效行动。虽然腿包的功效不如预期，但有很多创新还是成功了，例如可以从海面上开火的两栖坦克，为登陆部队提供了掩护；还有英吉利海峡下方有一条巨型的橡胶输油管，可以为进攻的军队补充燃料。

没有计划就开战

要想找出艾森豪威尔观点的价值，那么检视当你在缺少谨慎计划、协调与集中控制之下就贸然入侵他国有何结果，是很有用的做法。同盟国军队在进攻日的死伤预估为 1 万人，其中阵亡 2500 人。如果本次行动阵前换将，换成近 40 年后负责入侵某加勒比海小国的那位海军上将，结果将会更惨重。

1983 年，美国总统里根利用格林纳达的一场血腥政变，托词美国医学生受到威胁，想借此除掉和古巴的卡斯特罗结盟的格林纳达社会主义政权。在代号为"紧急狂暴行动"的侵略中，美军面对的防御兵力可能大约只有 2000 人，大部分都是装备不全的格林纳达人和古巴人，少数是苏联、民主德国和其他国籍的人民。

大国当然占有优势，但美军也并非全无死伤。比方说，领导本次侵略行动的美国游骑兵因为装甲不足而受困，这部分要归咎于无法针对参与本次入侵行动的美国各单位协调好无线频道。因此原本可以提供支持的海军陆战队统帅没有出面救援，两边的军队都在互相推诿。在进攻总督府期间，海军陆战队直升机放下一支海豹突击队，同样也是因为调频"snafu"了（这个军队俚语最早出现在第二次世界大战时，是"situation normal, all fouled up"的缩写，意为"没什么问题却搞得一塌糊涂"），使他们无法取消这次的行动。最后他们是靠着打电话到基地布拉格堡才解决问题，而且是对方付费的电话。就像某位评论家所说的:"紧急狂暴行动是军事版的日本歌舞伎舞蹈,但由三四个说不同语言,且各行其是的人编排。"⑤

美国军队在格林纳达经历了这些不幸遭遇之后,里根总统在1986年签署"戈德华特-尼科尔斯国防部重构法案"(Goldwater-Nichols Act),目标就是要强化军方各单位之间的协调与沟通。但军队的传统难以撼动,而在格林纳达登陆行动沟通不畅的10年后,又有两架美国空军F-15战斗机在北伊拉克禁飞区射下陆军的两架黑鹰直升机,机上26名机组人员与乘客全数死亡,比整个格林纳达行动中死亡的人数还多。始作俑者是谁?同样是军方各部门的沟通失灵。即便已经设置了众多保障机制预防这类灾难,仍无济于事。

由美军F-15负责侦察的禁飞区,是联合国大型计划的一部分,在萨达姆·侯赛因的共和国卫队镇压当地库尔德人之后,联合国希望能在北伊拉克设置安全区。数个国家联合派遣的飞机提供空中掩护,接受以美国为首的联合任务小组指挥,支持人道主义者在当地从事相关工作。美国军方有几个单位都代表美方派遣军力加入任务小组,包括陆军与空军。

1994年4月14日,两架F-15战斗机从土耳其飞越边界,进入伊拉克,以"清除"此地可能出现的敌机。带队的飞行员是艾瑞克·威克森(Eric Wickson)队长,他发现有两架身份不明的直升机低空飞行。1991年联合国对伊拉克实施制裁,数日后,伊拉克派出一架苏联制造的米格战斗机从巴格达起飞,试探联盟的决心。在进入禁飞区时，米格战斗机马上停下来，此后天空一直很太平。但这两架直升机不在飞行表里（飞行表会列出进入北伊拉克的联盟飞机），而且当这两架 F-15 "大张旗鼓"对着两架直升机展示全球通用的 IFF（"identification, friend or foe"的缩写，意为"请表明身份，是敌是友？"）信号时，没有得到任何回应。在看到伊拉克使用的苏联制雌鹿直升机从旁边飞过之后，威克森和他的僚机驾驶员误判黑鹰直升机的身份，因此通知附近的空中预警指挥机，告知他们的打算：用两枚热追踪导弹把两架直升机射下来。回到位于土耳其的联盟基地之后，飞行员才发现自己铸下大错。

　　黑鹰直升机被击落的原因，是一连串充满悲剧的运气不好与协调不佳，加总起来（再一次）导致武装战斗机和非武装直升机之间完全搭不上线。[6]虽然武装军力的统御指挥已经整合，但即使在同一个任务小组下，陆军与空军发展出来的行动做法仍大相径庭。直升机之所以没有出现在 F-15 当天要进入伊拉克领空的飞机飞行表内，是因为这张表只列出"飞机"，而按照空军的定义，只有固定翼的飞行器才算飞机，直升机不算。黑鹰直升机驾驶员没有响应 F-15 要求表明身份的信号，是因为早在这次事件发生的好几年前，空军已发展出他们自己的表明敌友信号，而且根本没有告诉陆军。虽然标准作业程序要求所有飞机进入伊拉克领空时都要转到禁飞区频道，但黑鹰直升机的驾驶员遵循传统，继续使用他们的"航路"频道，即使已经进入禁飞区也没有转换，因此他们没办法像战斗机一样同空中预警指挥机上的航管人员沟通。于是，不统一的信号导致致命的结果。

听我们这么说，好像是陆军的驾驶员严重违规，离开土耳其时没有切换无线电频道。但这是因为过去 3 年来，伊拉克领空一直和平安宁而演变出的传统。哈佛商学院教授斯科特·斯努克（Scott Snook）是美国陆军退役上校，在入侵格林纳达的行动中也曾遭友军射击，他把这种缓慢的演变称为"实际飘移"（practical drift）。这概念是指，我们会去适应及改变所属群体内的做法，要付出的代价就是无法与外界的他者协调。

从任何一方的观点来看，他们自身的做法都合情合理。陆军的飞机在伊拉克境内从来飞不远（飞太远就会飞到空军侦察的范围），在飞行途中转换航空交通频道也是很危险的事。因此从某个时候开始，陆军的飞行员自行决定要留在他们惯用的"航路"频道。他们的失误，在于没有考虑自己的"局部"决策和范畴更广大的联合军力之间会如何互动。那飞行计划航表上没有列入黑鹰，又该怎么说呢？去问问 4 月 14 日当天早上填写表格的人，她会告诉你来龙去脉。她在记录表上登录了黑鹰直升机的飞行计划，但在撰写航空飞行表时，她的工作是把所有飞机的飞行路径写进去。因为直升机低空飞行、战斗机在高空翱翔，两边根本难得碰面。因此，海军也顺应传统，仅列出和 F-15 的任务有关的固定翼飞行器。飞行表上干吗要塞进无关紧要的信息？而且，从她的观点来说，她可是照章行事。

以企业压制创新

层级体制显然会造成压抑，但层级的存在除了避免因为成效不彰的协调而导致的灾难之外，还有其他目的——层级体制也是让主管调和全体人员，以切合组织整体目标的手段。层级是很粗劣草率的工具，但通常也是等级制度中最好的一种。首席执行官或准将无法亲身到组织基层去修正错误（虽然有时他们非常想这么做），因此组织必须严守规则政策，以带动每个人朝同样的目标努力。

以麦当劳为例，发展早期针对个别的创新严加保密让这家公司伤透了脑筋。1955 年时，雷·克拉克（Ray Kroc）从创办人手上买下这家小公司，铆足全力要打造一个快餐王国，提供便宜、一致的食物。克拉克走加盟路线，让当地的店长拥有自己的店面，但又能借由麦当劳的品牌和产品获利。对克拉克来说，必须要有中央集权才能维系公司最重要的品牌与身份，这一点从一开始就不证自明。

克拉克发现，有很多早期的店主兼经营者都是罗林格林俱乐部的会员（这家俱乐部就靠近他位于伊利诺伊州中部的家），其中包括一位鲍伯·唐丹维尔（Bob Dondanville），他原是《妇女家庭杂志》（*Ladies' Home Journal*）的广告代表。约翰·洛夫（John Love）的著作《麦当劳：探索金拱门的奇迹》（*McDonald's: Behind the Arches*）完整再现了麦当劳的发展史，他在这本书中提到，对唐丹维尔来说，销售广告是"一种掩饰他自由奔放人格特质的严肃职业"。替女性杂志卖广告这份工作无法让唐丹维尔表现自我，当他加盟麦当劳之后，终于找到方法来表达他的热情奔放。他想卖的可不只是汉堡而已。⑦

他的餐厅要变成一个时髦的聚会地点，贩卖手工切的烤牛肉。而且，有曝光瘾的唐丹维尔，要让每个人都知道他的餐厅。根据洛夫的著作，唐丹维尔"在前橱窗放了一大块烤牛肉……戴上厨师帽，在顾客众目睽睽之下亲自切牛肉"。另一件让克拉克更气愤的事，是唐丹维尔的胡子。克拉克是很注重仪容的顽固分子，并对麦当劳的员工制定非常严格的脸部毛发规定，唐丹维尔却完全置之不理。据说克拉克试着以让唐丹维尔露脸的花招骗他去刮胡子，对他说等他卖出公司第100万个汉堡（非常值得夸耀），就要坐在店门口（也就是唐丹维尔切肉的地方）的理发椅上，刮掉胡子以示庆祝。唐丹维尔卖出了第100万个汉堡，但留住了他的胡子。

烤牛肉对唐丹维尔来说或许是很好的创新，但是以克拉克希望全国都有麦当劳的愿景来看，这不是很容易就能大规模实施的做法。而且就算这对唐丹维尔的自尊有益（他可是兴味盎然地切着烤牛肉），但对利润来说就没这么理想了。发展早期，据说唐丹维尔的财务相当拮据。

虽然两人是朋友，但克拉克从未让唐丹维尔再加盟下一家店。克拉克判定，麦当劳的品牌需要的是谨慎、服从的管理人。

现代企业的高层主管不会让手切烤牛肉这类创新危及他们的利益，企业的利益可是靠着数十年的声誉才创造出来的。据估计，在 2010 年之前，麦当劳的品牌价值已经超过 350 亿美元。⑧ 车库创业公司没什么好损失的，但如果麦当劳放任加盟店主开始搞怪，那它就要承受损失数十亿美元的风险。

潜在损失高达数百万或数十亿美元（在这方面，损失甚至可能再乘以千倍），有助于解释某些经营全球企业的负责人为何变成显而易见的控制狂。迪士尼 2011 年的品牌价值是 290 亿美元，其首席执行官迈克尔·艾斯纳（Michael Eisner）可不能只是制定规则之后就什么都不管。艾斯纳素以干预电影制作细节而闻名，其实，其中有些工作交给电影公司新入行的高层主管就绰绰有余了。在《大银幕后：好莱坞钱权秘辛》(*The Big Picture*)一书中，近代电影业史学家爱德华·杰·艾普斯坦（Edward Jay Epstein）说艾斯纳拿着"一支红笔，在 2002 年的电影《小姐好辣》(*The Hot Chick*)的剧本上画来画去，圈出 20 个他认为和迪士尼形象不符的笑话。之后他写电子邮件给负责拍片的电影公司主管要求修改，主管则把备忘录交给制作人。当然，全数照改"。⑨

且让我们试着稍微感受一下，倘若少了艾斯纳画满红笔的剧本与克拉克的理发修胡规定，麦当劳历经多年来层出不穷的小型创新失败，会有什么结果。麦当劳出过大错，他们曾推出点了才做、做好后送上桌的麦比萨饼，但你去麦当劳是为了快速找点吃的，可不是为了有人服务，而且你是为了吃汉堡，而不是为了在同一个地方就能买到各种快餐。麦当劳也曾推出低脂汉堡，但你吃汉堡就是为了快速和美味，可不是在追求健康。最糟糕的是麦非洲三明治，这次的试卖活动以挪威为市场，刚好碰上 2002 年埃塞俄比亚以及非洲其他地区的大饥荒。对挪威顾客来说，当中的讽刺意味太过头了。

就算是麦当劳总部在审查新产品概念时也会犯错，犯错正是企业下注要把新产品带入市场时会出现的必然结果。从事后之明来看，我们可以清楚看出低脂汉堡和麦非洲三明治是大错特错，但在当时似乎是还相当有胜算的赌注。这些是经过仔细计算，但最后没有带来报酬的风险。你可以想象，如果麦当劳的员工和加盟店主不受约束，麦当劳 350 亿美元的品牌价值还能剩下什么。

不一致的成本

在军队里，服从可以救命。在庞大的跨国企业里，服从可以节省成本。标准化很廉价，定制化很昂贵。为什么大量制作的汉堡薯条远比手工制作的便宜？部分理由是科技。如果所有加盟店都制作同样的食品上，很容易就可以采用麦当劳在薯条上的创新。经过协调、大规模的生产，也让麦当劳可以把所有精力都放在最终的薯条产品上，由中央薯条加工设施负责保存、清洗、削皮、切片、漂白与冷冻数以十亿计的薯条，然后再运送到全国与全世界。麦当劳的主管可以气定神闲，确定每一条事先处理好的薯条都和终点站的油炸锅配合得完美无缺。生产链中的每一个环节，都能完全衔接到下一个步骤。

麦当劳仍信任市场，但前提是市场要和克拉克留下来的那一套严格标准兼容。当麦当劳开始经营苏联市场时，他们要在自家公司里备齐必要的一切，才能开始运营——他们要有牧场，才能供应牛肉；要有麦田，才能供应做面包的基本食材；要有马铃薯田，才能供应麦当劳薯条专用的赤褐马铃薯。他们无法信任当地的网络，也不能容忍任何不一致，因此他们要靠自己打造一切。⑩

对顾客来说，这种对一致性的执着，可以确保每一次在麦当劳用餐的经验大致上相同，不管你在何方。因此来自伊利诺伊州皮奥里亚的观光客，不管是凝视着巴黎铁塔、在拉丁美洲观光或是在街头买个汉堡，都可以拥有像家一样的感觉。麦当劳的每一条薯条都大同小异，这里的薯条可能不是你一生中吃过最好吃的，但也一定不是最难吃的。

巴黎和皮奥里亚麦当劳餐厅里的主菜差异，只有人为错误与人为判断这项干扰因素，并且麦当劳也很努力要消除这个问题。从公司发展早期开始，已成传奇的马铃薯计算机就担负起猜测的工作，负责做出标准的薯条。如今负责炸薯条的员工能做的很少，不过就是把薯条放进油锅中，然后再放入分装容器里。但即便如此，麦当劳的操作手册仍长达数百页。

机械化的组织在这方面可以很轻松。自动化程度较低的企业，还要另外通过训练、手册推广来强化一致性，就好像西点军校的规范奖惩系统一样。芝士蛋糕工厂这家连锁企业在35个州有将近150家餐厅，每个地方的菜单都一模一样，共有数百种品项。厨师要接受训练，确实遵循每一项产品的制作指示，服务人员也会拿到手册，以确定你（也就是顾客）可以享受非常开心而熟悉的服务，不论你去哪家店都一样。

在芝士蛋糕工厂、苹果蜂以及星期五这类"休闲式餐厅"里的生活，被电影《上班一条虫》(Office Space)的编剧们特别挑出来描述，嘲弄他们的标准作业流程。这部电影里有个虚构色彩极低的连锁餐厅巧奇，这家餐厅的管控严格，比真实世界里引发灵感的本尊有过之而无不及。巧奇餐厅受人欢迎，部分理由是员工会佩戴tchotchke（这是意第绪语，意为小装饰品）。公司制定政策，要求员工在身上佩戴这些"徽章"（也就是一些圆形别针），来"表达自我"。这是巧奇的侍者乔安娜（由詹妮弗·安妮斯顿饰演）和店经理的冲突点，他们讨论每一位基层员工的奢望——已经被标准化的自己仍有独特的存在意义。

乔安娜：斯坦，听我说，如果你希望我戴上37个徽章，就像你手下那个小乖乖布莱恩一样，你干吗不把37定为最低标准？（乔安娜只别了最低的别针数量，15个。）

巧奇的店经理斯坦：呃，我记得我听你说过，你想表现自我。

乔安娜：对。你说对了，没错，我想。我确实想表现自己，好吗？但我不需要 37 个别针来表现自己（她对斯坦比了个手势，这是她表现自我的方式，接着头也不回地辞职了）。

芝士蛋糕工厂的首席营销官马克·米尔斯（Mark Mears）接受美国公共电台的凯莉·亚历山大（Kelly Alexander）访问时，说他也有别针，但他称之为"哇"。"重点是要让客户大喊一声'哇'，"米尔斯解释，"这个词对我们来说非常重要。当我说我们要超越巅峰、要敏锐多感时，我的意思就是我们要让客户'哇'一声。当食物端上来时，这会变成一声'哇'；当我品尝美食时，又是另一声'哇'；上甜点的时候，更要让人'哇'一声。"

除了"哇"之外，你还能说什么？

听到这种话，员工如乔安娜或许会深受打击，但米尔斯和斯坦是有用意的。就像自称是美食家的《时代》杂志作者约翰·克劳德（John Cloud）指出的，我们常会用怀旧的心情看待当地的某些小店，这里提供"香脆炸鸡和薄皮蓝莓派"，由掌管厨房数十年的油炸师傅和在烘焙作品州博览会上赢得大奖的女士精心制作。但当克劳德某次前往别人大力推荐的北达科他州詹姆士镇某间小店时，他发现这家店的餐饮服务水平比苹果蜂或芝士蛋糕工厂糟很多、很多。野牛牛排很硬且淡而无味，根本难以下咽；搭配的薯条油味很重。这次的经验让克劳德写出了"捍卫苹果蜂"（In

Defense of Applebee's）一文，那次他前往詹姆士镇时也去了苹果蜂，离开时虽然不觉得备受激励，最起码也心满意足。他打算下次再来，他知道"每一次的味道都会一模一样，这里给人的感觉，像是不在身边，却又无处不在的邻居"。这就是重点。[11]

在美国企业社会，变动被视为商品（以及利润）的大敌，而这也正是标准化的优势所在。一大群运营大师应运而生，提供国际质量标准认证（ISO9000 与 ISO9001 是两大主要范例），以及六西格玛（Six Sigma）解决方案。在此特别为从未涉猎六西格玛实务的读者说明一下。所谓六西格玛，指的是制造业的不良率。满足一西格玛的生产线，不良率是 31%，而达成六西格玛的生产流程，每生产 100 万个产品只有 3.4 个不良品。标准化也助长了协助企业取得 ISO9000 认证的顾问大量兴起，还有号称标准化忍者的六西格玛"黑带"专家。标准化提高了股东的利润。当然，如果你在谷歌以"六西格玛烂透了"（six sigma sucks）作为搜寻关键词，也会出现 144 万项结果。

创新的层级组织

驻守快餐大战最前线的麦当劳加盟店店长，最能直接看透客户的需求与要求，而且一针见血，这些是端坐在奥克布鲁克总部的高层主管想不到的观点。麦当劳的管理阶层确实审慎地看待店长的建议，某些建议可能也会为麦当劳的品牌增添数十亿美元的价值。⑫ 事实上，加盟商提供的某些点子，后来变成克拉克最热卖的商品。菜单里的重要产品如满福堡和麦香鱼，都是20世纪六七十年代出现的本地创新，很快遍及所有连锁店。

但要销售麦香鱼或满福堡，必须先经过总部办公室的审核，且这些地区性的成就，只有在经过仔细筛选、测试市场以及进一步调整后，才能扩大规模。也就是说，加盟商的概念要变成麦当劳的产品，得先经过层层把关和修正。因此肯定有某些很棒的点子被埋没在充斥可怕建议的意见箱里。⑬

麦香鱼是非常切中要点的案例。这种鱼肉汉堡是20世纪60年代早期由路·格罗恩（Lou Groen）提出的。格罗恩是一名加盟商，他的门店就开在天主教徒众多的社区，这些人在不吃肉的周五不太光顾汉堡店。但格罗恩看到街尾另一家连锁快餐店"鲍伯的大男孩"（Bob's Big Boy）生意兴隆，仍稳定地卖出大比目鱼汉堡，因此建议麦当劳依样画葫芦。奥克布鲁克总部对麦当劳可以卖鱼汉堡持怀疑态度的高层主管曾经找过格罗恩，但一直到格罗恩后来飞往伊利诺伊州亲自向大家说明之后，才获准卖鱼汉堡：要用大比目鱼，要裹上煎饼糊，然后油炸。星期五的营业额因此增加5倍。即便是其他工作日，汉堡的销路也变好了，因为现在爱吃汉堡的孕妇带着不爱吃肉的配偶和小孩一同用餐。

但后来却发现，格罗恩的鱼汉堡并不比唐丹维尔的手工切烤牛肉噱头更容易扩大规模。格罗恩也用手切大比目鱼，然后准备捶打与漂白鱼肉，以便赶在星期五现场制作。大比目鱼的供应量相对少，而且如果麦当劳的鱼汉堡销量大增，将考验全球渔获的极限。这是真正的隐忧：就像哈佛商学院的克莱顿·克里斯坦森（Clayton Christenson）教授指出的，如果麦当劳改卖虾类产品，很快就会耗尽全球的供应量。

最后，麦当劳的产品开发人员与渔获供应商想出一个点子，就是在中央厨房先切割、冷冻并裹上面包粉，然后运送到加盟店以特别开发出来的炸鱼锅烹调。新的鱼汉堡改用鳕鱼，上面加了塔塔酱跟一片芝士蛋糕。[14] 这种鱼汉堡做起来很便宜、可大量生产，而且能从一家店的招牌商品变成麦当劳的主要品类之一。

随着麦当劳的成长，创新的难度也随之提高。在引进麦香鱼之际，麦当劳只有 200 家加盟店，时至今日已有 3 万家运营店面。在供应链上的考虑，比方说要找出哪些产品不至于毁了整个物种，以及哪些产品可以用工业级的大规模生产等问题，都比过去复杂太多了。当品牌的价值越高，经理人越不希望冒产品失败的风险。

在 2007 年，《华尔街日报》（*Wall Street Journal*）指出，多年来，麦当劳的加盟商早已无法提出任何有市场价值的产品了。客户和加盟商仍会提供意见，但产品开发已经从加盟店的厨房转移到奥克布鲁克总部的料理创意中心了，根据麦当劳的官方说法，这里一年会尝试 1800 道新食谱。这个快餐研发实验室曾推出几款食品用来进军正餐时间之外的"零食"市场，也生产出更优质的咖啡，以对抗新进竞争者如星巴克，当然也设计出了更好的汉堡。麦当劳的创新流程本身已经层级化、工业化且集中化，并小心地把他们的成果回馈给整家企业。

臭鼬模式

麦当劳依赖市场研究导向的研发想出新产品，同时也会考虑平衡资源的要求、标准化和配送。如果有一家企业层级组织想激发出最纯粹、最自由奔放的创意，该如何做？有一种创新模式，是把创新任务交给一小群不受组织问责约束的人士，这种做法可回溯至1943年。在那一年，洛克希德·马丁公司有一群精挑细选的精英工程师，通过领先研究项目部门共聚一堂，根据英国提供的精灵喷射引擎设计与打造机身。在克瑞伦斯·"凯利"·约翰逊（Clarence "Kelly" Johnson）的指挥下，这个开发小组在租来的马戏团帐篷里工作，远离公司其他员工，只限直接参与者进入。帐篷的位置正好坐落在一家塑料工厂隔壁，恶臭难耐，因此洛克希德·马丁公司这项最高机密计划就得到一个绰号，称为"臭鼬计划"（Skunk Works，更常见的写法是 skunkworks）。现在这个词通常用以指称大型组织内的自主小团体（洛克希德·马丁公司也借此申请商标，在其官方网站上有各式各样的产品都冠上了 Skunk Works™ 这个注册商标，从烈酒杯到小刀都有）。

当时之所以需要把这个战斗机开发项目和公司其他部门区

分，主要是为了保密，空军不相信洛克希德·马丁数千名员工真的会三缄其口。但这也让这群思想与众不同的技师工程人员独立出来，不受洛克希德·马丁层级体制的制衡（但这些创新者也要面对层级体制，这体现于洛克希德·马丁网站上贴出的"凯利十四条"。例如第五条："一定要确保上交最低数量的报告，但重要工作一定要完整记录。"这条规则就是要尽量减少规则）。

约翰逊的臭鼬模式现在已经被供奉在传奇创新模式的殿堂。洛克希德·马丁公司大力宣传臭鼬模式的第一个项目 XP-80，接下这个项目几乎只靠双方的默契，而且他们只大致知道空军将领要的规格是什么，但项目顺利完成，进度也大幅超前。这还只是臭鼬模式第一次的成功而已。臭鼬模式开发出多项著名的飞机设计项目，包括 U-2 侦察机，并一直享有"组织中的自主组织"的声名，让出色的科学家可以尽情发挥创意，不受层级组织打击。

规模和复杂程度如同麦当劳的组织，都在持续拥抱臭鼬模式。虽然臭鼬模式可以让创新求变的科学家天马行空思考，但若只把它视为组织里的另一个成本中心，这个概念就会引发争议。问题在于，这些深入的想法通常和现实世界脱节。臭鼬模式在现代再度复兴，这种模式和麦当劳的研发实验室至少有一半相似之处。管理者确定科学家与工程师定期和营销与销售部门联系，以确保科学家奔放的思考最后能应用在客户愿意花钱购买的产品上。这种模式就算无法造就伟大的科学进步，常常也能带来轰动热卖的商业创新——苹果的麦金塔计算机（Mac）和 IBM 的个人计算机，就是近代类似臭鼬模式项目创造出的成果。摩托罗拉大放异彩的 Razr 手机亦然——这款手机的诞生地，是距离摩托罗拉研发单位 80 公里远的独立实验室。⑮

在美国陆军里，精英制的特别任务小组是培育创新军事科技与战略的摇篮。特别任务小组深入参与陆军战略行动，并运用他们的实地知识引导创新，例如夜间低空飞行时使用夜视镜、使用快速垂降技巧快速跳出直升机。

为什么不建立一支完全由特别任务小组组成的陆军？也就是从设计上变成精英制。只有最好、最出色的人才会选择申请加入，并且只有这些申请者当中最好、最出色者才能通过特殊任务小组的评估与筛选。如果要让步兵进入特殊任务小组，你就得用更厚的规则手册。这就是取舍。

要让这些创新"上市"，军方必须培养出一队对外的士兵，称为"非对称作战大队"（Asymmetric Warfare Group，简称 AWG）。顾名思义，这个大队的任务，就是协助军方在"非对称"的战争中作战，例如现在对抗的基地组织，以及其他规模小但非常危险的敌人。成立这个大队的想法是，要在前线战场实地测试发展出来的创新（特殊任务小组以及其他正规部队的研发成果），并设法将应用普及整个军队。但在从事这项任务时，非对称作战大队就像麦当劳的菜单规划人员一样，要面对同样的挑战——从全世界的军队使用的糟糕战略中挑出有益的（这是军队版的从麦非洲等产品中挑出满福堡）；把新产品推销给抗拒改变的当地管理人员（以军方来说，是 7 万名精心挑选，同构型极高的美国军官），把当地的创新发展成规模可扩大的产品（不管你面对的是满福堡或快速垂降技巧都适用）。

快餐业和军方都需要标准化，而且麦当劳和美国陆军都很清楚自己的局限在哪里。当克拉克成功地将麦当劳帝国拓展到全世界 119 国的同时，他们也必须接受，以全球来说，没有完全通用的模式。尽管美国文化不断扩张，但食物是文化敏感度极高的产品。

就算是麦当劳，也要对当地的偏好低头。这家连锁餐厅于 1996 年在印度开了第一家店，现在已经有数百个据点。美国和印度麦当劳菜单上都有的菜色只有麦香鱼。多数印度人不吃牛肉或猪肉，所以根本不考虑汉堡。但这不代表不能有类似麦当劳汉堡的产品。研发团队想出一种用马铃薯和豌豆做成的辣汉堡（麦薯堡）、一种全蔬菜制成的更清爽版本（麦蔬堡），还有一种大麦鸡肉堡（名为麦克鸡堡）。印度麦当劳仍把焦点放在如何把已经成功的产品扩大，但这属于本土层次。现在印度麦当劳餐厅的数量，大概和麦香鱼刚推出时美国本土的麦当劳餐厅数一样。因此，要扩大规模得煞费苦心，但又不至于冒上耗尽鲜虾资源的风险。就算无法做到全世界每一个门店都完全一模一样，麦当劳至少可以把每一个国家的运营标准化，并且把目标放在经验标准化上：不论食材是什么，麦当劳在全球提供的产品看来都极为类似。

美国军队也必须处理某些区域定制化问题。虽然美国的所有敌人都热爱以土制炸弹攻击,但最近战事开打的地点却包括了阿富汗人烟稀少的山谷和巴格达拥挤的贫民窟,两者大相径庭。非对称作战小组的成员会加入交战区的作战小组,一次二到三个月,看看作战单位在哪些方面做得好,同时根据过去他们在类似环境中有效的方法,针对执行战略提出建议(事实上,加入非对称作战大队的人很可能是刚从正规部队退下来轮换的人,因此他们可以比较在一模一样的环境下,采用不同战术对付同样敌人的效果)。军方希望通过非对称作战大队找出一般性的反游击计划,并在审慎考虑本土情境之后适用。这么做是要避免一体适用的反游击计划,就像麦当劳不会在孟买为顾客供应全牛肉的汉堡一样。

以创新做实验

到最后,多数组织都会找出中庸之道。他们把组织里的某一小部分隔离出来,称之为臭鼬,并对不受拘束的创新施加某些制衡机制。虽然会抑制某些创意与行动,但可确保情况不会失控。如果说自由与层级之间的选择是程度问题,而非只有极端的选择,那要有多少创新才算足够?以斯科特·厄本和他的一人眼镜工作室来说,层级化与监督程度当然比麦当劳少很多,但这个范例太极端，无法协助麦当劳的主管分析公司内部的权衡机制是否过头。

我们可以找到一些指引。会因为生产线出错而蒙受重大损失的组织，应该要有三倍的关卡和严格的监督，就算代价是无法造出激励人心的航天飞机，亦不可妥协：只要一个 U 型环故障，就足以毁了"挑战者号"。需要进行大量协调工作的组织，比方说，要压低全球供应链成本或是在诺曼底抢滩，自然需要更多中央规划人员与官僚人员。

但何谓"适当"的控制水平，还是很难说清楚。任何选择都有其缺点——不管是失控员工铸成的大错还是官僚层级的迟钝效应，你永远都能找到这两方的范例，随时可以选边站。或许正因为如此，到底如何才能设计出既能创新又完全担当责任的完美组织，普遍看法仍在两者间不断摇摆。

随着规模不断成长，企业界发现他们要处理的"以创意之名但行无效率之实"的小问题越来越多。忽然之间，他们有所体会，可能是过去把太多的控制权让给前线，也可能是他们打着提高效率的名号实行太多的中央控制，导致最后扼杀了创意。他们自然想解决问题，并换上兜售治疗企业问题最新妙药的新顾问与管理大师作为辅助。在看到崩坏的层级体制危害美国创新优势之后，汤姆·彼得斯（Tom Peters）的回应是在他的著作《乱中求胜》（*Thriving on Chaos*）中大力赞扬自由发挥的创新。如果组织简化并缩短手册与标准作业程序，一定会有所获益。管理学者克里斯·巴特（Chris Bart）说，组织是在乱中窒息（gagging on chaos），这是一个过度简化的概念，描述的是缺少层级体制引导创新流程或设定方向的组织。

当然，他们两人都是对的。但两人的出发点，都是修补及微调组织，以找到适当的平衡，响应已经改变的环境并应对组织自身的成长与变化。

立场不断摇摆、忽左忽右当然毫无意义，但这也反映了世人亟欲找到最佳架构设计目标不断变动的组织。

2010年《华尔街日报》刊出一篇文章，描述制药业追寻最佳组织架构的过程。即将跨入21世纪时，这个产业里数家规模原本就很庞大的药厂经历了一波大型并购。赛诺菲和圣德拉堡合并为赛诺菲-圣德拉堡，之后又与安万特合并（安万特本身则是先前由赫斯特和罗纳普朗克合并后的产物），成为赛诺菲-安万特集团，以处方药的销量来说，这是全球第四大的制药公司（2011年，他们抛弃了安万特以及25%的美国员工）。葛兰素在1995年和威康结盟，之后又加入了史克必成（1988年由史克和必成合并）。5年后，又成立了葛兰素史克，这是全球第四大药厂。

企业的聚合，除了出现很多复合冗长的企业名称之外，还创造了强有力的销售与营销团队。相关人士更希望合并也能创造出更强大的研发部门，推出更多新药可供营销人员销售。药厂要创新才能存活。他们的创新会因专利而受到保护，有20年无须面对竞争。当专利到期时,这些药厂就要面对廉价药制造商的挑战,会拉低厂商的价格与利润。

规模更大的研发部门可以带来更多利润,这样的假设似乎很合理。事实上,在20世纪70年代中期以前,几乎只有大型药厂才会开发新药,他们是唯一拥有财务资源者,有能力拿十亿美元一赌新药的发展。

开发新药也有一套产业流程,背后的道理也和其他流程一样。一群化学家开发大型的化学化合物"宝库",作为研究的基本投入要素。这些分子之后会交出去,接受"高速药物筛选",最有希望的化合物会再次进行大规模的测试与生产。企业会在远方特地挪出一间办公室,替专门从事实验研究的科学家移除好几层的层级体制,研发主管直接上报他对未来研究方向的判断,看出最有希望的大格局。企业的规模化,在大量生产新药的流程中被认为是有利于提高效果的因素,就像研制新汉堡时一样。⑯

但当赛诺菲-安万特的首席执行官被问到对合并有何反思时,他说合并之后的那段时间可称为"失落的十年"。新合并的研究人员无法创造出新一波动辄价值十亿美元的创新。为何如此?因为合并后的研发实验室都被有碍研发的层级体制钳制住了。

在"失落的十年"里,重要的研发创新中心不断地从大型药厂转移到生物科技新创公司,大学实验室里发展出的基本知识,由新创生物科技产业里一小群积极进取的科学家继续孕育、培养，变成前途看好的新药。结果是，很多新药的开发流程变得既是科学，也是艺术；是全面性的思考，而不是理性的工作部门；强调个人的动机，可以用牺牲权衡机制来换取；充满创意，而不是被以利润为重的高层主管监督管理、绑手绑脚。

领会到这股趋势之后，大型药厂和生物科技公司大量结盟。在 20 世纪 90 年代，合作关系多了三倍以上，而制药公司也因此改变了产业研发模式。葛兰素首先拆解数千名研发人员，变成许多个由 400 人组成的半自主群体，有自己的预算，也有更大的裁量权可管理自己未来的发展。他们后来又再分解成规模更小的集团，形成约 20 到 60 人一组的 "开发绩效单位"（discovery performance unit），简称 DPU（葛兰素公司里负责自由思考的人也无法完全避免变成层级组织的一部分）。葛兰素收购的生物科技公司和企业的层级组织也保持距离，开发绩效单位被赋予独立性，并未完全融入企业内部。

除非你在大企业之外创业，否则你无法完全把企业的影响力隔绝在新创公司之外。开发绩效单位的经理人都知道，他们只有三年时间。除非他们在期限结束前能拿出成绩，证明他们独力运作的成果，否则资金将会中断。在此同时，开发绩效单位也需要葛兰素的层级体制签核资金需求，也必须同意接待公司里非研究部门的高层主管访视。原始的臭鼬模式并没有这些。

当大型层级体制努力在既有的监督需求中寻找新的创新方法时，这或许已经是最好的一种了。

军方的应对之道

西点军校自称是美国延续至今的历史最悠久的军校,校史最早可回溯至美国独立战争时期。1802 年,这里被正式命名为美国陆军军官学校,最初的焦点放在实战科学,因为创建美国的先贤在独立战争期间认识到尽量不要依赖国外的炮兵和工程师。19 世纪初期,着重的是军事纪律与土木工程,西点军校更派出受过专业训练的工程师,协助美国这个年轻的国家打造基础建设。有一位西点军校的毕业生变成建造巴拿马运河的总工程师。南北战争期间,两边的阵营都有西点人,之后,校方的课程转向强调领导力以及军事持续教育。第一次世界大战后,西点开始着重于体能,作为军事战备的一部分。第二次世界大战后,西点的课程重点又发生大转变,这次考虑了"科学技术的重大发展,也越来越需要了解其他文化,并提升陆军一般的教育水平"。[17]

简短介绍这段校史,主要用意是指出,美国陆军并非不懂集中控制与创新之间的挑战和创新者的需求。轮调至西点军校授课的陆军军官以及他们训练出来的军校生,都是一种信号,代表美国陆军认识到这方面的需求,而这样的应对之道很值得一探究竟。时至今日,西点军校里不仅有工程学,更有美国各顶尖大学的所有专业,目标是要培育美国陆军未来的领袖。

西点军校社会科学系有个绰号叫"寿司系"[18],系里的老师有一半是非军方出身(就像美国其他大学的社会科学系一样,由具备经济学与政治学博士学位者担任教授），一半是军旅生涯已发展到中期的军官（很多都有博士学位）。社会科学系教师队伍里的军方成员，同样也要穿着军服，参与陆军与海军之间的竞技，并且要遵守军校里的许多规矩。他们本身很多也是西点人。许多人很快就升任到高层职位，并利用在社会学系教书的时间思考未来应该领导陆军往哪个方向发展，通常他们会思考一些非传统的理念。[19]

另外的则是留着长发（以军方的标准来看）的"非主流人士"，这些人冲撞军队一致性的文化，其生涯发展最后很可能演变成以学术为重的学者。不管是哪一种，这个院系都为某些军人学者提供了安全的另类思考空间，和其他有企业家精神的军官分享新概念，并通过解决让军队苦恼的问题测试他们的想法。

瑞德·索耶（Reid Sawyer）中校至少有一只脚是踩在非主流知识分子这个阵营。[20] 他是西点毕业生，也是军方特殊任务小组精英成员。虽然他以后勤专家的身份加入任务小组（履历上也写了他在西点时，主要从事的课外活动是辩论），但他却没办法从直升机上垂降，也无法从 900 米的距离狙击。从 2008 年到 2011 年，他在西点负责打击恐怖主义中心（Combating Terrorism Center），这是军方反恐的智库兼训练中心。

到目前为止，21 世纪开打的战争都是在对抗全球松散的恐怖主义阵营，而非与正规军作战。索耶中校的研究，是以美国军方未来在这方面的挑战为核心——如何保护美国城市免受攻击、培养军队在群众充满敌意之地（例如索马里与阿富汗等地）也能追踪锁定叛乱分子。和许多人一样，索耶中校相信，要解决这类冲突需要很不一样的军方组织。不同于 1944 年登陆诺曼底海滩以及 1991 年攻占科威特油田的美国军方，新的军方必须了解"每一个山谷都和其他的不同"，而且军队"在不同的地方要对抗不同的敌人"。索耶大约 45 岁，以他的年纪来说，刚好经历一代军官的完整历练，包括他的战友以及许多更年轻的军官从伊拉克和阿富汗服役归来。在这些地方，军官们要遵从长官指示，维系山谷里的和平，或者在城市里找出叛乱分子。中央领导者会要他们"拿下山丘"，但不会发手册给他们、告诉他们该怎么做。返回美国后，他们要面对的是把靴子擦得闪闪发亮、毫无目标的行军操练这类荒诞行动。

打击恐怖主义中心算是政府内部的顾问公司，为军方及其他组织如联邦调查局，以及和反恐有关的警察局提供咨询。索耶滔滔不绝地细数各种阻碍与挫折，那些都是他试着协助军方及其他机构实际去做反恐工作时的亲身经历——某个机构拒绝和其他机构分享其"恐怖主义入门教材"，这并非基于国家安全，只因为不愿意把他们付钱给索耶进行研究的成果分享出去；在军队里，创新传播的速度太慢；打击恐怖主义中心要面对许多监督与审查。用索耶自己的话来说，他"一边要打击叛乱分子，一边要对抗军方的层级体制"。

戴维·莱尔（David Lyle）中校或许不算是非主流分子，

但他至少是以出于尊重的质疑看待陆军的组织。他的目标不是要瓦解层级体制，而是让军方的官僚组织根据理性的分析运作，不以向来的习惯行事。他直率、平实而且热心。莱尔也是西点人，受过工程方面的训练，在他所属的阶层几乎已经爬到顶了。早年担任军官时，他还继续到麻省理工学院深造，取得经济学博士学位——麻省理工学院的经济系是许多人眼中全世界最好的经济系。莱尔的一位论文指导教授说他"很聪明"，有很多证据支持这样的看法。多数麻省理工经济学博士生都要花五年才能修完课程并写完论文，但莱尔只花三年就做到了。

广义来说，莱尔的研究重点是，用不同的方法组织士兵会对西点造成哪些冲击？如果在课堂上可以接触到西点的超级明星，军校生的成绩会比较好吗？（是的。）应该把具备不同技能的军校生混合编班，还是按能力分班？（混合编班比较好。）现在已经回到军队的莱尔，希望善用他的人力资源分配理论，让军队官僚组织运作起来更有效率。他坚守自己的工程背景，认为军队组织基本上是一个追求资源优化的问题，目前的资源分配效率，远远不及军队拥有的潜力。

目前指派基层军官任务的方式，大致上和苏联分配面包、鞋子的方法一样，根据的是行政命令。以美国陆军来说，指派任务基本上是随机的，当某项工作出现时，要派给哪位工程师，就看现在列表上面有谁。运气决定谁负责阿拉斯加的造桥项目，才不管被选中的士兵想不想住在阿拉斯加，或他到底是不是非常了解如何造桥。机械需要齿轮，以陆军这部机器而言，只要大致上合格的士兵就可以了。这也是军方的训练目的：培养做好合理准备的通才，以应付各式各样定义明确的任务。

莱尔的解决方案是把市场带入组织内部，发展出一套收集与分配片段、零碎的粒状信息的系统，让资深军官可以找到造桥工程师，并互相比较以找出最佳人选，也让基层军官有机会表达自己的偏好，说明想被派到哪里以及想承担什么任务，这是组织内部的工程师市场，由军方的官僚体制规范。

管理这套官僚体制内市场的责任，就落在军方的高层将领头上。他们本来就负责监督军方的预算，管理军方和国会之间的关系，负责制定营销策略以招募新兵，并把新的行动方案推销给现任士兵。这样一来，四星上将的职务内容听起来更像是企业的高层主管，而非军人。莱尔相信，这才能准确反映军方的需求。他指出，艾森豪威尔受到提拔担任进攻日本的统帅，是因为他的规划能力比乔治·巴顿将军（General George Patton）更出色，但他未必是更优秀的战士。

莱尔和西点社会科学系的经济系主任杰夫·彼得森（Jeff Peterson）上校并肩合作。若说莱尔是技匠与社会工程师，那彼得森上校看到的则是军方经济学中的人性方面。彼得森说话温文有礼，但绝对是令人无法忽视的存在。在负责西点的经济系之前，他领导斯特瑞克装甲车特遣部队，负责维和后冲突期巴格达市内一条最暴力的通道。彼得森的任务，是确保海法街的和平——海法街是巴格达市内最血腥的战场之一。这条街上高楼大厦林立，要逐一清查区域内的家家户户根本是不可能完成的任务。

彼得森成功地降低了暴乱分子的攻击，他把自己的大部分成就归于运气[21]，并很快地指出早在他驻守此地之前，海法街上叛乱分子的后援便已被攻破，那是范·史麦利（Van Smiley）中校麾下第1-23步兵师的功劳。但能继续掌控该地，彼得森和他手下士兵施行的反暴动主轴行动——这是陆军近期的创新——当然也功不可没，主轴行动包括控制、合作、大兴土木以及管制。虽然保全与控制海法街是终结攻击的重要先决条件，但通过强化经济发展维持相对的平静，完成规划的小规模开发项目，以确保资金不会流失或遭窃，也同样重要。

彼得森部队里的士兵不见得都喜欢他的做法。据彼得森说，经过数周的实验、讨论，并逐一了解各个士兵的情况，有些人还是相信他们应该要打传统战。有一位曾和该部队共处过一段时间的记者，引用一名步兵的话总结该部队的气氛："我们加入军队是为了打坏蛋和杀坏蛋，我们受的也是这方面的训练，这是我们该做的事。"彼得森的回应是什么？"他们大可以爱怎么想就怎么想，但他们还是得守士兵的本分，做士兵该做的事。而且不管他们怎么想，这就是他们要做的事。"

彼得森上校于2007年离开伊拉克，当时很多人指出海法街是一个典范，宣示着美军要如何在伊拉克"得胜"。返回美国后，很多职位等着他，彼得森选了西点的社会科学系，在这里将他的伊拉克经验变成指导原则，引导军队管理交战行动。他相信，军队官僚体系没办法发出更好的指令，因此从指挥链的最高层到最基层的步兵，都要学着为自己思考。他也怀着和莱尔中校相同的"出于尊重的质疑"，训练未来将成为军官的军校生多做实验，应对军方的行事作风。他要建立的是由创新者组成的军队。

这3位西点人用3种不同的观点与方法改革军方。最重要的是，他们并未尝试改变军方命令（以及其他一切）由上而下的模式。但他们想要改变的，是一套非常抗拒改变，也有道理抗拒改变的系统。如果历史是指标，那么索耶、莱尔和彼得森等人善意、周密的创新，很可能被盲目遵从规则的军队文化粉碎。更有可能的是，所有变动的发生都像冰河流动一样缓慢。但军方容许西点和社会科学系培养相对激进的创新，即代表军方也认同它们付不起失去这些思想家的代价。军方很清楚，它们一定要留一些创新备用。

组织的逻辑
The ORG
第五章　好的管理是什么样的

英国之所以能建立日不落帝国，至少有一部分理由是他们找到方法从属地榨取利益。想要从孟买（1995 年之前其英文名称为 Bombay，之后更名为 Mumbai）榨取利益，最好的方法之一是生产廉价成衣。孟买的第一座纺织工厂成立于 19 世纪中期，坐落于吉拉冈地区，这地名是从印度的马拉地语转译而来，原意为"磨坊村"。1869 年苏伊士运河开通，孟买这个深水港的地位越来越重要，纺织产业也随之起飞。

现代的吉拉冈已不再是孟买纺织厂的重镇。1982 年到 1983 年之间发生了长达 18 个月的孟买纺织大罢工，之后大部分的纺织厂就关门大吉了。几千、几万平方米的工厂用地变成另一种消费经济（购物商场与豪华公寓）的基地，剩下的纺织业则移往北方。

如果我们走上印度连接孟买与新德里的 8 号国道，会来到塔拉普尔与乌姆博冈，这是马哈拉施特拉邦仅存的纺织城镇里最大的两个，位于孟买北方，距孟买的车程分别为一小时与两小时。塔拉普尔与乌姆博冈大部分的纺织厂运营都极无效率且摇摇欲坠，存货在仓库里腐烂，重型机械横在通道中间。其中某些工厂也是一场实验的目标，实验的目的是要回答一个永远严重困扰现代组织的问题，管理人员会带来任何益处吗？若是，那又是什么？他们真的有益吗？

对于经常被自家经理的愚蠢行为气得火冒三丈，或想起过去管理层的行为不检仍难掩愤怒的人来说，答案让人吃惊，可能也让人火大。印度纺织制造业者真正需要的、最终能解决他们问题的，是一大群工商管理硕士。这些人所受的训练就是要创造体制，以监督并指导员工和流程，确定船运时程准确无误且仓储货架上的存货不会短少，并让业主知道一切流程都适当且有效地运作。

大部分坐办公室的人都会把少了经理人的世界想象成天堂，再也不用受莫名其妙的官僚体制、毫无意义的文书工作和无能不适任的主管束缚。这才是真正能把事情做好的环境。塔拉普尔和乌姆博冈的纺织厂则有不同的观点，这场管理层实验明确展示了经理人到底能带来什么好处，而且是真正的好处。

一场实验：好管理对企业有益吗

用来做实验的印度纺织工厂，是世界银行与斯坦福大学经济学家组成的合资企业，目的在于评估好的管理行动是否真的对企业有益。你可能认为这个问题很容易回答，只有"是"与"否"两个答案。但是，大部分人连什么叫作"管理"都无法达成共识。

这群领导纺织业管理研究的人并不渴望对管理下明确的定义，他们只想找到有用的描述，以实际应用在印度的工厂里。这个团队的基础是其中一位成员过去的努力。斯坦福大学经济学教授尼克·布鲁姆（Nick Bloom）长期致力于衡量及比较全世界的管理方式，已经从中发展出好管理的定义。

在模糊的管理领域中，世界管理调查已经非常接近科学。这是一套经过设计的问卷，评估监督、设定与实现目标三个领域的管理做法，以及制定激励机制。这项研究是在顶尖咨询公司麦肯锡的协助下发展而成，并由一个工商管理硕士团队负责行政管理（布鲁姆说他们是"吵闹、性急又自信满满的家伙"），这些人具备必要的技能，有能力访谈全世界制造业的经理人，讨论他们的职场生活。这项研究行动规模庞大，要和超过20余国10000家企业里成千上万的经理人进行访谈。最终的结果会得出一个标准化的指标，世界管理调查就用这个指标比较全球的管理质量。

研究项目的网站（worldmanagementsurvey.org）上有最终的结果，结论完全不会让塔拉普尔的工人感到意外。印度在全世界排名倒数第三，仅比中国和巴西好一点。美国、日本与德国（这三个国家也身处全球最富裕国家之列）的企业登上前三名的宝座。

你或许看出问题了。这项调查自然而然反映了麦肯锡定义下的好管理原则，也有很多人认为，这是以西方世界为中心来看待何谓有效的管理。如果我们根据在美国运营的公司来定义好管理，美国企业当然会脱颖而出，"西化"程度越低的国家，就会离"好的"美式做法越远。

调查中没有出现明确的因果关系，这一点也让布鲁姆很困扰。是因为美式管理才让美国企业能获利且有效率吗？美国企业和印度企业在许多方面都大相径庭，不只是管理做法上的差异而已。针对跨国生产力进行比较，就好像把哈佛的工商管理硕士生拿来和高中辍学生相提并论一样。而且就算麦肯锡风格的系统在美国企业行得通，谁又知道它能不能用来强化印度纺织业的生产流程呢？也因此，布鲁姆开始寻找方法，试着去判断西式的好管理是否也能让非西方的组织获益。塔拉普尔与乌姆博冈的棉纺织工厂就是他的试验场，他把一套最佳管理做法引进多家企业，这些组织之前都没有管理制度。

布鲁姆与同仁将他们的研究结果定名为："管理重要吗？"（Does management matter?）原始的学术论文列举了 38 项管理做法，和世界管理调查所使用的类似，其中包含固定记录与分析质量缺失、生产与存货追踪系统，以及明确分派职务与职责。

世界银行引入埃森哲管理咨询公司的专家并支付相关费用，请他们提供通常的建议。基本上，这些管理咨询专家进驻一群中型纺织厂，负责推行这 38 项管理措施。这些纺织厂主要的业务是把棉纱织成布匹，之后布匹会送去染色，再送到批发市场销售。[1]
棉纺织业者可以免费获得埃森哲的服务。

研究人员最初找了66家印度企业，只有17家同意参与（他们共有20家工厂），剩下的49家企业对于价值25万美元的免费咨询服务不感兴趣。这是极为有力的宣示，说明了在他们的认知中，管理做法没什么价值。最后有14家工厂获得了完整的顾问辅导，其他6家则成为控制组，就像医学研究会有一群病患不受干扰，作为新疗法效果的基准指标。[2]

改变前后

在咨询人员抵达之前，要先控制住工厂里的混乱。布鲁姆回忆，他在仓库里看见到处都是腐烂的纱线，完全没有按照颜色、质量或任何属性分类，员工必须翻箱倒柜才能找到需要的产品，如果还能找到的话。很多纺锤都坏了，每次有工人需要新纺锤时，就要重绕纱线。工厂现场一团乱，重型机械挡住走道，故障的机器和废弃的工具丢得到处都是。生产设备年久失修，肮脏污秽，而且通常早已过了使用期限。有一位业主把仓库的钥匙挂在项圈上，然后套在自己的脖子上，每一次有人需要更多的原材料，都要叫他开门。在某一家工厂里，只要员工需要启动卸货平台，就必须搬开一台非常笨重的设备。办公室比工厂也好不到哪去。平均来说，在埃森哲与研究人员计划推动的38项最佳管理做法当中，这些工厂大概只采用了 10 项。

在咨询人员开始提供建议之前，这 20 家工厂每一家都要先接受一个月的管理与绩效诊断，有点像是管理健康检查。之后选定 14 家工厂和埃森哲合作，继续接受 4 个月的管理做法升级辅导。另外 6 家工厂（也就是控制组）在诊断阶段之后，又回归原本的运作方式。大致上，所有经理人都留任，但他们见招拆招的做事方法被现代管理的标准做法取而代之，后者是埃森哲的顾问人员从商学院学来的知识。最后，埃森哲会追踪 20 家工厂的表现，以评估在管理顾问介入之后业绩是否有提升。

仓储与生产线改变前与改变后的照片，大致说尽了整个故事。[3] 如今的排列方式已经不再失序和让人百般困惑：仓库内，一袋袋的纱线小心堆放、排列，放置时特别架高，以免受潮。之前办公室到处都是随意乱丢的纸堆，现在则用图表显示输入与产出流程的优先级，并加以追踪，生产流程也通过重新安排的装配线运作。不良率下降一半，而且在产量增加 5% 的状况下，存货水平还减少将近 20%。研究报告的作者团队计算，整体来说，每家工厂的利润每年将可增加超过 20 万美元（假设新的管理做法仍能持续生效的话）。就算要这些企业支付埃森哲所有的管理咨询服务费用，光是第一年增加的利润就足以支付，未来几年更高的盈余则都是额外赚得的。[4]

除了埃森哲咨询人员制定的制度之外，好管理也会在工厂里引发更多变革。新的监督与控制机制创造出大量信息，让工厂的老板穷于应付。为了处理海量的数据，接受埃森哲辅导的工厂开始大量使用计算机。这样的变化，对于通晓计算机的员工来说，职场前景一片大好，但对于因工厂效率提高而有可能"成为冗员"的非技术性员工来说，就没这么值得开心了。

有了详细资料可了解每一家工厂的运作之后，企业主就更有信心，敢把更多裁量权交给工厂经理。生产若下滑（或是仓库里有纱线莫名其妙地消失），就会触动计算机设定好的警示红旗。确实，研究人员也发现，在制定新的管理做法之后，业主赋予工厂经理人更多责任。

在没有经理人的世界里从事管理

且让我把话说清楚，在印度的这些工厂里并非没有管理。相反，他们很可能是因地制宜竭力做到最好，这套办法让每一家公司都壮大，运营规模相对扩大且变得复杂。这些企业的平均历史为 20 年，有些已经多元化经营，从事纺织制造业以外的生意，例如房地产和零售业。平均来说，他们有 270 名员工，企业资产达 1300 万美元，年营收为 750 万美元。有一家在孟买证券交易所上市。如果代换成美国的工厂，这些就相当于以员工人数来算的前 2% 企业，或者以营收来算的前 5% 企业。

要了解他们如何撑过那些年头，以及为何经过埃森哲改造之后绩效提升，检视研究人员在塔拉普尔看到的最有效率的企业内部是什么模样，会很有帮助。当然，这指的是在管理咨询人员进驻之前。

基础经济理论会预测，最有效率的生产者将壮大成规模最大者，一般常识当然也抱持同样的看法。以最低成本生产的工厂，有本钱砍价，和对手竞争，取得更大的市场占有率。这带动了效率的良性循环：越是深耕某一个领域，你在这方面就做得越好（这正是所谓的"经验曲线"）。通过该效应，最廉价的生产者还能更进一步以低价打击竞争对手。⑤在某个时候，数家竞争对手会合并协调出一个更大规模的棉纺织业帝国，引发挑战，打败上述的效率（这就是科斯的洞见，他认为一家公司的扩张程度有限），找出生存的空间。等到棉纺织业或其他市场的状况终于尘埃落定时，经营上最有效率的企业仍将成为规模最大者。

在塔拉普尔，经营得最好的棉纺织业者只有一家工厂。比起这位应该成为塔拉普尔棉纺大王的企业主，他多数的竞争对手都已经扩大规模，拥有好几家工厂，聘用更多的员工，也售出更多的布匹。这位理应成为棉纺大王的先生，姑且让我们称他为撒马塔先生吧，也就是印度语里的"效率先生"（意义上大致相当）。布鲁姆为了田野研究和他见了面（因此引出之后的管理实验），并问他为何仍维持中等规模的运营。撒马塔先生一脸悲伤但实事求是地解释，一边还大摇其头："我没有儿子，也没有兄弟。"

撒马塔先生并非特例。就像布鲁姆和他的作者团队在其中一份报告中所写的："样本里的每一家公司，所有资深管理职位都由企业主的家族成员担任。因此家族里是否有足够的成年男子可以担任所有的高层职务，成为影响成长的限制因素。"为什么儿子和兄弟是企业扩张的要素，足以替代受过良好训练的工商管理硕士来管理企业？

撒马塔先生一个人有能力监督一家工厂内的大小事，他一定是"走动式管理"的奉行者，就像休利特和帕卡德在惠普早期发展阶段的作风一样。休利特和帕卡德希望公司里的每个人都自认是惠普大家族里的一分子，撒马塔先生则必须不断地巡视，才能确保纱线和其他材料不会落入员工的口袋里。他把仓库的钥匙套在项圈上，并挂在自己的脖子上，因为如果不锁门的话，他不相信员工不会偷走他的纱线。

如果撒马塔先生再设立一家工厂，他就需要有人同样靠着不间断的巡逻，替他管理新厂区，这表示他要信任另一个人，把挂在自己脖子上的钥匙交给对方。这牵涉到要大幅增加对他人的信任，但显然撒马塔先生并不愿意付出。他如何才能确认这名代理人不会偷走纱线或成品（甚至是白花花的钞票），不会偷懒摸鱼，或者不会允许员工做出上述这些事？如果新厂的利润比撒马塔先生自己管理的旧厂更低，或者成本更高，谁会知道这是因为工厂经理行为不检动了手脚，还是因为他就是无法像撒马塔先生一样高效率？[6]

儿子和兄弟的用处就在这里。虽然这些人也未必就不会背叛或欺骗，但他们是撒马塔先生认为唯一能相信的一群人，只有他们才能在不断壮大的纺织王国里成为他的代理人。儿子们知道自己至少终能继承一部分家族财富，因此他们会想扩大企业规模，以满足自利目的。如果是家族企业，公司很可能是父亲传下来的，因此兄弟有时候也会拥有公司部分股权，所以大家的利益都是一致的。如果兄弟开始阋墙，争论谁偷了谁的财富，则一定会有更高的权威人士可供众兄弟上诉——妈妈。布鲁姆询问过女婿与连襟扮演的角色，但显然这些类型的身份不受信任。你要找谁上诉？岳母吗？不太可能。姊妹和女儿则完全不考虑（举办家族婚礼时，必须要有一名兄弟或儿子留下来监督工厂，免得工厂在周末举办庆典时被搬个精光）。

可以替代牢靠亲戚的选项，是设置系统以追踪存货、监督绩效，并普遍监控每一家工厂里的情况，这就是管理。管理赋予企业能力，让企业能扩展规模，超越撒马塔先生一开始面临的"没有兄弟，没有儿子"的窘境。

管理的起源

这些印度工厂的处境，和20世纪以前各组织所面对的情况相去不远。我们如何从前企业化时代过渡到格子间？最早探究这段历史的，是商业史学家小阿尔弗雷德·钱德勒（Alfred D. Chandler Jr.）。

钱德勒于1977年出版其大作《看得见的手》（*The Visible*

Hand)。在这之前,专业经理人已经在工业资本主义运作以及白领员工的职场生活中居主导地位。在这本厚达 600 多页的书中,钱德勒细数来龙去脉。他的书名戏仿了亚当·斯密"看不见的手"的概念,后者这个强有力且无人不知的比喻,讲的是市场经济资本主义的错综复杂。钱德勒说的"看得见的手",是引导个别企业内部资源分配的具体力量——专业经理人的决策。

钱德勒把商业史分成两个时期,分界线大约在 1850 年,当时工业革命方兴未艾。在此之前,主导经济活动的主要是家族企业,是由前工业化时期的各个撒马塔先生经营的公司。这些家族企业几个世纪以来大致都以相同的形式存在,由一个人在一个地点经营,着重的是特定类型的产品。

如果要仔细描述 18 世纪的经济体,那就是农人耕作土地、矿工采矿并加以精炼,制作成可用的产品。他们都把自家产品卖给当地的商人,这些中间人正是让亚当·斯密"看不见的手"可以施展魔法的关键人物。贸易商回过头来又把麦子、生铁以及其他生产原料卖给技工和工匠,以制成最终产品,例如面包、工具和服饰,最终产品又卖回给农民和矿工,经手人正是向他们购买产品的那一批商人。

农民、技工和当地商人等组成了合作关系,采用的商业做法和文艺复兴时期的威尼斯商人非常相似,比方说复式记账与贸易信用关系。

19 世纪中期出现了洲际铁路,钱德勒认为,这些铁路公司是最早根据现代管理原则经营的企业，也是印证"需求为发明之母"的实例之一。随着蒸汽火车头的出现，铁路运送乘客与货物的速度，远远超过之前以马匹为动力的车队。当时只有单轨，因此如果有一列火车向南驶，最好不要同时出现另一列往北开的列车。在铁路运输业，如果不希望看见火车对撞，又要确保轨道上有足够的火车在行驶以赚取利润，就要谨慎地协调与控制。与此同时，建造与维护铁路网的成本远远超越过去棉花田和纺织工厂的成本，因此无法再以家族企业的形式管理铁路网。即便是在国家最强盛富裕的时代，铁路的造价也非常昂贵。想要兴建铁路的人在纽约募资，刺激了纽约投资产业兴起，铁路则由可以让火车准点的专业经理人负责管理。

　　这些因素迫使铁路公司进入现代化管理的纪元。职务内容定义得很清楚，每一个职务都隶属于横跨不同地理区域的单位，各个单位协调运作。组织结构也出现了，借此说明权威与沟通的上下关系。此时也引进了多层的管理阶级，以组成个别的事业单位及其子单位。这个时代也已经发展出成本会计，以监督各项业务运作的绩效。几个小时后就能得知最新数据，经理人因此可以准确地追踪火车，估计运载一吨货物行驶一公里需要花多少成本，并决定铁路公司是否要调整费率。这些经理人负责协调各项活动，应用同样的技巧（会计、财务、统计）分析同样的数据（成本、时间、路线），以得出最佳结果。好，还要更好，实现最好，这就是效率的节奏。⑦

更快速、可靠的铁路运输，使得大量生产与大量销售成为可能，而两者也采用铁路业所使用的管理技巧，效果因此加倍。钱德勒发现，大规模的现代化企业之所以能繁荣兴盛，是因为它们的产能大、成本低、利润高。管理层级不可或缺，要靠他们协调越来越复杂且彼此相关的商业系统。美国就此出现管理革命。

虽然钱德勒的书直到 20 世纪 70 年代末才问世，但是他早在 20 世纪 50 年代就开始撰写了，当时他也协助长期担任通用汽车总裁兼首席执行官的阿尔弗雷德·斯隆（Alfred P. Sloan），两人一起撰写回忆录《我在通用汽车的岁月》(*My Years with General Motors*)。斯隆本人也是引领潮流的新管理科学奉行者，他曾出现在《看得见的手》一书中的最后一个章节"现代工商企业的成熟"（Maturing of Modern Business Enterprise）中，他们的讨论启发钱德勒开始思考管理资本主义的起源。《看得见的手》大致上反映的是构思与撰写这本书的时代。美国经历了一段时期的发展后，"美国世纪"（American Century）⑧的概念蔚为流行，这本书讲的便是这段时间的中期。1955 年首度发表《财富》五百强企业，其中包括多家巨型企业，如通用汽车、埃克森美孚、美国钢铁、通用电气、克莱斯勒和杜邦。⑨钱德勒认为，牵引出美国世纪的正是一群又一群的专业经理人。

《看得见的手》这本书的副标题"美国企业的管理革命"，展现了 20 世纪企业界的波澜壮阔，但这段时间毕竟是《穿灰色法兰绒套装的男人》（*The Man in the Grey Flannel Suit*）、《组织人》(The Organization Man) 以及《孤独的人群》(The Lonely Crowd) 的时代[10]，人们放弃了清教徒工作伦理中彻底的个人主义精神，转而变成服从、适应。财经记者迈克尔·刘易斯（Michael Lewis）说这是"美国企业人士可悲、呆板的人生"。身处企业界的美国人，每天早上穿着"灰色套装"，和妻子吻别，拍拍小儿子的前额，出门通勤上班（就像戈登·萨姆纳脍炙人口的歌词所写："车子里塞得满满的，就像把北极旅鼠装进闪闪发亮的金属箱子一样。"[11]），然后和同事一起打混度日；其他人的所作所为也一模一样，从头发与家中草皮的长度，到选择的电视节目、威士忌和琴酒，无一不像。[12]

《看得见的手》于 1977 年正式出版，在这之前的 10 年，美国已经历了反文化革命，开始脱离 20 世纪中期一致、服从的风尚。催生出管理革命的巨型企业，已经不再那么所向无敌。美国当时正面临自大萧条以来最严重的衰退，最明显的，或许是大部分铁路公司在财务上已经崩溃（国有的美国铁路公司自 1971 年开始接手跨城市的铁道服务）。

但下一代的《财富》五百强企业以及较小型的企业，仍需要经理人以及管理制度。钱德勒的观点跟我们一样，认为中层管理是赋予组织能力的技术性因素，即便今天的职场时尚已经从灰色西装变成大翻领的三件式西装，再到史蒂夫·乔布斯（Steve Jobs）的牛仔裤加黑色高领衫与马克·扎克伯格（Mark Zuckerberg）的招牌连帽衫，上述的观点仍无可否认。信息科技革命或许让阶级扁平化,并用笔记本电脑取代了打字机,但管理与经理人仍不动如山。管理降低了成本,让各种类型与规模的组织变得更有效率。

事实上,现在我们已经有了以训练"通才经理人"为中心的整套基础建设,那就是工商管理硕士课程,即一般通称的 MBA。随着钱德勒所说的管理革命在一个世纪之前出现,工商管理硕士也应运而生。在有工商管理硕士之前,美国的新兴现代企业非常缺乏中层经理人,找不到人组织与经营快速成长的美国商业。爱德蒙·詹姆斯(Edmund James)是管理教育早期的支持者之一,他在 1903 年曾说,美国各银行"长期处在一种害怕濒临恐慌的状态";钱德勒则说,代表现代管理成就的铁路业,"成长速度明显超出(经理人的)控制能力之外",负责美国四分之三铁路里程的企业纷纷破产。

这也难怪。当时商学院的课程并未替新兴的专业经理人阶级做好充分的准备,他们应付的主要科目是记账、算术与书法(某所学校甚至设立了通用书法系,并另外成立一个正体书法系)。业界殷殷企盼接受过更适当训练的经理人,这股需求刺激了大学(多半是在心不甘情不愿之下)接下教育商业人才的任务。工商管理硕士因此诞生,经理人与管理从此开枝散叶。有一项估计数字说,在 1900 年到 1980 年之间,美国劳工投入管理的比例增长将近 4 倍。[13]

哈佛商学院在 1910 年设立工商管理硕士项目,推广文案反映出学校的原始任务是大量培养能领导美国商界的专业经理人。当中提到的主张与承诺如:"改变是你唯一能确定的事,也因此,我们谨慎设计工商管理硕士课程表,协助你培养分析、评估与判断能力,以及不管选择从事哪一个行业都终生可用的做法策略。"[14]

虽然很多哈佛商学院的毕业生都担任管理职位,但每一届里都有大约四分之一的人投入咨询业。他们就像埃森哲派到印度工厂的员工一样,是卷起袖子动手做的工蜂,教导这个世界如何量化、组织与管理。

铲子科学

19世纪90年代,美国刚进入第二次工业革命,洲际铁路也已经无法再替美国开疆辟土,身为全世界第一批商业顾问之一的弗雷德里克·温斯洛·泰勒(Frederick Winslow Taylor),催生出"科学管理"的概念(也称"泰勒主义"),将科学方法应用到制造流程中。泰勒的名片上印着"专攻系统化现场管理与制造成本",他从担任制模学徒、机器操作员、小组长、领班、研究总监,最后到总工程师,一路培养出来这一专业技术。他也取得机械工程师函授学位。

凭借这些经历,泰勒试着去了解为何员工的生产力会有差异,以及要用什么方式才能让每个人都以最快的速度完成工作。他的答案是什么?标准化。他认为他的主要工具(即时间研究与动作研究）可以助他一臂之力，找出从事任何特定工作的"单一最佳做法"。泰勒认为，管理员工涉及的层面很广，比方说，要知道最有效率的铲法是什么（根据泰勒的研究，用铲子铲的"最佳"重量为9公斤），并确定每一位员工都会遵守你制定的作业方式。

科学化管理采用的方法是"把员工当成互相连接的齿轮"，许多现代的白领员工对这种说法或许也心有戚戚焉。现代应用泰勒的原始概念时就算多了一点人性的调和，但泰勒主义的原则仍是所谓好管理的核心，不论是哈佛商学院的课程安排、六西格玛的认证，或埃森哲的最佳管理做法清单，都清楚反映了这一点。配置组织资源的决策，应该以信息为凭：哪一类的布匹销售最快、哪一类创造的利润最高、哪些员工值得提拔，以及哪些人又该被开除。就是这一大串的信息，引领铁道界发展出19世纪的信息系统。要能克服塔拉普尔工厂现场的一片混乱，就要有现代化的信息系统管理记录。

不是每个人都需要知道所有工厂现状的最新详细数据。比方说，管理存货的领班要监督每一捆纱线的动向，但在组织金字塔的高层——例如撒马塔先生和其他的工厂业主，或是在通用汽车拥有视野广阔的大办公室的斯隆先生——只需要知道生产流程中货物流向的摘要信息即可。过多的细节会让他们招架不住。

因此有效管理需要以高效率收集信息，更需要将事件和数据适当地分送给需要的人。虽然撒马塔先生因为缺少有效的管理系统而必须自行管理仓库,但他其实不该管到这么琐碎。装配线如何分工这等小事不应该拿来烦斯隆先生,他也不必去管要怎么组成轮毂设计团队。高层经理人应专心处理工厂面对的更大格局的策略性问题:我们是否应该扩建二厂?要不要在工厂内自行生产零件?明年的车款要不要涨价?在薪资谈判中要不要戳破工会的虚张声势?这些决策一旦拍板定案,相关的指示自会在阶层组织中往下传,但当中会加进更多信息流,这样的过程会不断重复。如果管理系统运作顺畅,就有可能监督、追踪是否所有工作都顺利完成,并找出接下来该怎么做。

撒马塔先生并没有驾驭一个阶层组织,少了现代管理,他必须把物料仓储室的钥匙挂在自己的脖子上。反之,斯隆在1924年时,曾经针对通用汽车的管理撰写了一篇论文,他写道:"(资深高层主管)不需要做太多琐碎的日常工作。这些工作不会落在我们头上。我认真工作,但这些任务除外。"[15]

建造这套系统要付出的代价显而易见,有时候员工有重要的信息要传达给你的主管的主管的主管,但公司规定禁止越级报告。而且,员工会觉得自己和牵动公司走向的决策毫不相关。

员工不可跳过指挥层级打直属主管的小报告,还有另一个理由,这和要从中层经理人身上榨出最高的生产力有关。[16] 假设这里有一位出版社的编辑,他的工作是挖掘新秀并签下新约。他喜欢和作家过从甚密,而且他比较有兴趣的是文学,而非商业。出版社的首席执行官可能会决定由编辑全权决定签下新人的相关事宜，以此保证他会出去找到前途光明的提案。如果编辑一直担心他的决定会被驳回，就不会全心付出了。如果编辑的助理发现自家主管总是和装腔作势的文人吃饭，可以威胁他要上报更高层的主管。首席执行官如果真的要承诺让编辑全权处理签下新人的工作——并确保编辑们会花大量时间去培养必要的关系，唯一的方法就是坚守规定，只能通过编辑和更基层的下属沟通。

经理人的基本角色，大致上是收集与处理要往上与往下传递的信息，延伸企业主的控制权，并过滤和分类员工的才智能力，至少以组织的经济逻辑看是如此。少了这些信息流，我们就要退回撒马塔先生的世界，甚至是厄本先生与他的镜架组成的一人组织。

管理的黑暗面 1：升迁到无法胜任的管理位置

如果你还不到 50 岁，我们大概可以确定你没听过劳伦斯·彼得博士（Dr. Laurence Peter），你很可能也没听过一条以他命名的管理原理。但只要你不是活在隐士的世界里，当你看到这段话时，你一定会懂："在等级体系中，每一位员工通常都会升迁到他无法胜任的位置，然后就此打住。"这就是彼得原理（Peter Principle）。一旦员工被提拔到某个位置，而这个职务又是他无力担任的，主管就永远不会再让他升职了。这也引导彼得博士推出以下结论："每一个职位通常都是由无能执行其职责的员工担任。"这句话简洁有力地表达了众多被管理者的牢骚与不满。

彼得博士在 1967 年 1 月的《时尚先生》(*Esquire*)杂志上介绍了彼得原理,并且发扬其相关概念,在数年后写成一本小书,副标题为"为何事情总是会搞砸"(Why Things Always Go Wrong)。本书戏谑地说,彼得的主张是"有益的等级科学"。

《彼得原理》(*The Peter Principle*)这本书戏谑地审视组织的功能不彰,就像一位书评家写的:"是幽默又直指核心的冷面笑料讽刺作品。"书中充满各种不同的等级弊病,还有一张词汇表提供完整清单,从阿尔杰情结(Alger complex),一直列到完全无关(utter irrelevance)。几个精选词条如下:大桌子主义(tabular gigantism),是一种希望拥有比同事更大办公桌的执着;文书爱好症(papyromania)则是执意用一大堆文书堆满办公桌,试图以待办工作太多的假象掩盖无能的事实。在最后一章"达尔文主义之例外"中,他主张恐龙正是彼得原理负面效应的受害者——恐龙主宰地球,这超乎了它们的能力,因此灭绝。彼得博士认为,人类也可能遭逢相同的命运(但这应该是彼得博士自己玩笑开过头的立论)。[17]

且让我们把嬉笑怒骂放在一边,彼得博士确实深深挑动全球被管理者的心弦。《彼得原理》一书在《纽约时报》畅销书排行榜上,有一年半的时间都名列前茅。彼得博士成为脱口秀节目的固定来宾，美国各地的企业团体也争相邀请他演讲。好几家美国大型企业甚至给他顾问职位（他拒绝了。接受这些职务超出他的能力范围）。

彼得原理及其成就，是对钱德勒的管理革命之反扑：钱德勒说管理革命赋予美国企业能力，但灭了员工的威风，利用标准作业程序和层级体制压抑他们。彼得原理提出了吸引人的逻辑——以领导与管理他人必备的技能来说，有能力执行基层任务不见得是加分（剧集《办公室风云》里的角色迈克尔·斯科特［Michael Scott］是一名屡获殊荣的业务员，因此被提拔为区经理，但他完全不适合这个职位）。彼得原理也以偏向员工的立场推翻了组织等级，这条原理造成的结果之一是，"完成任务的是还没有遇到无能瓶颈的员工"。也就是说，真正做事的都是坐在小隔间里的基层员工，而不是大办公室里的经理人。在彼得博士的理论架构中，"向上管理"变成非常微妙的双人舞，员工要设法管理主管，好让他们做出的损害降至最低。

比较严肃的学者也对彼得博士的研究感兴趣了。部分原因是，彼得原理至少在某种程度上成立，如果提拔人才进入管理层的根据是他们展现的基层任务技能，那就没有证据显示他们也能成为好的经理人。[18]就算企业尽量遵循最好的提拔人才规则，最后还是可能错误地提拔低于标准的经理人。斯坦福大学劳动经济学家暨布什总统经济顾问委员会前任主席爱德华·拉泽尔（Edward Lazear）在《彼得原理：衰退的理论》（*The Peter*

Principle: A Theory of Decline)中指出,员工的努力可能只维持到他获得重大升迁为止,到了那个时候,他会花点时间放轻松。拉泽尔稍微变化了一下彼得原理,在他的版本里,经理人不笨,但是懒惰。但拉泽尔并不建议企业应该采取任何不同的做法。更高的薪资、更高的地位以及更大的办公室等奖励,可以刺激基层员工竞逐梦寐以求的升迁。他们不断付出的努力,其价值很容易就抵销懒惰经理人造成的成本。

另一个极端理论是,有三位意大利卡塔尼亚大学的复杂学学者赢得2010年搞笑诺贝尔奖,理由是他们提供选择,让企业得以逃脱彼得原理的无能陷阱。他们以数学证明,如果组织随机提拔员工,将会变得更有效率。[19]

对于明白自己的斤两且希望避免被提拔的员工,彼得提出了一些建议,可以自我破坏,或者借助"彼得式回避"(Peter's Parry)。[20]这类"深富创意的无能"可以帮助对目前的职位非常满意的员工,积极行动以避免成为更高职位的热门人选。巧妙地把私生活描绘成在道德上有些瑕疵,搽很浓的香水或古龙水,不时把车子停在公司总裁专属的车位等,都是彼得最爱的范例。但这套策略有一条附带警语:不要无能过头,不然你会被炒鱿鱼。

随机提拔经理人或故意搞砸自己的升迁机会,看来有些荒谬。如果我们一眼就看出谁是高效的经理人,那何不拔擢可以成为好经理人的员工,别去管他们过去表现得好不好?问题是,光看业务员或工程师的表现,你很难从中爬梳出某人是否具备管理才华。

即便如此，也阻止不了企业大胆一试。永远都以数据为导向的企业，如谷歌，铆足全力编纂出好经理人应具备的特质。他们之所以在这方面下功夫，是因为他们体会到公司里的升迁大致上是以科技专业为主，但非常好的工程师未必能成为非常好的经理人。在这家 21 世纪首屈一指的科技巨擘身上，彼得原理活力十足。

通过名为"氧气项目"（Project Oxygen）的行动，谷歌试着找出产能最高的团队经理人的共同特质，并将结果去芜存菁，列出优秀经理人的八大特质。[21] 但清单上大部分的特质，例如"有明确的愿景和战略"，不太容易在前途一片光明的工程师身上找到。因此谷歌的清单或许有助于训练新经理人，但对于找出管理天赋来说，效益不大。第八条"要具备技术技能"或许是例外，这点很容易识别，也很容易量化。说到底，相信彼得原理可能也不是太荒谬的事。

管理的黑暗面 2：经理人和被管理者

若没有经理人，组织很可能完全动弹不得。或者，至少会像印度的纺织工厂一样，重型机具挡住通道、企业主得把仓库的钥匙套在自己的脖子上。就像一位在网络上兼职充当管理大师的热门经理人（他的正职是管理计算机程序设计师）所说的："兄弟，当你整个早上毫无作为地盯着一个问题看的同时,我正在努力让组织继续运作。"[22]

如果你去看看经理人如何度过每一天,并不会觉得他们是带动组织运作的引擎。比方说,让我们来看看经理人天生会出现的场合之———会议。会议让人觉得根本就是在浪费时间(规划失当已经算是最好的状况了),有些会议也的确是虚掷光阴。计算机设计师兼创投业者保罗·格拉汉姆(Paul Graham)指出,开会虽然是经理人必备的重要技能,但却让"执行者"(也就是实际上试着有所产出的员工)付出宝贵的时间。格拉汉姆写道:"日程有两种,一种我称为经理人的日程,另一种叫执行者的日程。经理人的日程是给主管看的,出现在传统的日程表上,把每一天分成以一小时为单位的段落。如果有必要的话,你可以把好几个小时的时段框起来排给某一项任务,但不担保你每个小时都得变换工作。"他继续写道:"当你根据执行者的日程行事时,会议就成了灾难。一场会议会让整个下午都泡汤,因为你一个下午时段要切成两部分,但这两部分根本什么事也做不了。"[23]

一如彼得原理,在毫无道理的组织世界里,这个信息是听来悦耳的普遍共识,传达的焦点是,真正做事的人其实是一般基层员工。少了执行者,所有的推理便无法成立,组织也就完全不存在了。或许真是这样吧,哪个员工不想听到这种话呢?至少有一些显然毫无重点的会议就反映了组织天生的无效率,难以找出"软性"信息。所谓的软性信息,指的是没办法用电子表格记录下来的事态情况。会议的书面记录（备忘录和报告），目的是要收集记录以满足组织，但会让"执行者"分心，没办法去做该完成的"实质"工作。

大型组织需要制定某种程度的一致性（这是经理人的职责之一），理由和麦当劳不允许加盟店主擅自供应手切烤牛肉一样——组织必须控制生产要素的质量，包括信息。对于觉得自己才是有实质生产力的人来说，会觉得会议、备忘录和报告只是对工作的干扰，别无他用，但它们都是重要的管理工具，为的是实现上述目的。

经理人是组织的必要力量，却会引起执行者的敌意。综合来看，经理人至少是双倍的惹人厌了。他们要监督并协调市场无法处理的艰难任务，因此所有的软性信息和会议都非常重要，但这也是组织生活令人不快的一面。如果把组织里所有的不快争执都归咎于经理人，我们就落入了心理学家所谓的"基本归因谬误"（fundamental attribution error），我们归咎的是人，而非他们所处的功能失调情境。如果服务生的态度简慢，我们会假设他就是一个粗鲁坏脾气的人，而不是去观察中午用餐的人潮已经让他忙不过来了。同样，我们谴责经理人压制一般员工，但事实上他也只能用这种方式做好他的工作。

有一点很让人难过，那就是如果能有选择的话，大部分的人通常都不想去上班。要去海滩还是去上班？要和家人共享天伦之乐还是去上班？要去旅行还是去上班？大卫·马梅特（David

Mamet）在电影《各怀鬼胎》（*Heist*）的剧本里写道："每个人都想要钱，所以钱才叫作钱。"你可以稍微修改一下："每个人都不想工作，所以工作才叫工作。"

像厄本这种企业创办人，激发他们的是天生的动机、热情，让他们想要改变眼镜的世界、发明革命性的技术，或者就是想让世界变得更美好。当他们谈起自家公司时，你可以看到他们的眼神一亮。企业草创期的员工多半也有这样的热诚。但当你聘用的人多到一定程度时，这股天生的动机通常会被银行里固定出现的神奇数字所取代。经理人的工作，就是要确保当员工谈起工作时的眼神虽已不再发亮，但仍能有效率地完成任务。而且不论你有多爱你的工作，总是会有一些让你避之唯恐不及的事项。

对于比较想扮演独行侠或花点时间在网络上规划下一次假期的员工，甚至是只做较有意思的工作、不肯花时间在同样重要但相对无趣工作的勤奋员工来说，经理人的监督通常很不受欢迎。

但经理人的职责可不是取悦员工，而是要确保员工认真工作。[24] 员工眼中的好主管，是有同理心且具理解力的人。以组织的观点来看，有同理心没问题，但前提是不可以妨碍生产力。有很多证据显示，太有同理心也未必是好事。有一项以柬埔寨纺织工厂为对象的研究，为直接主管提供更多的同理心训练，结果是快乐的员工更爱他们的主管了，但生产力并未提高。

与此同时，经理人还是有很多方法可以提升生产力，但是会对士气造成负面效果。还记得莫斯科斯说过，巴尔的摩市警局有一套以数据为基础的警务系统辅助工具,叫作计算机驱动犯罪统计系统吗?计算机驱动犯罪统计系统记录每一个街区每星期犯罪事件的详细资料,让警方的领导层在情况失控前就能先标示出热点。如果辖区分局长无法让数字好看,高层也会对他们软硬兼施。2012 年,《纽约》杂志刊出一篇纽约市警局的报道,提到纽约警局有"两大惊人特色:成效极高,极不快乐"。引进计算机驱动犯罪统计系统后,纽约的犯罪率下降超过三分之一,副作用是警察的士气也等比例下滑。

你或许会问,那好员工又怎么说呢?这句话的意思是,为什么你的经理人就不能不管你呢?(你当然是好员工了。)呃,还记得吗?每个连续杀人犯的邻居都说:"他为人和善,安静不多话,是一个好邻居。"对啦!但这句话只成立到有人从他们的后院挖出尸体为止,或者等到撒马塔先生盘点库存的时候。[25]

更优质的管理可以救人性命

如果你认为印度的管理实验不足为信,沃顿商学院的伊桑·莫里克(Ethan Mollick)还做了另一项经理人与执行者相对价值的明显对照研究。他检验了 854 家计算机游戏制造商,总营收超过 40 亿美元,想找出组织的哪一个部分对产品的成败影响最大。计算机游戏是以项目为开发模式,几位软件设计师与工程师组成一个核心团队,彼此密切合作,一次花上几个月的时间开发一套游戏。负责监督他们的是制作人，此人要担负最终责任，确定一切都按日程表、按预算完成。领导计算机游戏开发工作的是项目设计师，他负责引领团队，一路从想出粗略的概念直到真正变成软件。设计师是典型的创新者兼执行者，是带动软件开发的发动机。制作人则比较像是项目经理，负责监督成本与掌控期限。

计算机游戏开发项目的特质，意味着设计师、制作人与程序工程师团队要不断轮番上阵，有时候在同一家公司，有时候在不同公司。这样的安排，让莫里克可以分解设计师、制作人以及公司在决定游戏成败上的相对贡献度。比方说，如果有一位设计师不管和哪位制作人或哪家公司合作，总是做出叫好叫座的产品，那我们就可以把他的成就归功于他自身的创意才智，而不是因为运气好碰上好伙伴。同样，要为多次失败负责的制作人，本身可能就是失败的根源。从分析设计师和制作人应为不同项目的成败承担多大的责任当中，我们可以知道每一种职责在决定电玩游戏命运时的重要程度。

莫里克的结论，颠覆了执行者比经理人更重要的假设。他发现，在各款游戏的收益差异当中，制作人与设计师就决定了30%，但制作人的占比成分又更高。

莫里克冷静地做出结论："中层经理人的差异，对于公司绩效影响尤大，超过被指派担任创新发想者的贡献。在创意、创新与知识密集的产业里，中层经理人是提升公司绩效的必要条件。"

换言之，不管设计师的眼镜有多时髦，相较之下，让人感到万分无聊的经理人对项目来说更重要。

斯坦福大学的布鲁姆教授与同仁们延续其世界管理调查，他们另外做的这些研究也呼应了上述结论。研究人员记录了全球各企业、非营利组织以及政府机关的管理做法，横跨各种不同的产业，包括医疗保健、教育、零售与制造业。不同机构里的管理能力大不相同，其中的差异对研究人员来说刚好是一个机会，借此审视在好的管理做法清单上得分较高的机构，其利润与生产力是否也同样较高。

结果让人吃惊。以针对北美和欧洲 1500 所学校做的调查为准，研究人员的结论是，在管理较佳的学校里，学生考试成绩较高。在针对加拿大、美国与英国零售业做的调查中他们发现，与产能高的跨国连锁业相比，绩效相对较差的家族企业在管理方面的表现也较差。而以医院方面的研究来说，他们发现，管理甚至攸关生死。拥有妥善管理的医院的国家，心脏病发的存活率较高、等待时间较短，而且手术结果较好。这些研究虽然也有缺点——比方说，瑞典和意大利的医院差异极大，不止在于管理做法不同而已，但他们的结论至少可以让被管理者多多认真思考，想一想自家主管到底都做了什么。

组织的逻辑
The ORG
第六章 豪华办公室和首席执行官

小地毯价值9万美元，两张客用沙发也差不多是这个价格。马桶要价3.5万美元，垃圾桶则要1400美元。约翰·赛恩（John Thain）在2007年12月接下美林的首席执行官一职，以上这些数字，是他装修办公室杂费中的几条账目。这次的装修费用高达惊人的120万美元，大概可以买下5套供单亲家庭居住的房子。

也正是这些装修费用，导致赛恩在一年后辞职，并勾勒出一般人心目中大企业首席执行官养尊处优的生活画面——镶金的水龙头、橡木装潢的办公室、俱乐部会员身份以及带司机的礼宾车，这些费用都由企业大方买单（赛恩的礼宾车费用包括23万美元的司机费用，底薪是8.5万美元，其余则是加班费和奖金）。

哈佛商学院教授拉凯什·库拉纳（Rakesh Khurana）说，在过去"组织人"的时代，企业领导者经营公司时要跳下去亲力亲为。他们在组织里一路奋斗往上爬，但到了外面的世界，也不会比公司任何一个人有更高的曝光率或更有名。但自20世纪80

年代开始，一切都变了。带有传奇色彩的企业人物纷纷出现，例如李·艾柯卡（Lee Iacocca）、乔布斯和杰克·韦尔奇（Jack Welch）等人。这些人（大部分是男人）有非凡的魅力和极度膨胀的自我意识，受到市场与公众近乎宗教狂热的崇拜，赞颂他们的能力，称他们是从天而降的企业救星，创造出惊人的绩效，也带动了企业股价。①

当股市与财经新闻持续把首席执行官视为企业绩效的关键时，自2008年以来，公众却认为他们更该为这一波严重的企业失败负起责任。即便油价已经涨到每桶120美元，但底特律各车厂的领导者还是只看得上堪称吃油怪兽的豪华运动休闲车（他们因为承租私人喷气式飞机前往华盛顿到国会作证而备受抨击，最后只得从底特律开车过去，某种程度上这也算是横跨全国的游街示众了）。本来应该可靠可信的银行高层主管最后也被人唾弃，徒留面值数以万亿计，但价值所剩无几的次级房贷。

首席执行官到底是天生英明还是无能到无以复加，那就要看你问的是谁，以及你在何时问这个问题。不管首席执行官实际上到底值多少，他们赚的钱可以是数百万美元，甚至有越来越多人赚到数十亿美元。但他们到底做了什么？又到底该不该得到这些报酬？

首席执行官的一天

亨利·明茨伯格（Henry Mintzberg）等研究人员所做的研究，让我们一窥首席执行官们难得一见的封闭世界究竟是怎么回事。明茨伯格40年前就开始出现在公众眼前，自此便被人尊称为管理大师。这位大师谢顶、顽固而且好战，他并非管理出身，而是以机械工程起家。他曾任职于加拿大国家铁路公司，并从这里开始了解组织。在他的回忆录中，他说看着两列快速奔驰的货车对撞，是理解企业合并基本原理的绝佳方法。

在加拿大国家铁路公司任职几年后，明茨伯格离职去攻读研究生。此举出于热爱研究的惯性成分较大，倒不是因为他立下坚定的目标要取得文凭，好在铁路公司的层级体制中向上攀爬。他进入麻省理工学院当时的斯隆产业管理学院[②]，一年后，随着博士班的课程结束，挡在明茨伯格和博士学位之间的，只剩下论文了。[③]他闲晃了6个月，等待更深刻的想法与更重大的议题凭空生出。也就是这个时候，美国航空航天局局长詹姆斯·韦伯（James Webb）——也是让阿波罗号（*Apollo*）航天飞机进入轨道的人——联络明茨伯格的一位论文指导教授，要求校方研究他这位经理人。至少就明茨伯格的说法是，因为当时斯隆学院里没有其他人对管理或经理人感兴趣，于是跟着韦伯并研究经理人到底在做什么的重责大任就落到了他身上。

明茨伯格从来没有跟着韦伯跑上跑下，但是他确实跟着韦伯的想法走。他为了撰写博士论文而追踪其他 5 位领导者，研究经理人（尤其是首席执行官之流）到底在做什么。他追踪的这些主管，各自经营的组织类型和目的都大不相同：约翰·诺尔斯（John Knowles）是麻省综合医院的主管，这是一家非营利医院；查理·布朗（Charlie Brown）是牛顿系统的主管，这是麻省的校务系统；詹姆斯·加文（James Gavin）是理特咨询公司的首席执行官；还有宝路华手表公司的大亨亨利·宝路华·亨谢尔（Harry Bulova Henshel）以及高科技国防承包公司 EG&G 的首席执行官伯纳德·奥基飞（Bernard O'Keefe）。

明茨伯格研究的 5 位首席执行官并不符合科学研究要求的样本，而且他收集的逸事消息也不足以让当今学术界视为认真严肃的资料分析。但哈佛商学院教授拉斐拉·萨顿（Raffaella Sadun）更近期的研究，却验证了明茨伯格的结论。萨顿协同伦敦政治经济学院的同行奥瑞娜·班狄亚拉（Oriana Bandiera）与安卓雅·派瑞特（Andrea Prat），在将近 50 年后重复明茨伯格当年的日程记录研究，以更科学的抽样方法审视超过百名首席执行官。虽然萨顿等人研究的首席执行官是意大利产业界的精英（来自等同于《财富》五百强规模的意大利企业），这些人所处的时代也和明茨伯格研究的领导者大不相同（明茨伯格研究的首席执行官没有电子邮件，他们甚至没有视频会议或传真机），但关于"首席执行官如何度过每一天"这个问题，得出的结论大致相同。

虽然他们的客户、产品与组织规模差异极大，但明茨伯格的

5 位首席执行官和萨顿的百位意大利首席执行官，大致上都过着差不多的生活——去开会。

首席执行官日志

明茨伯格观察 5 位首席执行官，把从中得到的洞见，结合全球各地其他经理人时间分配的研究结果，求其精华，最后得出 10 页简洁的论文，题为"经理人的工作"（The Manager's Job），并发表于《哈佛商业评论》（*Harvard Business Review*）。他所写的首席执行官的"逸事与实事"，开启了他的生涯。

明茨伯格收集的日程记录，显示首席执行官的生活充满各式干扰。在总共 5 周的观察期间，他很少记录到首席执行官可以连续独处超过 15 分钟无人打扰。他们从事的活动有一半都不到 9 分钟（请记住，这时候还没有黑莓手机），只有 10% 会超过 1 小时。④ 这些 1 小时以上的活动，都是长时间的会议，大都是在了解需要补救的最新紧急状况或调解争端。在明茨伯格的研究中，需要经理人出马的场合有超过 90% 都是突发的，而非事先计划好的。

明茨伯格的结论，完全违反当时其他斯隆管理学院同仁普遍接受的想法。他们把管理视为科学，就像物理学和化学一样。不管是人还是机器，组织的各部分都应该要以可预测的方式行事，受社会科学原理导引，敏锐的观察者可以看透，称职的首席执官有能力管理。斯隆管理学院与其他机构开发的管理信息系统（management information systems，简称 MIS），可以为首席执行官提供领导组织必须用到的所有信息。凭借这些信息，管理组织基本上是一个工程问题。以这样的观点来看，首席执行官应该要做的便是微调组织的运作，并同时思考组织这部机器接下来的目标是什么。

但就像明茨伯格在《经理人的工作》一文中写到的，和 19 世纪的前辈相比，这些首席执行官的日常活动几乎全无变化。他的多数信息来自对话，而非管理信息系统的数据。首席执行官们短暂的独处时间，多半是在收发信件或翻阅当天的报纸，而不是独自沉思。

萨顿和同事用更严谨的科学标准来分析首席执行官的工作，她们将收集日程记录的工作交给首席执行官的个人助理，这些助理人员的工作，就是把老板一年 365 天每一分钟的活动排出来。罗塞娜·博得斯基（Rosanne Badowski）长久担任知名的通用首席执行官韦尔奇的个人助理，她曾说："超过 14 年以来，我都在担任人形录音机、自动拨号机、文字处理机、过滤系统与事实验证者的角色——我是回声筒、疑难杂症解决者、老朋友、好消息和坏消息的承受者。我的功能是作为骂街的泼妇、维修人员、拉拉队长，与唱反调。我还要担任其他数十种角色，这些全都融合在'助理'这个头衔之下。"[5]

意大利的私人助理不记录不足 15 分钟的活动细节。他们忙着解决疑难杂症、扮演老朋友、维修与唱反调,因此会错过现代首席执行官行程中不断开始又结束的活动细节。这些短促的活动,大约占去一般首席执行官五分之一的时间,一周内大约是10小时,与明茨伯格还在攻读研究生阶段的情况差不多。在剩下的37小时的工时中,只有5个小时花在独处上。剩下的时间(一周32小时)大致上是花在面对面会议,再加上一些视频会议与剪彩活动,这样就填满了首席执行官的日程。

计算机革命让首席执行官改变最大的是他们的独处方式,而非让他们因为不用再频繁与人亲自接触而有了更多独处时间。现在他们不再阅读报章杂志,而是追踪各种不同的博客推送的信息,以掌握世界的脉动。现在他们大部分的通信都通过智能手机完成,无须再对秘书口述。但即便有电子邮件和各种信息系统,人与人之间的互动仍保留了下来,而且虚拟办公室革命也从未发生。视频会议与通信并未取代面对面的往来。

如果说乔布斯在苹果的职责包括开会,就好像说莎士比亚会写字一样。没错,都对,但这种说法很难解释乔布斯何以成为乔布斯。

那么,在这些会议上究竟发生了什么?会议即便不完美,但以收集组织内部实际状况的详细信息来说,会议仍是最有效的方法(而不是电子表格、报告或管理信息系统印出来的数据),而且这也是首席执行官向企业里众多下属传达愿景的最好渠道,不会因为断章取义地转述而掺入杂质。也因此,现代首席执行官的日程也排满了会议，就像 1968 年时一样，甚至在 1868 年时，情况也大致相同。我们没有理由预期在短时间内会有所改变。

只有开会才能办到的事

首席执行官每天有连续 9 分钟可以不受打扰，在这段可称为"自己的时间"里，他们会快速浏览预算、报表或其他冰冷的数据。首席执行官要出席许多涉及讨论财务报表与报告的会议，参会的人包括以工程角度看待管理的人。但高层主管之所以花这么多时间开会，正是因为电子表格和报告不足以提供经营组织必要的情报信息。⑥

在斯隆管理学院里以工程眼光来看待管理的人，希望用管理信息系统报告取代会议，他们心里有一套备受信息处理计算机科学研究影响的决策理论。从计算机科学的角度来看，层级体制里的信息流应该顺着组织结构的报告渠道向上流动，直到抵达企业层级这棵由上往下长的"倒栽树"根源。信息的最后接收者就是首席执行官。不断地沿着树身向上流动的大量事实和数字，只凭一个人的脑袋是装不下的。因此在每个阶段，经理人都会检查信息的相关性，并加以整理安排、简化，然后送往指挥链的上一层，让主管继续处理。这样的论点在某种程度上是成立的。正如我们在第五章中看到的，组织高层无法取得每一部机器或每一位员工的最新动态，只会拿到重新包装、整合的必要信息，供他们做出更高层的战略性决策。⑦

但有很多信息无法重新包装成书面文件。在解释为何对主管来说报告永远无法取代会议时，明茨伯格提到了历史学家兼专为总统作传的传记作家理查德·纽斯达特（Richard Neustadt）。纽斯达特研究杜鲁门、罗斯福与艾森豪威尔等美国总统在收集信息方面的做法。总统权限下要做的决策——例如管理地缘政治变化、国会、经济与诸多重要事项——可以想见会比沃尔玛超市决定是否要订购更多烤面包机与运动衫填满货架更复杂。举例来说，2010年，美国联邦政府雇用了200万名员工，与全世界规模最大的企业雇主沃尔玛不相上下。同年，奥巴马总统要负责监督的预算远超过3万亿美元，相较之下，沃尔玛的营收为4000亿美元。

但在麻省理工学院的计算机工程师眼里，这些领袖即便身处自由世界，他们收集信息的方式也无效率到了极点。纽斯达特发现："可协助总统看清楚个人利害关系的，不是一般性的信息，不是摘要，不是调查，更不是随随便便的无聊综合内容。而是在他心里拼凑成形的零碎'具体细节'，为他阐明眼前的议题。为了帮助自己，他必须尽可能地广泛外求，抓住所有和他身为总统的利益与关系有关的零碎事实、意见与飞短流长。他必须成为自己的中央情报局局长。"奥巴马总统不会只以情报及卫星照片为凭，便断然下令发射轰炸本·拉登的导弹。

哈佛商学院教授迈克尔·波特（Michael Porter）和尼

汀·诺瑞亚(Nitin Nohria)在描述领导者都做些什么时,也引用了纽斯达特的话,借此说明首席执行官们不停开会的生活。[8]波特和诺瑞亚接着指出,主管可能需要某些才华,才能从下属身上连哄带骗得出这些零碎的具体细节,甚至得亲自上阵。从某种程度来说,让首席执行官不同于其他人的,就是这种能力。比方说,我们很容易就能想到,宝洁的象牙肥皂品牌经理和主管开会时,会尽力避免提到和肥皂有关的不利小道消息与相关细节,以免首席执行官要关闭或出售宝洁的肥皂业务,或让他丢掉饭碗。

基层员工要开这么多会前会,这正是原因之一:小心地安排任何和首席执行官之间的互动,以确保他看好象牙肥皂的发展,随之而来的是宝洁公司分配更多资源给肥皂业务。就算是不断干扰首席执行官日常行程的临时会议与随性互动,至少也都要经过一些编排后才呈现,报告时会希望能讨得主管的欢心,或影响他做出有利于提报者的决策。

我们手上有一份永久性的记录,显示下属的逢迎拍马段位有多高(以及心机有多深)。2007年,意大利的检察官监听当时意大利总理西尔维奥·贝卢斯科尼(Silvio Berlusconi)的电话,录下这段内容,当时他正因被控贪污而接受调查。

> 下属:总理先生,晚上好,您最近可好?
> 总理:还过得去……
> 下属:不……您好得很,不是我爱说,就算有这么多

难题……您仍是我国最受民众爱戴的人物……

总理：在政治上，我走投无路……但整个社会却把我当成教皇。

下属：这正是我要说的，您是我国最受爱戴的人物，我这么说可不是要讨好您……

事情从此开始走下坡路。显然，贝卢斯科尼和这种人交流，以收集领导意大利（以及面对起诉）的必要信息，他的日子一定很难过。

会前会以及只会随声附和的人，更凸显了会议的重要性。开会是首席执行官的好机会，让他能够质疑、衡量人的反应，并构成自己的判断。

就像首席执行官仅能通过面对面的会议来收集他们需要的软性信息，同样，他们的决策也很少能通过大量发送的电子邮件、年报或其他书面记录适当地传送给企业员工。当首席执行官的信息在企业层级体系中向下传递时，当中的模糊与歧异引发的问题，也和信息往上传递时同样严重。首席执行官所说的每一个字到底代表什么意思，这问题让我们想起美国前总统克林顿对于被控向美国人民撒谎时的反应。克林顿说："这要取决于'是'到底是什么意思。"你当然认为自己知道这是什么意思。

以诺瑞亚和波特的话来说，首席执行官无法以"高精准度"的标准传达任何信息。当信息在组织里、股东之间与客户之间流传时，会被断章取义、误解误读（有时甚至是有意的）。因此，除了要把80%以上的时间花在通过面对面互动以收集信息之外，首席执行官也必须持续通过范例、故事以及其他零碎的细节来广播消息，以厘清"努力不懈地将焦点放在创新上""打造核心业务"，以及年报或新闻稿上其他语焉不详的宣言到底是什么意思。⁹首席执行官要帮忙厘清这些陈词滥调在现实中有何意义，并以身作则领导公司。

只有首席执行官才能做到的事

首席执行官利用会议爬梳情报，并传达他们对组织未来何去何从的愿景，亦即借此收集与发送管理信息系统及类似文件中无法包括的软性信息。但到底有哪些事是只有首席执行官（凭借会议与信息）才能办得到的？

靠着扭转宝洁命运而登上大师宝座的雷富礼，针对这个主题发表了他的想法，这篇文章的名称恰如其分——"只有首席执行官才能做到的事"（What Only the CEO Can Do），刊登在2009年的《哈佛商业评论》上。雷富礼观察到，企业中大部分要实际动手做的事都已经层层交代下去了，那么最后剩下的是什么？

雷富礼引用另一位管理学大师彼得·德鲁克（Peter Drucker）的话自问自答。德鲁克过世时，他的企业领导理论还在建构当中，在这方面只留下概略的见解。德鲁克写道（由雷富礼改写）："首席执行官是（组织）内部和社会、经济、技术、市场与客户构成的外部之间的连接。内部只有成本，成果都在外部。"

让我们来看看首席执行官以下各种不同"C字头系列"的高层主管职位。首席运营官管理日常营运，确保装配线持续生产，他的主要目标是以最好的方式使用内部资源，他的眼光也因此受限。首席财务官本质上是财务总监，除了资产负债表和损益表之外，很少看到其他部分。对首席营销官来说，客户为王，他们的工作是确定大家都来购买公司的产品，而且至少要和公司的生产线速度一样快，成本的问题完全不归他想。

综合来看，这些高层主管对公司的观点，会让人想起已经被滥用过度，但还是很有用的印度寓言：有人要求一群盲人形容一头大象，但每个人只有一次机会，且只能摸到大象身体的其中一部分。摸到象腿的人说大象像是一根柱子；摸到象尾的人宣称大象像一条绳子；摸到身体的人则说大象像树干；摸到肚子的人主张大象是一面墙；摸到象牙的人则坚持认为大象是坚硬的管子。

要能综合理解并得出这是一头大象的结论，必须具备如何适当重组许多片段的眼光，而首席执行官便是把对大象的众多不同看法整合起来的重要人物。或许他的整体观点不完美也不精准，却是我们唯一能得到的。在盲目之境，首席执行官是仍有独眼可用的人。

当有人试着描述首席执行官的工作时，都会先从他要为组织拟定战略的职责开始（但近年也出现了另一个分身，即首席战略官）；或者，以雷富礼的话来说，是"决定你要做哪一行"。[10]就某种意义而言，组织里所有决策的最后责任，都要由首席执行官一肩扛起，但大部分决策都已经交代给别人，因此首席执行官不必处理鸡毛蒜皮的小事。雷富礼不可能有时间监督新一代汰渍的配方研发过程，或判断洗洁精应该是柠檬还是青柠香味。因此他把这些事的决策权下放给底下的人，这些人又在指挥链中层层往下交办。

但像"苹果是否要涉足手机产业"这种问题，就无法交办给企业里的任何部门。这类问题的答案取决于客户是否想要iPhone、苹果能否制造出比其他公司更好的手机，以及在市面上推出iPhone要花掉多少成本。若是想知道应该在中国还是韩国生产iPhone，可以交给首席运营官，而营销工作至少有一部分可以委托给首席营销官。但一开始到底要不要制造iPhone，最终决策还是要落在公司的某人头上，他必须拥有更大的格局，可以做出这类重大策略的决定，此人只能是首席执行官。以苹果为例，乔布斯大致上都做对了，iPhone和iPad都是象征他大获全胜的重要证据（"丽萨"则是他第一次领导苹果时的不幸败笔[11]）。

别具风格的作风

乔布斯素以控制狂闻名,《财富》杂志说他是"亲自做每一个重要决策的企业独裁者,连很多没那么重要的事也由他决定:从搭渡轮往返旧金山的员工的接驳车该如何设计,到餐厅里该供应哪些食物,无所不管"。[12]大多数首席执行官或许不像苹果的乔布斯那样极端霸道,但也大力掌控公司未来的走向,并且每个人都有非常不同的结论。上位者是何许人也,至关重要。绰号"链锯"的艾尔·邓拉普(Al Dunlap),又名"穿条纹西装的兰博"(Rambo in Pinstripes),便是恶名昭彰的精简规模、缩减成本的杀手。他在领导斯科特纸业以及之后的日光企业时,便以"提升效率"为名裁掉了几千名员工。

另一方面,桑迪·威尔(Sandy Weill)则是知名的"收购家",他利用自家公司席卷小公司,以打造大企业集团。在担任巨型财务公司席尔森的首席执行官的20年间,他掌控买下了15家公司。直到要卖给美国运通时,这家公司已更名为席尔森-勒布-罗德斯,正是多次收购其他企业的结果。之后威尔转换跑道,改为经营小型的消费财务公司商业信贷。他用这家公司当赌本下重注,取得银行业巨擘花旗集团的所有权,同样也是通过关联收购的策略实现目标(包括收购前公司席尔森,当时席尔森已经因合并变身为席尔森-雷曼)。

安托瓦内特·肖尔(Antoinette Schoar)与玛丽安·伯特

朗（Marianne Bertrand）等研究人员追踪数千名首席执行官，检视他们历经一家又一家公司的事业生涯，发现大老板的管理行事当中，确实有所谓的个人风格，这种风格会一直跟着他们。有些人是收购专家，比方说威尔；有些人则是走邓拉普式的削减成本路线；有些人爱举债，有些则偏好持有现金；有些人投资自家企业的未来，有些人则仅看下一季的营收。这些看似不重要的风格差异，让整体组织的运作行动大大不同，甚至影响组织的获利能力。回过头来，这有助于解释为何首席执行官的年薪动辄数百万美元。[13]

首席执行官们从不以谦逊闻名，这群人似乎都认同自己应该得到超高水平的薪资报酬。当道琼斯的新闻记者卡瓦力·尼西安内森（Kaveri Niththyananthan）提出质疑，点名英国易捷航空首席执行官安迪·哈里森（Andy Harrison）在2009年居然领了将近450万美元的薪酬时，后者只是微笑回答："我值得。"[14]

哈里森对自我价值的判断，呼应了福特首席执行官艾伦·穆拉利（Alan Mulally）对国会议员的答复。这位议员认为，有鉴于美国汽车业几近破产，穆拉利应仅领取1美元的象征薪资。穆拉利说，不行，"我认为我在这个位置上做得不错"。当年，他的总薪酬将近1700万美元。

哈里森和穆拉利等人的反应，对于从事无聊刻板苦工，只为赚取不到其千分之一薪资的大众来说，似乎是一种公然侮辱。但穆拉利和哈里森都很清楚易捷航空与福特汽车的利润数字。在穆拉利领到这 1700 万美元之前，福特汽车的营收出现了以 10 亿美元计的大逆转，短短一年内，从原本亏损 9.7 亿美元变成获利近 7 亿美元；同业通用汽车与克莱斯勒却还要苦苦哀求外来资金脱离苦海，苟延残喘。⑮在哈里森宣称自己值这些薪水的那一年，易捷航空的利润下滑了 64%，但是他大可点出，在他担任首席执行官期间，易捷航空连续 5 年获利，以航空业来说，这是难得一见的成就。如果他们真的是唯一能看到大格局的人，我们或许可以谅解他们的傲慢。

首席执行官真的比一般人聪明（也更擅长开会）吗？可能吧。但这不是一个好问题。要能宣称自己值得这么高的薪水，穆拉利和哈里森在工作上的表现，甚至不必比第二名的人好太多。

想一想，你愿意付多少钱给职业的算牌家，让他代替你去玩 21 点？⑯全世界最好的算牌家，也只能将有利于己的概率提高几个百分比而已。在小赌注赌局中多一点点的优势，不过就是多赢一点点钱而已，但是在押重注的场合中，差几个百分点就差很多了。如果一名玩家的赢面有 51%，而他下注了 10000 美元，每玩 100 次，他就可以为自己及他的投资人赢得 20000 美元。也因此，赌场禁止算牌，当他们发现牌桌上有人这么做时，也会积极地把算牌者踢出去。⑰

输多赢少的新手很快就会千金散尽，因此很可能会聘用专家担任他的代理人，每日支付数以万计的金额，就为了打每一手牌时稍稍提高有利的概率。当利害关系涉及数十亿美元，你会很乐意付个几百万给某个有赢面的人,即便他们只不过多了一点优势而已。[18] 那么,就让我们来看看哈里森与穆拉利所说的,他们"值得"这回事。以决策的影响力来说,组织里没有人的影响力能像首席执行官这么深远,首席营销官与首席运营官的成绩,都有赖于首席执行官是否能带领公司走上正确之途,并把决策一路向下传递。能做出正确决策的首席执行官就变得奇货可居,价值甚至远超过他的第二把或第三把交椅。[19]

在"超级明星经济"中,比方说,首席执行官的市场里,即便只多一点能力上的优势,一旦牵涉到巨额的利害关系,都会转换成高昂的报酬。这就是为什么大联盟投手的薪资比 AAA 小联盟的投手高得多,尽管前者的球速每小时只快了几公里。[20] 这套理论也可以解释为何超级明星棒球选手的签约金动辄上亿美元,而敬陪末座者仅能赚得联盟保障薪资(在 2012 年赛季开打时,只有 48 万美元)。考虑到可以在最大的棒球市场里索取更高价格,或卖出更多产品的利益,再加上电视广播权的潜在收益,这些球员就是值这个价。如果顶尖脑外科医生的手术成功率比次优的医师多了数个百分点,他能赚的钱也会多很多,但此处的逻辑有些许差异。就脑外科医生来说,重点不是他们的技能足以影响整个组织,或有千百万名观众会看他们表演,而是当人们需要动脑部手术时,许多人都愿意多花点银子以争取稍微高一点的成功概率。[21]

首席执行官的市价

以很多首席执行官来说,超级明星的理论与悲惨的现实背道而驰。最明显的是,某些首席执行官在企业破产时仍赚得丰厚薪酬。他们算是超级明星吗?根本不是。但当我们分析首席执行官过去的整体绩效时,千万要记住好的决策有时会导致恶果。苹果推出的一款个人掌上电脑(personal digital assistant,简称PDA)在20世纪90年代严重挫败,但这是因为它稍稍走在了时代的前头。后面几代掌上电脑,包括苹果的iPhone,就卖了数百万部。还有,优秀的首席执行官偶尔也会做出差劲的决策。可口可乐推出的"新可乐"(New Coke)是一场大灾难,因为太甜不得不从市场上撤掉。主导相关行动的是罗伯特·戈伊苏埃塔(Roberto Goizueta),但以健怡可乐和"这就是可乐!"(Coke is it!)营销活动的成功来说,这位首席执行官也该被记上一笔。

不管理由是什么,有时价值数十亿美元的企业也会交给很糟糕的人经营。代表之一是无能的托尼·海沃德(Tony Hayward),他在英国石油的墨西哥湾漏油事件后,变成"让每个人永远难忘的最无能首席执行官"。[22] 代表之二是犯下滔天大罪的杰夫·斯基林(Jeff Skilling),这位安然的前首席执行官被判处24年有期徒刑。代表之三则是从无能到滔天大罪的全部内容:2008年的整个金融服务业。

这些有说服力吗？首席执行官是否当真对的时候多、错的时候少？他们确实胜任者多过无能者吗？虽然我们无法斩钉截铁地回答这个问题，但有个方法可以找出投资者心中的答案。

假设某位首席执行官今天仍在经营公司，虽然他并没有犯错，但突然就在隔天走人了，投资人心中对于这家公司有或没有这位首席执行官的评价差异，会透露一些端倪，让我们知道投资人如何看待首席执行官对公司的获利能力贡献度。通常若首席执行官走人是因为他表现不佳被开除，那显然公司没有他会比较好。但有时候是因为坠机、深夜猝死，或者其他和经营公司绩效无关的原因而离开。研究人员就利用这类影响公司领导层面的"冲击"衡量一位首席执行官的价值。

乔布斯于 2011 年辞世，但在他离开苹果的前几年，从他于 2004 年被诊断出胰腺癌之后，苹果的投资人就经常处于危地，要因为乔布斯的健康问题必须面对"万一"。随着某些线索透露了乔布斯病体孱弱，彭博新闻社在 2008 年甚至误刊了预先写好的乔布斯讣闻，在快报中留下空白的卒年与死因。这桩乌龙事件发生在乔布斯接受肝脏移植的前一年，来年他接受移植，苹果素以守口如瓶闻名的公关部门滴水不漏，直到手术后才发布消息。光是乔布斯的健康问题就如此神秘，足以想见消费者和投资人对于少了乔布斯之后的苹果有何想法。

世人对乔布斯健康的担忧让人讶异，也让我们可以看到投资人认为没有乔布斯的苹果值多少钱。CNN 网站宣称乔布斯心脏病发的谣言很快被戳破，但苹果的股价却因此下滑10%。当乔布斯再度出现在他最爱的奶酪冰品店，看起来精力充沛，股价又再度攀升（乔布斯于2011年8月亲口宣布辞职时，市场早已预期这件事，因此投资人没什么反应）。

乔布斯是特例。不那么知名的首席执行官离职，未必会对公司的利润或股价造成灾难。只要经过数个月的寻觅，会有"第二把交椅"补上来，或许是公司内部某位高层主管，或许是外来的空降部队，都能填补企业的领导真空。以乔布斯来说，第二把交椅兼苹果现任首席执行官蒂姆·库克（Tim Cook）远远难以望其项背，但在多数情况下应不至于如此。

为了广泛了解领导者的价值何在，20世纪80年代初期有一群会计师，收集53位首席执行官与其他高层主管意外过世后，公司股价变动的相关资料。[23] 他们发现，股价的波动反应差异极大。同样是首席执行官传出死讯后的那几天，有一家公司的股价跌了10%，还有一个极端的案例则是股价暴涨超过20%。

是哪一种领导者在升天时反而引来市场众声喝彩？为了深究这样的情况，厘清为何投资人居然会庆贺首席执行官过世，这群会计师把注意力放在同时也是公司创办人的首席执行官之死上。能想出一个有潜力的点子，创造10亿美元的收益，并不等于有本事管理一家营收达10亿美元的企业。谷歌的创办人布林与佩奇，在创办公司后的几年内，就把首席执行官一职交给埃瑞克·施密特（Eric Schmidt）。在施密特的带领下，谷歌的价值上涨千亿美元（施密特最近把首席执行官一职交回给佩奇。谷歌的投资人希望，佩奇能从过去 10 年学到经营这家公司的必要知识技能）。休利特和帕卡德轮流担任惠普的首席执行官，领导公司直到 1978 年，这两人也都知道何时该下台——这两位创办人在过世前的数十年，就已经把领导人一职交棒给约翰·杨（John Young）了。

但有很多成功的创业家晚节不保。西方石油公司的创办人阿曼德·哈默（Armand Hammer）于 1990 年 12 月 11 日逝世，享年 92 岁，当时仍是这家公司的首席执行官。就算当天没听说华尔街开香槟庆祝，至少也有很多人松了一口气。哈默过世的消息一出，西方石油的股价上涨将近 10%。

很多创办人都步入哈默的后尘，长期抓住首席执行官一职不肯松手。根据一群会计师的结论，创办人兼首席执行官逝世，会让公司股价上涨约 3.5%。非创办人的首席执行官若过世，大致上会被视为坏消息，导致股价平均下跌 1%。

结果是，如果选择兼任，由创办人领导的企业会延续连败的命运。斯坦福大学教授弗朗西斯科·佩雷斯-冈萨雷斯（Francisco Pérez-González）研究由创办人经营与家族控制企业的领导接班。他在研究中引用美国独立革命先驱托马斯·潘恩（Thomas Paine）的名言（"要证明君主权位世袭的愚蠢，最强而有力的自然证据之一，就是天道亦反之。否则老天爷何以经常让虎父生犬子，把世袭制度变得荒谬无比"），以及继承父职，成为泰森食品公司首席执行官的约翰·泰森（John Tyson）所说的话（"我之所以能成为这家公司的员工，唯一的理由就是我是老板的儿子"）。若领导者将子孙视为公司领导职位的继承人，当他为这个职务搜寻最佳人才时，就不会去考虑所有可能的首席执行官人选。也难怪当创办人辞世，或当首席执行官离开家族企业时，只要领导职位不交给另一位年轻的家族成员，对股价和营收来说都是利好。[24]

老板的老板

即便位高权重，多数的首席执行官也都是捧人饭碗。企业主聘用领导者，代替他们管理这家公司。他们握有首席执行官最终的生杀大权，并决定首席执行官究竟值1块钱（最近几年，很多每下愈况的企业首席执行官就领这个薪水）还是1亿美元。

以多数大企业而言，所有权分散在数千名股东身上，他们每人只持有数百股或数千股，代表公司的一小部分股权。很少股东有兴趣了解公司的命运，花费必要的时间去找证据，看看首席执行官是否有资格保住这份工作；若否，又该由谁来继位。有鉴于小股东仅握有少数所有权，他们投下的票也很难造成太大影响。

就算股东严正看待选择领导者这件事，在最好的情况下，评估首席执行官也是非常棘手的任务。股价的走向或许是有用的指标，但也可能误导。当雪佛龙石油公司的股价因为市场一片火热而上涨时，为什么就得付首席执行官约翰·沃森（John Watson）更高的薪水？你也可以看看雪佛龙的股价表现是否超越大盘。但这样一来，就算雪佛龙的股价上涨是因为油价上涨、公司利润因此提高，和沃森努力与否根本毫不相关，这位首席执行官还是会得到奖励。如果拿雪佛龙的成绩和埃克森美孚、康菲石油做比较，得出同业对比，我们就可以更精准地评估沃森的管理绩效。但有鉴于某些避险基金经理人和对冲交易员几分钟就可以交易一次，这会让沃森有负面诱因，让他假造数据以虚报短期绩效，但长期将有害于企业的体制健全。

即便投资者能有效地评估领导者的绩效，又要如何将绩效转化成奖励？小股东能做出周详的选择，决定现金、股票与股票期权（其他现有的无穷无尽选择就先别管了）的组合吗？有些人甚至连有哪些选择都不清楚。

多数时候，股东不需要在这件事上自寻烦恼。反之，他们会聘用一群聪明人代表他们监督首席执行官，那就是董事会。有了董事会，股东就不用投票决定首席执行官有没有把工作做好，也不用在重要的战略性决策上和首席执行官协商。他们指定董事会当代理人。

这样的安排只是把诱因互相冲突的层级又往回推而已。股东要如何才能找到专业又公正的人，代表他们的利益监督与评估首席执行官？评估十几位可能的董事人选，不会比评鉴首席执行官的绩效更轻松。有些非常富裕的投资者持有大量股权，会设法确保自己能在董事会里争得一席。在沃尔玛的 15 名董事里，有两位是沃尔顿家族的亲属，该家族创办了沃尔玛，现在仍掌有 40% 的沃尔玛股权。吉姆·沃尔顿（Jim Walton）与罗伯森·沃尔顿（S. Robson Walton）的投资金额都很庞大，因此他们能谨慎地监督首席执行官迈克尔·杜克（Michael Duke）以及其他沃尔玛超市管理人员的动向。[25]

其他公司的董事会成员，某种程度上却有可疑之处。迪士尼的董事会在 1999 年与 2000 年都被《商业周刊》票选为全美最糟糕的董事会，部分是因为他们厚着脸皮纳入首席执行官艾斯纳的众多亲朋好友，包括他的律师、建筑师、他小孩过去就读小学的校长，以及接受艾斯纳捐赠百万美元的大学校长。在艾斯纳经营迪士尼的那些年，这一批董事核准了超过 10 亿美元的薪酬，支付给艾斯纳。[26]

如果只根据迪士尼搞小团体的腐败董事会，就一竿子打翻一船人是有失偏颇的话，那么另一种不同类型的冲突，则是比较常见的董事会风景，那就是互相拉一把的首席执行官在彼此的企业里担任董事。大多数的董事会里，都至少会有一位其他公司的高层主管。这样的安排，道理很明显：有谁比经营（或曾经营）大企业的人更适合提供经营大企业必备的重要知识？遗憾的是，这通常也代表首席执行官们得以形成紧密的小团体，以绅士的方式掩护对方：如果我担任贵公司的董事，而你也是敝公司的董事，那我们就可以达成共识（不管有没有说出口），要彼此照料。[27]

康奈尔大学的经济学家凯文·哈洛克（Kevin Hallock）估计，在 20 世纪 90 年代，这类高层主管交换方案（也就是所谓的董事会连锁）已经成为常态。8% 的董事会里，至少有一个位置是连锁安排，如果把已退休的高层主管算进去，比例就会提高到 20%。监督团体企业智库做了一项研究，在 2002 年时深入挖掘安布啤酒、SBC 通信与艾默生电气这三家公司间的不当暧昧关系：这三家公司的首席执行官三方连锁。

由两位首席执行官负责监督与奖励对方，结果不言而喻。《纽约时报》记者爱莉森·莱·科文（Alison Leigh Cowan），在 20 世纪 90 年代初期记录了一些最严重的恶果。当时首席执行官甚至可以担任彼此公司内部的薪酬委员会成员，决定对方的薪资，薪酬委员会是董事会管辖的单位，负责制定首席执行官与其他高层主管的薪水。1992 年时，百路驰轮胎的首席执行官约翰·翁（John D. Ong）是决定连锁超市克罗格首席执行官约瑟夫·皮屈勒（Joseph A. Pichler）薪资的四位董事之一；而在百路驰，有四名董事决定该付多少钱来换取翁的表现，皮屈勒就是其一。显而易见的是，首席执行官甚至不用加入薪酬委员会，也可以彼此相助。哈洛克的研究发现，在董事会连锁的企业里，首席执行官的薪资比没有董事会连锁的企业首席执行官高 17%。

担任彼此的董事而牵连出以上这些沾亲带故的关系，也可能带来益处。研究网络关系的学者费了很大的心力，分析企业间的董事交流连接网络是否有任何有益的目的。或许这么一来，企业的最佳做法就可以通过董事会流传到其他公司；或者，是各家企业竞逐稀有高层人才来领导公司，才会导致同样那几张面孔一再地出现在美国各大企业的董事会里。㉘但不管连锁能否提升董事会的成效，高层主管显然从中获得极大的私利。

水涨船高

虽然后99％的人薪资停滞不前，但首席执行官的薪酬却持续上涨。1960年，首席执行官的薪酬是劳工平均薪资的30倍；到了2005年，变成110倍。确实，科文于《纽约时报》发表的20世纪90年代企业董事会连锁论文，对于翁的薪资将近200万美元就透露出一股隐隐的焦虑。时代真是变了。

经济学家卡劳拉·弗莱德曼（Carola Frydman）和拉文·莎克斯（Raven Saks）回溯至1936年，从企业提报的10-k报表中，收集《财富》五百强企业高层主管的薪酬资料，10-k报表是美国政府规定的制式报表，企业每年都要提报一次。她们发现，从1936年到1976年，首席执行官的薪酬并未有太多变化，但在这段时间，美国人的平均所得提高了3倍（事实上，20世纪40年代的首席执行官日子并不好过，《华尔街日报》曾刊出一篇文章，将银行高层主管描绘为"新贫族"，这是大战期间设下薪资限制的结果）。

但在20世纪70年代中期的某个时候，首席执行官的薪资开始上涨。一开始速度很慢，在后来的数十年可说是快速飙涨。从 1936 年到 2005 年这整段期间内，首席执行官的薪资变动模式呈现学者所谓的 J 曲线。科文那篇对薪资变动趋势的警示文章刊登于 1992 年，时间点离 J 曲线的底部不远，之后就是快速飙涨的时期。如今这个对首席执行官阶层拿走大部分美国经济成就而感到羡慕、扼腕与集体愤怒的社会，就是从那时候开始成形的。

痛批首席执行官薪水节节高涨的人（也就是指责董事会软弱与首席执行官们互相勾结的扼腕者与暴民），无法提出让人满意的解释，说明为何会出现 J 曲线。就算首席执行官真的占股东便宜中饱私囊，也很难主张如今公司所受的监督较 1975 年时更不严密。因为如今有更多像企业智库这样的监督机构，2002 年也通过了《萨班斯-奥克斯利法案》，对董事会施加更多压力，要他们更留意经理人是否把工作做好；针对董事会连锁及其他关系，也制定了更多揭露要求与更严格的规定（企业再也不可能像科文于 1992 年报道时那样，神不知鬼不觉地在彼此的董事会输送利益）。而且我们现在有网络，可以畅行无阻地向大众传播企业丑闻。但首席执行官的薪资还是继续上涨。

捍卫加薪的这一派，包括许多首席执行官本人，也需要多做点说明。现在的首席执行官确实比 1950 年的企业领导人更聪明吗？他们的技能比那时值更多钱吗？或许吧。从 1980 年到 2005 年，美国最大型的企业价值增长了 6 倍，因此如果大老板的薪资同步增长6倍，也还算合理。这理论只有一个地方说不过去，那就是美国企业在20世纪五六十年代也经历了类似的快速爆发，但那段时期首席执行官的薪资大致持平。

正反两派可能都至少有一部分是对的，但答案却让人不尽满意。在1975年这一年，不光是高层主管的薪资开始增加，就连首席执行官的薪酬也越来越容易受企业绩效（也就是首席执行官绩效）的影响。就像薪资等级的快速变化一样，10年后，按绩效计酬的制度也跟着迅速普遍起来。1990年，哈佛商学院教授迈克尔·詹森（Michael Jensen）和凯文·墨菲（Kevin Murphy）在《哈佛商业评论》发表一篇很有影响力的论文，痛批董事会支付薪酬时把首席执行官"当成公务员"。詹森和墨菲主张，首席执行官的薪资若固定，大致上不会因所经营机构表现的好坏所左右，会对生产力造成不利影响。首席执行官需要的是能诱发动机的薪资制度，做得好可以拿到大笔奖金，绩效不彰的人则要受罚，只能一无所获，或得到一封开除信。今天的首席执行官拿到的奖酬并不比他们底下的高层主管多多少，而高层主管的薪酬也越来越容易受到公司的整体绩效影响，反映的是他们对公司获利能力的不同贡献度。[29]

说到J曲线后段的快速增加，和按绩效计酬制度更为普及的趋势当中，很难说詹森与墨菲有多少贡献——或者该承担多少责难。他们或许高瞻远瞩，已经看到了曲线的后段发展，也或许他们只是在呼应当时美国企业董事会开始出现的态度转变。要让激励够强，让高层主管觉得自己有数百万美元恐将不保，他们自然而然会开始拉起 J 曲线。

在一批批首席执行官追逐企业高薪之际，我们很容易看到，不管奖酬金额高到怎样令人发指，都可以对股东提出一套合理的说词。董事会当然可以推销首席执行官的薪资必须和企业绩效挂钩这个概念，但很多时候，按绩效计酬的无懈可击逻辑最后也只是满足首席执行官的利益而已。事实上，最早倡导按绩效计酬的詹森后来转变成这方面的批评者，撰写各式各样的论文抨击，题目范围甚广，从比较温和的修正主义如"首席执行官诱因：重点不是付多少，而是怎么付"（CEO Incentives: It's Not How Much You Pay, but How），到以哲学意味更浓厚的专文讨论企业的利润美德——其他部分已经失去操守，如"操守：结合道德、伦理与合法性等规范性面向的正面模式"（Integrity: A Positive Model that Incorporates the Normative Phenomena of Morality, Ethics, and Legality）。如今就算是詹森也会同意，那些觉得首席执行官薪酬已经失控的人，他们的想法或许也很有道理。

无法预期后果的逻辑

支持与批评高薪的这两群人常对彼此心怀愤恨，怒气也模糊了一件事，某些首席执行官薪资上涨的理由一开始并不邪恶，只是在设计上不完美。比方说,近来有学者就把问题归咎于显然无害,而且完全是通例的基准指标法:把自家首席执行官的薪资和其他公司做比较。董事会的薪酬委员会自然会考虑到其他公司的情况,他们需要提供激励,免得首席执行官因为其他要挖墙脚的企业提供更丰厚的待遇而离职。

多高的薪资才算够高?看看对手企业(也就是可能会尝试利诱首席执行官离职的企业)花多少钱奖励与留住领导者,是合情合理的做法。针对首席执行官所做的同侪比较也就此派上用场。哪些人是"适当的"同侪?你可能会挑选同一个产业里另一家公司的首席执行官,而且要具备类似的经历(在公司任职的时间相似,诸如此类)。满足这些条件的首席执行官可能有数十位,实际数目会因所处产业不同而有差异。你要如何判定该拿谁来比较呢?

为了确保薪酬委员会在挑选同侪时秉持公平诚实原则,监理机构于2006年强制规定,同侪群体名单要送交证券交易管理委员会。这样一来,股东和监督团体便可确定,雪佛龙的委员会没有挑迪士尼的艾斯纳作为基准值,借此拉高沃森的薪资。这一规定也让财务经济学家迈克尔·富尔肯德(Michael Faulkender)及杨君(Jun Yang)有机会比较中选的及可供选择的同侪,检视董事会是否用更巧妙的方法选择比较组。研究人员汇总爬梳600余家企业送交证监会的数据,文件中记录了一群作为高层主管薪酬决策参考的同侪首席执行官薪酬数据。经济学家也自行计算、比对其他最相似的首席执行官，据此针对每一位首席执行官挑出他们心目中的同侪群体。完全妥协的薪酬委员会会挑选的对象，是规模较大、获利能力较好的公司，或对方首席执行官因为任何理由而赚得比自家首席执行官更多的企业。但富尔肯德和杨君发现，大致上他们的同侪名单和真正被选中的人大量重叠，因此多数公司的薪酬委员会在挑选薪资基准值时，都"秉持诚实公平的态度"。[30]

选择同侪时可拥有自主裁量权有其好处，至少对首席执行官来说是如此。薪酬委员会选定的同侪首席执行官，比由研究人员找出但未获选的人平均多赚了85万美元。研究人员也计算出来，同侪首席执行官的薪水每多1块钱，就让首席执行官的薪水合理地增加0.5元。对于听多了华尔街明星动辄领取数亿美元奖金的社会大众来说，多这40万美元听起来不是大数目。但首席执行官的平均薪资约为650万美元（从历史资料来看，这也高到太过分了），多出来的这笔钱已超过5%。

更重要的是，一位首席执行官加薪，将带动其他人的薪资跟着水涨船高，因为其他企业明年会以这5%以上的加薪幅度作为同侪比较基准。另外有些企业的领导者每年会领到大笔奖金（可能是因为董事会特别软弱、首席执行官威胁要退休，或其他异常的情况），一下子大举超越竞争对手的薪资水平，变成薪资比较的新标准。因此短短数十年间，要利用有利的同侪比较清单滚出我们今天看到的天价薪资，轻而易举。事实上，根据社会学家汤姆·迪普瑞特（Tom DiPrete）、格雷格·艾瑞奇（Greg Eirich）和马修·皮汀斯基（Matthew Pittinsky）的计算，首席执行官薪资的正向回馈圈与互相联动性在首席执行官近期薪资上涨的幅度中有很重要的影响力。[31]

为何薪资委员会宁愿慷股东之慨，偏向多付点薪资给首席执行官？呃，你难道不希望自己的朋友待遇高于平均水平吗？董事若希望自家公司首席执行官的薪资高于平均水平，希望就会转化成行动，选择相对有利的薪资水平及同侪团体做比较。董事会或许并不希望沦为首席执行官的玩物，但他们未来在各种会议上（以及乡村俱乐部里）还是会再相遇，因此基于他们在薪资水平上握有一定的审酌权，董事会在制定首席执行官薪资时预设了慷慨的立场，也就没什么好意外了。

以这样的理性论据解释首席执行官失控的高薪水平，很难获得媒体的青睐。这样的立论中没有阴险狡诈的暗中交易，很难让报道发展成让大家津津乐道的故事。但正因如此，上述的理由更是导致首席执行官薪资节节攀高的重要因素。一般而言，薪酬委员会和董事会成员多半不是寡廉鲜耻的恶棍，而是竭尽全力想吸引与留住优秀领导者的一般人。同侪比较实际上也是很有用的方法，可以找出制定首席执行官薪酬的"市场接受度"，但这个方法并不完美。首席执行官及评估、奖励首席执行官的董事会引发的大量辩证，在这方面，上述的道理或许也同样适用：用心良苦，但常因人性的缺失而变调。

拿钱，走人

当高薪的首席执行官被炒鱿鱼，但又能在超大型黄金降落伞的保护下翩然走人时，社会大众对他们涌出的集体愤怒往往爆表。斯坦·奥尼尔（Stan O'Neal）被控营造出轻率承担风险的企业文化，并施压美林证券从事重新包装后再度出售次级房贷的业务，他于 2007 年卸下美林证券首席执行官一职，并在离职时拿走了超过 1.6 亿美元的配套奖酬。鲍勃·纳德利（Bob Nardelli）领到的补偿金也创下纪录，他领导家得宝度过惨淡的 6 年，离职时公司的营收来到 10 年来的低点，但当他于 2007 年走人时，拿到 2.1 亿美元的大礼。奥尼尔、纳德利以及其他挫败的首席执行官何以能在被开除时拿到数千万，甚至数亿美元的遣散费？补偿被开除的首席执行官，这套系统看来荒谬，但最后又回到为了争取能替企业创造更高价值的首席执行官这项合理意图上。最早将黄金降落伞条款写进聘用合约（显而易见，是首席执行官的合约）里的，是 1961 年的环球航空。但这种做法一直要到 20 世纪 80 年代并购风大肆吹起才开始风行。当时的首席执行官开始思考，是寻求机会并购替股东赚钱比较明智，还是保住自己的饭碗更重要。多数人选择后者（保住饭碗），劝阻求亲的企业不要有进一步的行动，而这通常不利于股价。[22]

到后来，设计激励以鼓励首席执行官寻求并购机会变成很重要的事，因为企业领导者若想为公司创造价值，最佳方法之一，就是把公司变成他人并购的目标。大企业为了并掉小公司，通常会加价求购，高过小公司本身的价值，因此股东（业主）可以拿到大笔收益，现金落袋。但合并之后的企业只需要一位首席执行官，因此在合并过程中，很可能两位首席执行官中有一人要失业。首席执行官花时间（到处兜售自家公司供人收购）为公司创造最高利益的方法之一，却会害得自己被开除，真是十分讽刺。除非有财务上的利益，否则不会有首席执行官选择走这条路。

股东的应对之道是为首席执行官提供逃生门，因为这么一来，就能鼓励首席执行官根据企业的长期最佳利益行事。1988年，哈佛商学院经济学家詹森（也就是那位抱怨董事会付薪水时把首席执行官当成公务员的哈佛商学院教授）回顾过去10年，他写道，虽然首席执行官的黄金降落伞有时遭到滥用（针对这一点他还特别提到，有家公司为超过两百名经理人制定降落伞条款，价格昂贵到没有任何买家敢接手），但一般来说，这类条款为投资人创造了很高的价值，他们很欢迎并购带来的成果。詹森也主张，这对首席执行官的退休账户有利，也对一般社会有好处，因为这类安排鼓励首席执行官广开大门，欢迎企业求亲。主动并购的公司可以减少浪费与其他无效率的行动，买下价值更高的企业。㉝基于这样的理由，黄金降落伞会让企业更有效率，因此让整个世界变得更美好。此话让人很难接受。

一般员工为什么不能因为要被开除而拿到高薪？首席执行官只有在害自己被开除时才算功德圆满，基层员工并不符合这个条件。这提醒我们，要设定正确的激励机制，还有另一项性质很特殊的取舍。如果契约说，当你因为公司被并购而失业时可以领到一大笔奖金，这样的安排可以让首席执行官和股东的利益一致，但这也表示，因为无能而害公司变成收购对象的首席执行官，也会因为他的不胜任得到奖励。当然，在看到有人因为无能而得到奖励时，我们会大摇其头，对美国企业的不公不义大表不满，而不会想到这是一般说来设计得宜的激励机制的不幸副作用。

如果你细分各种首席执行官的特权，试着了解为何会有这些条件，你就可能看出首席执行官享受这些福利背后的逻辑。首席执行官过分奢华的典型代表是专属的私人喷气式飞机，对很多企业领导者来说，确实是不必要的奢华。也因此，当企业被专门削减成本的私募股权投资者买下时，第一个要砍的就是私人喷气式飞机。但他们不会删掉全部的私人飞机团队。首席执行官的工作就是从事面对面的会谈，很多时间都花在赶路上，往来于各个不同的城市，或亲上火线向顾客与投资人推销。如果他们的时间确实十分宝贵，那么多花个百万美元以确保他们不会被卡在机场的安检门前或遭遇其他问题，让他们可以专心于公司事务，又算得了什么呢？

以效率的观点来看企业喷气式飞机，始于拉古拉姆·拉詹（Raghuram Rajan）与茱莉·伍尔芙（Julie Wulf）的研究。拉詹与伍尔芙证明，企业总部若设在大都会区之外，较有可能拥有私人飞机。对这些公司的高层主管来说，私人飞机可以直接抵达公司所在地，免除要路经非目的地的麻烦与转车、转机。总部地点的选择本身就是取舍后的结果，廉价的土地与便宜的劳动力，对上位处偏远而必须付出的额外成本（例如企业专属的喷气式飞机）。聘有司机驾驶的礼宾车又怎么说呢？拉詹与伍尔芙在同一项研究中发现，首席执行官的工作地点若位于人口稠密的城市，早上通勤时很可能遇到堵车，这些人较有可能得到附带司机的礼宾车福利。[34]

我办得到

2009 年金融体制变得一团混乱，奥巴马政府提议银行业首席执行官的薪资上限应设定为 50 万美元。可想而知，此举引发金融业一阵骚动——就这么点钱，叫我们去哪里找经营大型美国银行必要的人才？这些钱可能还不够多数华尔街银行家付房贷，如果我们不小心处理的话，他们很快就会违约，房子也会被法拍。身为商业中流砥柱的银行，若少了最优秀、最出色的人才经营，那会变成什么模样？

当然，很多人乐于用这个薪水接受这份工作，领得到这么多薪水的人，已经有资格跻身美国前 1% 收入的家庭。至于人才的问题，经历了前几年的分崩离析之后，很多人都对自己说："我也办得到！"如果经营银行或任何企业不过就是坐下来开开会，并提出一些正确的问题（"你把钱贷放给谁了？""这到底如何运作?"),这些唱反调的人或许是对的。有些投资者也提过这类问题,因此避开了 2008 年的金融危机,赚得数百万,甚至数十亿美元。㉟

在债务担保凭证(collateralized debt obligation,简称 CDO)、信用违约交换(credit-default swap,简称 CDS)以及银行用借来的钱投资的其他神秘难解的金融工具里到底藏着哪些贷款,首席执行官们真的了解吗?我们假设答案为否,因为这些贷款到最后根本一文不值。他们把了解详情的任务交代下去,也没有问出正确的问题,或至少没有足够的首席执行官能问到正确的问题。他们接受了现金无用论,追逐不断攀高的房价,高房价,或许代表了经济增长永无止境,但也可能是很快就会破灭的泡沫。

经济好时,谁有勇气向沉醉于当下的投资者解释,自己为何不考虑堪称史上获利能力最强的金融创新产品?花旗集团首席执行官查尔斯·普林斯(Charles Prince)在 2007 年时丢掉饭碗,在这之前,他表明了这个不可说的现实(也说明了华尔街毫不在乎地漠视风险):"只要音乐继续演奏下去,你就必须站起来跳舞,我们现在都还在跳。"你必须做点比较:看看那些警觉性较高的首席执行官,拯救他们的股东免于陷入最糟糕的危机。2010 年,普林斯的花旗集团市值只有危机前高点时的十分之一,摩根士丹利还剩下三分之一多一点;摩根大通下跌的幅度相对小一些,市值比房市正热时的疯狂高点少了约 20%。很多人把摩根大通相对出色的业绩归功于杰米·戴蒙（Jamie Dimon）的警觉与领导，在各银行的首席执行官当中，大概只有他深入研究自家银行投资的可疑次贷产品内容。回到 2008 年，你可能会愿意付很多钱给真正了解自家业务的人经营你的银行，比方说戴蒙（但就算是戴蒙，偶尔也会犯下大错：2012 年春天，摩根大通银行因不当交易损失数十亿美元，这个失误几乎让戴蒙赔上自己的饭碗）。

若想加入维权股东与愤怒的股民的行列，要求首席执行官负起责任并收敛显而易见的过度奢华，先停下来想一想为何一开始他们会拥有这些福利，这是很值得的。从企业专属的喷气式飞机到黄金降落伞，设计激励机制时的用意都是为了鼓励首席执行官为股东创造最大利润。如果首席执行官的薪酬太过分而且显然不值得，也请记住，你可能不见得有能力成为首席执行官。

组织的逻辑
The ORG
第七章 组织的文化

2009年9月7日，一股危机的风暴笼罩着晴空万里的岛国萨摩亚。欣纳来珊瑚礁度假村与水疗中心的老板苏西·安娜戴尔（Sose Annandale）发出警告："大难快要临头了。"欣纳来度假村的经理保罗·卡法瑞里（Paul Caffarelli）担心起住客的安危。"我很认真地考虑要关闭度假村，"卡法瑞里说，"因为我宁愿不赚钱，也不想应付损害。"另一位岛民托力佛·托埃罗亚（Toleafoa Toailoa）说，接下来发生的事是"一场噩梦"。①

到底是什么大事，让18万萨摩亚岛民承受重大损害？海啸？内战？

2009年9月8日早上6点，随着警笛大作，教堂钟声大响，再加上喇叭大鸣大放，萨摩亚要从驾车靠右行驶，变成靠左行驶。

萨摩亚人一开始为什么是靠右行驶？一切都源于历史因素，是20世纪初期德国殖民的结果。如果当初大英帝国的势力范围波及萨摩亚，就像萨摩亚附近的各邻国，那萨摩亚人也会是靠左行驶。但因为历史的偶然,这种情况并未出现。

若萨摩亚与邻近的太平洋诸岛国同步,都开左边方向盘的车子并靠左行驶,他们可能会得到更多好处。比方说,从邻国进口汽车更容易,也更便宜了。但在 2009 年 9 月 8 日之前,萨摩亚人还是坚持他们靠右行驶的系统。他们发展出一套法律、习惯与风俗,努力适应这项重要性不高的地区性新文化(经济学家把这些活动的结果称为均衡)。但如果听听岛上的人怎么说,你会发现,即便是这样微不足道的文化,也很难改变。

定义错误的文化

文化极度难以定义。在硅谷的创业公司,文化是期待每个人都穿上牛仔裤和 T 恤去上班,如果你穿西装打领带,那最好要有面对质疑和嘲弄的心理准备。但如果你在绩优蓝筹股的法律事务所,期待又完全相反。然而,文化远远超越表象,不只是办公室的服装仪容规则或习惯而已。文化是一种忠诚度,让某些人员愿意领低薪长时间工作;文化是资本主义光环下的信念,激励人们为了万能的金钱而卖命干活;文化也是一种力量,让海军弟兄愿意为了上帝和国家赌上自己的生命安危。

很多经济学家对文化的概念嗤之以鼻,其他学科的学者也质疑经济学是否有能力审视文化这种软性科学。但经济学家有本事分解人性的每一个方面(包括文化),直到其最纯粹的实用基础。这样的能力，在解答何谓文化及文化如何运作等问题时十分管用。

经济学家定义的组织文化，有一部分让我们知道，当我们无法把正式的契约或规则变成指引时该如何行事。② 组织文化里有一部分是协调，一部分是良知，确保我们能做对组织有益的正确之事；组织文化导引成员遵循一套有利于整个群体的规范与行为。文化是另一种确定每个人各司其职并能密切配合他人的手段，当迟钝的激励工具无法收效，或规则与监督所能触及的范围有限时，组织就要仰赖文化。比方说，从仓库偷东西的愧疚感以及每天工作到晚上十点的常态，都是一种职场文化，让员工即便没有现金奖励的承诺或开除的威胁时，也能做应做之事。萨摩亚过去的法律虽然规定岛民开车时要靠右，但这条法律其实全无必要。即便没有这条规定，萨摩亚人还是会依循惯例，开车上路时总是靠某一边走，以避免不必要的相撞。这就是均衡的本质：万事万物均处于完全的平衡。

但经济学上这个单纯的文化定义，引出了更多问题，而非提供答案。很多时候，我们很难把观察到的文化完美地搭配理想中的纯粹经济效率。就像托尔斯泰（Leo Tolstoy）说的："每一个不幸的家庭，都有其各自的不幸。"以文化来说，每一种文化都能用完全的平衡去面对失调。

文化经济学

组织文化经济学的舞台，不在办公室格子间或商业大楼中，而在计算机实验室的高墙内，研究人员玩弄、操控实验室文化，就像基因学者研究果蝇的行为与演化一般。这类实验室里没有一排排的显微镜与本生灯，而是由许多小小的隔间组成，每一个隔间里都有一部计算机工作站。医学专家用培养皿培养原始的生命形式，看着它们在短短几个月内的演化；经济学家罗伯特·韦伯（Roberto Weber）与柯林·卡穆尔（Colin Camerer）也发展出类似的方法，迅速追踪文化的演进，并在卡内基梅隆大学（Carnegie Mellon University）里洁净、控制得宜的计算机实验室进行。实验的目的，是了解当文化碰撞时会发生什么事。[③]

每一位参与实验的受试者，要在计算机屏幕上看一套 16 张的办公室场景。受试者会被随机指派，担任"经理"或"员工"的角色。经理的屏幕会出现 8 张图片，并有编码，他们的任务就是通过实时通信工具和员工沟通，按照顺序传达这 8 张被挑出来的照片。员工必须认出每一张经理所描述的照片。每一组配对要重复相同的任务 20 次，等到实验结束，会根据各轮答对的总次数奖励这一对受试者。

卡穆尔与韦伯的想法是，"文化"就是每一组受试者间会出现的书面简略表达方式，当他们的关系不断增进，而且对照片的理解更深入、更广泛时，可以帮助他们更迅速、更准确地辨识出照片。他们举出一个范例，有位经理在第一轮时是这样描述其中一张照片的："这张照片里有三个人：两男一女。女性坐在左边。他们都看着两部计算机，看起来他们在做一些 PPT。两位男性打领带，女性留着金色短发。有一位男性指着其中一张图。"经过几轮之后，描述简化为："做 PPT。"只通过几次实时沟通之后，受试伙伴之间就发展出相同的理解，知道对方的简略表达是什么意思。

在第一轮中，每一组人平均要花 4 分钟以上才能辨识出 8 张照片。经过 10 轮之后，时间缩短为 1 分多钟。经过 20 轮之后，平均不到 50 秒。

实验者通过沟通分类，发现他们建构的两人文化也牵引出更广泛的共同经验，就像虽然丰田和本田两家车厂的企业文化有些差异，但他们在东京的办公室都遵循相同的日式规范。有一组人开始仅用"尤戴·劳"（Uday Rao）来描述其中一张照片，因为这照片中有一个人长得很像同时教过他们的教授尤戴·劳。少了这种共同的背景，他们可能要更努力尝试，才能找到共通的语言。

每一组人都花了一点时间，找出一套对他们来说有用的方法，并持续使用下去，只有当出现压力要他们改变做法时才会变动。这很适切地描述了文化演进的偶然性，以及文化如何卡在停滞模式中不再变动。

来看看全世界四分之三的人口如何意外地演变成靠右边走。

若要了解人类社会是如何发展到这个地步,你必须先解释为何过去是靠左边走,这样的规范,要回溯到大部分的人都惯用右手这件事上。有一套理论说,过去人们骑马时,只要一出城堡,伸手可及之处必有武器,他们会把剑放在左边的刀鞘,这样一来,惯用右手的骑士就比较容易拔剑。把刀放在左边,有助于发展出靠左走的规范,因为骑着马来来去去的人并不想撞上刀鞘(万一发生纷争,让你的惯用手比较接近过往的人与马,也很有用)。惯用右手的骑士也发现,从左边上马、下马比较容易,骑马靠左走的规则让他们可以随意上下,又不会干扰到往来的马儿。基于同样的理由,英国的马车夫坐在马车的右边,一旦碰到土匪,这是最适合拔剑的位置。

那后来为什么转变成靠右走?根据1935年《大众科学》(*Popular Science*)杂志刊出的一篇文章,这是因为欧洲其他的马车夫不坐在马车上,而是骑在前方的某一匹马身上,通常都是骑在左马上驾驭。骑在左马上,让惯用右手的骑士可以任意挥鞭,驱策拉马车的左马或右马。美国的车夫也是骑在马背上,新大陆之所以实行靠右走的规范,原因就出在他们身上。④

就像他们说的,接下来的就是历史了。现在美国已经不再靠美式四轮马车来来去去了,但换边走的成本非常高昂,因此开车时仍是靠右行驶,大部分的欧洲地区也一样。少数的欧洲顽固分子后来也改成开车靠右边行驶,因为如果你的人民要开车跨越边境的话,与邻国格格不入的代价太过高昂。葡萄牙1928年就换了方向，瑞典和冰岛则一直坚持到20世纪60年代末。入侵的军队，解决了其他不愿意改变的国家。希特勒的大军昂首阔步走过奥地利和匈牙利，这两国之后还是放弃了右驾的规范。德军的入侵也促成萨摩亚实行靠右边行驶的规范，使得这个岛国和其他被英国殖民的邻国不同，与新西兰、澳大利亚两国也不相容。

惯用右手的骑士、驾驶英式马车或美式四轮马车、西方帝国的野心（现在这些都变成历史了）等因素综合起来，导致2009年的萨摩亚开车靠右边走。就像我们也可以回溯过去，解释某一组卡内基梅隆大学的学生如何达成协议，把某张照片称为"尤戴·劳"——不同的群组会妥协出不同的常态，长期下来，常态又会变成自我强化的习惯。这正是卡穆尔与韦伯在实验室中得出的结果。

超越文化的源头

对卡穆尔与韦伯来说，建构这些微型文化，只是达成目的的一个手段而已。这两位研究人员的最终目标，是要审视当文化碰撞时，例如企业合并，会发生什么事。在实验室里，文化的碰撞设计成让每一位经理人多增加一位员工，之后经理人要同时向两名员工描述他拿到的照片。经理人的报酬是以两名员工答题的平均速度为依据，因此大部分的人会坚守以"做PPT"或"尤戴·劳"等简略的表达方式和旧部属沟通。

毫不意外，仰赖旧文化会让新进人员倍感困惑，新人并不知道简略表达中的根本含义是什么。以尤戴·劳为例，新进人员不像原班人马上过尤戴·劳教授的课，也因此他更摸不着头绪。经理人和新进人员沟通时，仿佛讲的是陌生外语，某种程度上来说，也确实如此。

在一次让人沮丧的意见交流中，经理人试着描述一张照片，照片里前景桌上有马克杯，背景则有碗橱。在实验的第一阶段，他使用简略的说法描述这张照片，浓缩成"马克杯"。但其他照片里也有马克杯，因此新进员工很迷惑，他在和之前就已经进来的伙伴沟通时，会说这是"后面有碗橱"的照片。过了约一分钟之后，他们试着达成协议，找出经理人说"马克杯"时代表的正确照片，并确认他们讲的是同一张照片。新进员工问，是不是后面有碗橱的那张照片，经理连珠炮似的回答："我不知道，反正找出马克杯就对了！"在另一次意见交流时，一位新进人员愤怒地打断经理人的描述，说道："不要再告诉我他们穿什么，只要告诉我照片里有几个人就好！"

当然，过了一阵子之后，这些三人团体也会找出每一个人都懂的照片描述编码。多数的团队，都只需要多加 6 轮的实验，就可以回到不用 1 分钟就找出 8 张照片的效率。但磨合过程比受试者的预期更辛苦。有超过四分之三的受试者估计，新加入一个人只会对答题表现造成些微影响。

虽然团队最后还是调整成新的三人"公司"，但积怨仍在。

在实验完成后的问卷中,旧员工对经理人表现的评价,一致优于新员工。这种感觉是互相的,经理人也认为,新员工不像旧员工这么能干。即便每个人都同意没有任何人该受指责,但确实出现了上述的结论,事实上,团队里的每位成员评分时,都认定新员工的工作比较困难。

卡穆尔和韦伯的实验,明确阐述了一开始成员间拥有共同的文化有多重要。少了这个因素,员工最后会因误解与互揭疮疤而陷入对立。

本例中,在卡内基梅隆大学的计算机实验室内,实验者可有效地扮演上帝的角色,强制改变变量,让受试者面对改变的环境。但我们可以想象,若少了这项外在压力,各团队将会维持原有孤立而熟悉的社群。必须融为一体的理由确实会让两种不同的文化相结合,但整体却不等于个别相加之后的总和。创建企业王国的人梦想着,会出现成本增效、共有的优势与能力,以及其他最初促成合并的"技术层面"的理由,但如果想一想卡内基梅隆大学学生在适应最单纯文化碰撞时的意外挑战,或许会让事情更圆满。

维系好文化

我们可以从卡穆尔和韦伯的实验中得出一项道理:即便团体里的每一个人目标完全相同,但仍非常容易因误解而产生不信任的文化。有办公室纠葛（再加上彼此冲突的利益、秘而不宣的别有用心以及其他冲突来源）的地方，只要情况别恶化到总是彼此中伤、互相怀疑，便堪称万幸了。虽说如此，但企业里某种程度上仍保有信任与互惠的健康文化。

其中一个范例就是波士顿咨询公司。2012年时，它是《财富》100家最受员工爱戴公司（100 Best Companies to Work For）的第二名。波士顿咨询公司的新进人员，相对来说，不太担心自己是不是会落入压榨员工的主管之手。波士顿咨询公司的员工知道，他们的工时很长，当被指派负责外地项目时也要外宿饭店旅馆，一次数周。但他们也知道，他们会因为自己的成就而被公平地记上一笔，并获得奖励。不要尽信《财富》杂志的话，你可以自己去企业评级网站上看看员工的评价，比方说玻璃门网。现在这个时代，消息流传的速度飞快，而且范围远远超过茶水间。

很多公司也和波士顿咨询公司一样，都有根深蒂固的压榨文化，但发展成怀疑和愤怒，然后就卡在这里了。《说谎者的扑克牌》（*Liar's Poker*）是迈克尔·刘易斯的经典大作，细数他在所罗门兄弟投资公司担任债券交易员的两年间的工作状况。读过此书的人都知道，如果你的新东家是所罗门兄弟投资公司，而且你还相信主管、同事或是任何人，那你一定是疯了。（刘易斯对所罗门兄弟的事业发展有这番评论："要拿到最好的工作，你必须撑过最严重的虐待。"至于和同事之间的相处，他说："去练举重或跆拳道吧。"）当新进分析师已经预期到自己会被整，开明自利⑤的胸怀帮不上什么忙。他们不会为了帮助主管而让自己陷入险境，那么，不好好压榨这些人，又有什么好处呢？任何人都无法逃开恶意文化的不利均衡。

显然，有潜力的应征者如果看重的是有成长性的职场（当这些人获得提拔时，也会成为公平公正的主管），就会到其他地方受聘。企业的声誉不仅能让新进人员知道上班第一天要做什么，也有助于确认员工会自行配对，去找感性层面和他们相契的企业。

如果波士顿咨询公司什么都不做，预期他们比较宽厚、比较温和的文化会自行维系，那就太不明智了。让人遗憾的是，波士顿咨询公司的"好文化"非常脆弱，远不及20世纪80年代所罗门兄弟投资公司里见者有份的放箭中伤强健，就好像人的信誉一样，这种"好文化"一不小心就会毁于一旦。企业压榨员工，玻璃门网站以及类似的渠道自会有所反击。

那么，组织要如何奖励好行为，以确保员工能维持好文化？

从核战中得到的教训

经济学家尝试利用博弈论建构当人们处于冲突或合作时的行为，这是一套很有用的工具，可供我们细想如何维系好的企业文化。⑥博弈论之所以众所瞩目，主要是因为电影《美丽心灵》（*A*

Beautiful Mind）大获好评，但其实这个学科属于冷冰冰的数学领域，其历史可上溯至 18 世纪。说起来，分析策略性互动这一门学问，可以算得上历史悠久了。

但一直要等到冷战开始，博弈论才被带入现代。当时的经济学家与数学家用它分析策略性的军事互动，例如远程轰炸行动、战斗机追击以及"确保同归于尽"（Mutually Assured Destruction，简称 MAD）造成的吓阻效果。发展这些数学工具的原意是要对付拥有核弹的苏联，现在则被经济学家用来解释沃尔玛和亚马逊之间的价格战，或发展拍卖出价策略（以及用于设计更好的拍卖制度），甚至用来帮助我们了解办公室政治动态。

假设今天是你第一天上班，新主管要求你替首席执行官制作一份简报，而且明天早上就要交。你值不值得为这个只认识一天的人熬通宵？你有没有预期你的努力能得到合理的功劳与奖赏？完成工作并交付成果之余，要如何防止主管拿你的劳动去邀功？

双方都要大胆地去信任对方，这才是符合两边最佳利益的做法。如果你预期主管意在压榨，你就不会铆足全力做这件事。结果是，他会在他的主管面前出糗，而你也是。以他来说，如果他预期就算紧迫盯人，你也不会用尽全力，那么不管公不公平，最后成果的功过也还是完全归在他头上。在这种职场文化下，主管不期待员工展现高质量的绩效，员工则预期会被主管恶整，因此敷衍怠惰，双方都会用自己的行动实现对方的预期。

若要逃开这种不利均衡，好主管必须提出让人相信的论点，保证他们会公平对待员工。至于倒霉的你，身为新进员工，你必须先熬这一夜，才能知道主管的承诺是真心的还是随口说说而已。

有什么力量能让就算是最冷酷、最精于计算的主管也能正直诚实？如果互动是"一次性"的，那绝对不可能。但你和新主管之间的关系，比较像是博弈论者所说的重复博弈（repeated game）：主管和员工之间注定要经年累月地不断上演这出"施与受"的共事戏码。好的主管会建立起"好演员"的名声，必要时会慷慨地记功嘉奖，如果员工星期四熬了一个晚上准备简报，他会在星期四傍晚带晚餐进办公室以提振士气，并在星期五下午让员工早点回家。回过头来，他会引发忠心的员工投桃报李，信任他，并为他努力工作。这位表现得公平公正的主管不见得本性如此，但他会表现出那个样子，在背后激励他的，便是和员工之间施与受关系里的长期利益（但只有当这么做的好处，胜过压榨员工一次的利得时才成立。一旦开始考虑转换新职，真正公平的主管与假扮公平的主管之间的差异便会立即显现）。

在此同时，这股信任是很脆弱的。经理人一次的霸凌或是投机，很可能就伤害了信任。觉得遭受不公对待的人，不会沉默不语。因为这样而毁坏的信任难以修补，所以说，名声若是从好转坏，极难恢复。

信任很快崩解、很难恢复，这样的观点源自应用经济学家口中的触发战略以维系合作关系。就主管与属下来说，双方之所以能维持合作的局面，是因为两边都知道，只要有一点点压榨的信号透露出来，就会摇撼信任的基石，变成怀疑与不信任，对每个人来说都是伤害。各方人马会自我克制，不要做出任何到最后可能会导致"确保同归于尽"的不当作为。

以刚出校门，还没有机会累积主管名声（不论好坏）的工商管理硕士新人来说，以上的论述并无帮助。影响他一开始能踏出正确第一步的最大力量，是组织文化，而非单一个人。整个公司的取舍文化，也通过相同的触发战略维系平衡，任何人只要投机，就会导致组织的文化崩坏。每个人都有动机确保不会发生这种事，这是因为没有人想置身在冷漠、中伤的文化当中。

甜蜜的复仇

"触发"（指利用博弈论维系办公室里的和平局面）的问题，在于这很容易让组织里的每个人如履薄冰，害怕有人会扣下扳机。因此，很讽刺的是，基于"触发"培养出的文化，反而是每个人都彬彬有礼，但大家都不愿深入经营任何可能会让自己被剥削的关系。美俄之间虽然从未爆发"热"战，但也不曾有过称得上温馨的交谊。

会因为更友善、更温柔、更合作的职场而受惠的主管与同事，要确保任何坏分子只要露出真正的自私自利面貌，就要付出惨痛代价。仅仅是不信任那些已经露出马脚的权谋分子还不够，必须积极揪出他们并施以惩罚，以免整个企业向下沉沦，陷入怀疑与互揭疮疤的恶性循环，因为就算有良好的企业文化也无法让他们诚实正直。惩罚越严厉，越有效。这有助于解释为何有些企业会针对"拒绝混蛋"的政策，做出严正的声明。例如，员工只要干扰公司里的规范，即便产能很高，也会被开除。⑦

更好的做法，或许是借由同事与同侪施加惩罚报复。大部分的组织都不会大张旗鼓，把公司内部会以集体愤恨对待破坏职场潜规则者这事当成长处。（"来我们公司工作吧！如果你搞砸了，每个人都会严厉谴责你！"）但以维护需要合作与牺牲的环境来说，报复很重要。当然，认清合作的长期利益是有帮助，但当考虑犯规的人看到实际踩线者所受的无情且迅速的惩罚时，甚至会更有用。

但"报复"的问题是，你必须付出精力。还有，让别人动手报复，要容易多了。当你可以把麻烦事丢给其他人时，又为什么要浪费时间去做没有回报的工作？在谴责做错事的同仁时，你可能会遭到报复或自毁名声，所以又何必冒这个风险呢？

只有经济学家才会想到上述问题。你报复，并不是为了希望得到财务奖励或获得升迁。人性本恶，人之所以会报复，是因为报复本身就会带来欢娱。罗马诗人尤维纳尔（Juvenal）说得对："复仇是心胸狭窄之人的微小欢娱。"这话说中了大部分的人，但或许以我们的目的来说，这是好事。

有一项经典的经济学研究，某种程度上揭发了人性的报复面。行为经济学家恩斯特·费尔（Ernst Fehr）与西蒙·加赫特（Simon Gächter）进行的一项实验室研究，显示人们有多看重报复。⑧他们在实验中把苏黎世大学的学生随机分成四人一组，玩"伴随惩罚的公共资产游戏"。每一位团队成员都会拿到20个代币（游戏结束时可兑换成瑞士法郎），受试者可以自行持有，也可以捐给团队的公共基金。公共基金每增加1枚代币，费尔和加赫特就会多给团队1.6枚代币，让成员均分。这是游戏的"公共资产"，个人牺牲自己的代币，可以让团体更好。事实上，如果要让整个团队赚到最多代币，方法就是每个人都把全部代币捐给公共基金。

但团体公益和个人私利之间出现了紧张关系。每捐1个代币，你只能拿回0.4个（剩下的1.2个要由其他3名成员均分）。何不让其他3人把他们的代币全都捐出来，你还是紧紧握住你那20个代币就好？

当每个人都这样想的时候，我们会发现自己陷入所罗门兄弟投资公司那种"人人为我"的文化中。确实，费尔和加赫特发现，在玩了几轮之后，这些学生很快就向华尔街文化靠拢了。某些受试者一开始会试着将奉献的规范灌输到群体中，但经过三四轮之后，不合作的队友以及平均贡献额度下降至接近零，都让他们倍感挫折。

这也正是惩罚的施力点。在这个根据原始公共资产游戏修改而成的游戏中，学生们可以在观察队友们捐献多少代币到共有基金后，选择扣掉某位队友的代币。但惩罚的代价不低，每扣掉别人一点，施以惩罚者自己要损失一个甚至更多代币。但受试者还是选择对团队里捐献最少的人施以惩罚。这造成了良性效果，快速威吓自私的队友提高捐赠额度，经过几轮的惩罚后，多数受试者因为担心遭到报复，都把全部 20 个代币捐了出来。团队不需要在报复上浪费任何代币。光是惩罚的威胁，就足以让每个人表现出诚实公正。⑨ 下一次当你和同事要规划年终绩效考评时，请记住这一点。

得到的超过你付出的

会迫使人们为了情感上的满足而放弃财务利益的，不是只有报复和惩罚。有时候，人们确实会因为行善是正确之事而这么做。连经济学家也认同。

但对梅西能源公司来说，好像不是这么回事。在经过 2010 年的矿难后，这家矿业公司已不复存在了。除了不惜一切代价追求最大利润之外，我们很难通过其他观点审视梅西能源公司的领导作风。在这次煤矿爆炸事件中，有 29 位矿工丧命，而这座矿场在前一年已经收到超过 500 张由矿业安全卫生检查署发出的传票，其中有 200 张是因为"显著且具体地"违规，被认为"很可能导致极严重的伤害或疾病"。

梅西能源的领导阶层似乎希望大家认为公司有更高远的愿

景，超越追求利益。2009年时，这家公司在不当的时间点发布第一份企业社会责任报告，这是"一份概览，说明本公司长久以来秉持的优良传统，以管理最重要的资源：本公司的员工和这个美丽的地球"。[10]

有鉴于梅西能源被控污染西弗吉尼亚州的饮用水，再加上长久以来众所周知的差劲安全措施，因此当这样的公司把自身描绘成阿巴拉契亚森林与溪流的崇高管家，且真心关心员工与社区、把他们当成一家人时，根本没有人会相信。梅西能源为什么一开始会营造出对员工不友善的企业文化，并不难理解。处理露天矿场的排水问题所费不赀，并且就像防范安全事故的预防手段一样，都会拖慢采矿的速度。若为追求最高利润，企业可以轻易而冷酷地违反安全措施。不惜一切代价追求利润的管理文化，绝对可以让股东以及能从获利中分一杯羹的高层主管心满意足，乐见投资报酬率与分红奖金。[11]但为什么梅西能源还要不嫌麻烦，假装他们真的关心员工与环境呢？

这是因为，如果以协助同事为动机鼓励员工长时间工作，而不是发加班费，对公司来说比较划算。此外，如果工作上需要分工合作，那么倘若员工是因为重视合作而愿意付出，工作也会变得更轻松。因此梅西能源首席执行官唐·布兰肯希普（Don Blankenship）认为，如果他可以让员工接受梅西公司仁慈温和的企业形象，这可能是另一种有助于提高利润的手段。

梅西的员工大概从来不会像白雪公主里的七个小矮人那样，

大步跨入矿坑时还一边快乐地哼着歌。但在班杰瑞冰激凌——该企业投入慈善事业与善行的历史悠久，服务人员挖冰激凌的速度可能快一点，因为他们相信自己能促成更高远的目标。

如果你对人们会在乎除了自利之外的动机有所怀疑，你大可不必相信我们刚刚所说的话。请你自己做做以下这个实验：到街上随机找个人，把他变成实验室里的受试者。给他一张钞票，让他决定要不要分给路过的陌生人。当然，他把所有钱收进自己口袋的概率很大，但他也很可能会把这笔钱均分给另一个他素未谋面的陌生人。

这就是所谓的独裁者博弈（dictator game）。被赋予分钱任务的那个人，扮演独裁者的角色，这个游戏不断地在全世界的各种实验中出现，对象从一流明星大学的计算机鬼才到肯尼亚的半游牧人都有。从这些跨文化的独裁者实验中得出的结果，揭露了人类全体共有的天性：当成为独裁者时，多数人都会均分。[12]

人们在实验室里可以为他人利益牺牲的自我，弹性非常大。当受试者参与简单的两人公共资产游戏（像是苏黎世大学学生参与的实验）时，如果你说这是一个"团队游戏"，而非告诉他们这是"华尔街游戏"，受试者比较愿意和对方合作。游戏相同，但线索不同，也会让他们知道要遵循的文化是什么。

显然以组织的利益来说，透露出合作的文化会鼓励员工为组织的利益而合作。或许正因如此，像梅西这种本来应该以追求最大利益为目标的企业，会尝试在官网及企业价值宣言里激起让人热泪盈眶的情绪。企业真的是为社会人群提供养分的机构，最关心的是如何拯救地球与让孩子们充满笑容吗？或许有些是吧。企业若能说服员工和客户，说明公司除了为股东追求利益之外，还有更高远的天命，它或许可以把公益之心用在获利上。公益之心可以让人们捐款给慈善事业，或在独裁者实验中使随机中选的陌生人慷慨行事。组织的挑战，是把对团体的认同感转化成更高的利润。

这引发了一个问题：企业设定更高远的目标后，可以从中获得多少无薪的付出与忠诚度？比较非营利慈善团体与营利事业员工的薪资，我们可以得出一些线索。会去慈善机构工作的人，是因为他们希望能抚愈病者、为贫者提供衣食，或拯救雨林免遭砍伐殆尽。他们通常会愿意少拿一点薪水。

若拿相同的专业人士做比较，估计非营利组织的员工愿意比私人企业里的同行少领多少薪酬，就可以得出"更高远的目标"值多少钱。不管是营利或非营利，组织都需要会计师、信息科技专家以及文书人员；职员类别相似，通常资历也几乎一模一样。假设在"拯救儿童"机构管账的会计师有 12 年经验，他的年薪是资历类似的宝洁公司会计师的一半；那如果宝洁说服会计师，让他们相信公司的社会使命价值和拯救儿童机构一样高，或许就能让他们加倍努力（或薪水减半）。

劳动经济学家试着计算营利与非营利机构之间的"补偿性工资差异"——指人们要得到多少金钱的补偿，才愿意从事不那么让人满意的工作，估计值从工资的 20% 到超过 50% 都有。换言之，如果你可以传达出正确的信息，就可以获得很多免费的劳力与动力。

班杰瑞冰激凌，甚至是梅西能源公司，一定做对了什么。

团队里无"我"

能驱使个人为团队卖命，最强大的力量不是慈善，而是对团队的忠诚度。什么是团队？定义不太重要，可能是 T 恤的颜色、你开的车款，甚至是你认为某个页面大概有多少个点的估计数字。

最后这个结论，是 20 世纪 70 年代社会心理学家亨利·泰佛尔（Henri Tajfel）所做的一系列先驱实验得出的结果。他证明人类很容易就涌现出对团体的坚贞和忠诚。在一项研究中，泰佛尔要受试者估计屏幕上有多少个点，并告诉他们，之后会根据高估或低估的实际数目，把受试者分成两组，但实际上，这些人是被随机分组的。每位受试者都会被告知自己属于哪一"队"，然后被护送到一个独立的小隔间，并要他们决定"奖励"或"惩罚"其他受试者，所有奖惩结果到研究结束时会换成酬劳。听起来虽然有些奇特，但所谓的"低估组"会奖励同属"低估组"的人，会惩罚和他们不一样的人。奖惩背后的根据，只有受试者估计的点点数目，别无其他。泰佛尔创造了"最小群体典范"

（minimal group paradigm）这个词汇来描述此种现象——只要一点点推力，就可以让人们产生群体认同。[13]

如果人们会因为估计出的点点数目（甚至更微不足道的理由，光是把人分成不同队伍，就足以创造团队忠诚度）而产生归属感，那要说服员工认同至少度过一半清醒时间的职场又有何难？不太难吧。

但值得注意的是，"我们都是这里的一分子"的含义可能是一起协助，也可能是一起对抗组织。比方说，英格兰有一项农场员工研究就发现，如果根据相对于其他员工采收的量计算薪资，每个人的采收速度都会变慢。如果这一群采收工人都是朋友，最能互相勾结以对付雇主时，采收的速度最慢（在实验的第一部分，工人采收的是离地面近的水果，如草莓。当要工人改为采收较高处的树上水果时，他们无法看到其他人的工作量，采收速度随即加快。看来只有当你能目睹时，才能信任朋友）。

如果归属感会造成这种结果，组织对职场伦理的价值抱持中立态度，或许会比较好，就像刘易斯在所罗门兄弟公司遭遇的情况。

当然，泰佛尔只要求受试者做出极低程度的牺牲。最低程度的团体认同感，或许足以让人多分几块钱给同路人。但在组织里，很多时候你得为团体付出一切，像是以肉身踏熄手榴弹（是比喻，也有字面意义），这时就必须要以近乎宗教式的洗脑强力灌输，才能培养出群体认同感。

如果我们认为规则和文化是可以互相替代的激励因素，军队就是一个奇特的例子。军队生活受制于多如牛毛的规则，内容甚至已经接近莫名其妙。不服从的后果很严重，开除军籍、损失薪资及（或）阶级，还有禁闭，即便在和平时期也是如此。[14] 军方运作的规模极大，更有许多互相牵连的部分，因此一定要同步。沟通失误的结果非常严重，可能导致击落盟军的直升机，或者导致战斗部队困在敌军的炮火之中。

当任务要求你为了整排弟兄而置个人死生于度外时，沟通协调能发挥的作用也有其限度。战事白热化时，最重要的是你做了什么，军队的法令规章无法强制士兵以肉身挡手榴弹，未来能得到奖励的期待，不管是金钱或其他，也都使不上力。[15] 这是荣誉的问题，出于军队的牺牲文化。

要通过教化且完全沉浸在新兵训练营和整个军队文化里，才能把生嫩的新兵变成有荣誉感的士兵，对军队以及规范生出强烈的认同感，让他们愿意为此牺牲性命。

无怪乎，即便团建活动会让员工翻白眼，企业界仍纷纷投入。虽然不会有人为了提高下个月的销售数字真的去挡子弹，但团队文化或许可以激励每个人为了整体再努力一些，多成交几个项目。

领导改革

当团队不止有一种选择，可以"决定"用哪种方法做事时——例如开车时要靠右或靠左行驶，文化在这种情境下最有用。就算马上转换到新的做法或规范能让每个人都变得更好，大家还是会遵循旧有的做事方式。强出头，代表的是要和主流文化正面冲突。改革无法用一次说服一个人的方式实现，要我们改变，要有受我们尊重的意见领袖出来登高一呼（更重要的因素甚至是：我们知道别人也会尊重这位意见领袖的看法），为我们点出新的方向。但文化通常是软性、不成形的抽象概念，领导者甚至很难定义他们希望人们走上的改革路线是什么。

来看看两位组织经济学家罗伯特·吉本斯（Robert Gibbons）与蕾贝卡·汉德森（Rebecca Henderson）对默克所做的研究。这家药厂希望以研究为重，以便吸引更多初出茅庐的博士研究人员，承诺他们要做的工作"大致上就像是在大学实验室一样"。默克寄望这能让新产品付之阙如的公司找到最好、最聪明的年轻科学家，招揽受好奇心而非薪水激励的新秀，吸引很可能打下深厚科学基础，开发出下一波造成大轰动的热门药品的人才。

对于心怀抱负的科学家来说，要选择学术工作还是加入企业层级组织，重点在于"大致上"代表什么意思。默克从未假装在这里工作会和大学一模一样。公司成立的目的是替股东赚钱，因此不能像学术机构一样，永远沉溺在为了求知而求知的探索中。但它要有从事创新必要的自由，才能发展出新概念。⑯

任何契约都无法在这些有时会互相冲突的考虑之间画出明确的界线。如果无法在契约上明确定义"大致上"，组织以及领导组织的人要用什么向研究人员保证，他们在从事科学探索时能拥有自主权？现在在岗与未来进入公司的员工，会通过在组织内外流传的故事与逸事理解"大致上"的意义。人们会从直接的经验与故事中理解文化，而不是靠着规则法典或描述风格的手册。

很多构成组织文化骨架的故事，有时候听起来像是故意编造的（实情也很可能确实如此），以厘清组织会以具体行动支持其价值与企业文化宣言到何种地步。通过诉说故事、描述员工如何耗费很长的时间满足客户疯狂的需求，可以解释何谓客户导向的文化。比方说，成衣零售商诺德斯特龙便用故事强化公司明示的"贴心的客户服务"政策，传诵乐于取悦客户的"诺德人"作为：帮客户包装从梅西百货买来要送礼的衣服；接受客户拿轮胎链退款，但诺德斯特龙根本不卖任何车用配件。⑰这些以客户为重的员工已预先认定会得到大量奖励与可能的升迁，所以会更进一步强力体现这家公司重视的文化价值意义。

但在一个想改革的组织当中，领导者的挑战是要讨论出新文化应该是什么，并砸下投资体现他讲过的话，向每个人证明组织确实是认真地想要改革。默克药厂所说的"大致上"，代表科学家可以支配自己的工作时间或随意决定要不要参加会议，就像在学术部门这样吗？让我们先来审视人力资源部门的措施和预算，再来看看如何融入上述的行事作风。

领导者甚至会想设计出一场危机，借此凸显公司真正重视的价值。业务顺利时，拒绝不适合的顾客很简单。但只有真正坚持的人，才会在破产边缘也咬牙说道："谢谢你，但我们并不想赚你的钱。"斯坦福大学心理学家鲍勃・萨顿（Bob Sutton）举了范・阿特崔克集团的一个范例。这是一家小型的营销战略公司，针对员工与顾客明白制定"拒绝混蛋"的政策。创始人彼得・范・阿特崔克（Peter van Aartrijk）不厌其烦地讲述公司早期发生的一个故事：有一家客户的首席执行官因为简报程序故障而痛骂一位技术人员。范・阿特崔克强忍愤怒，对客户说他们不想再接其他工作了。他失去一家让他获利丰厚的客户，但也很清楚地点出了当他表示希望混蛋远离他这家新公司时，这句话是什么意思。[18]

这就是组织经济学家吉本斯所谓的"几乎失控的局面"。一直要等到组织面临生死关头，你才会知道企业有多坚持某一项原则。

故以改变企业文化来说，领导至为重要。或者，我们可以倒过来说，所谓领导，便是要塑造企业文化。就像《韦氏大辞典》（*Merriam-Webster Dictionary*）的定义："领导：引领他人的行动。"多数人都会想了解领导者在做什么，一旦你不只是说说而已，你的一举一动便会成为设定组织走向的中心思想。

也因此，首席执行官应该把 80% 的工时花在面对面的会谈上。欲设定组织的发展路线，一定要有无法通过规则法典、书面备忘录或激励契约表达或实践的，难以言喻的指令与宣示，也就是那些共同构成组织文化的因素。

改革的代价

事物均可变。一旦发展出新的行事方法，人们就很难相信过去用的居然是其他方法。想一想萨摩亚改成开车靠左行驶这件事。

萨摩亚国会在 2008 年不顾数千名岛民的抗议，通过了改换方向的法案，这些居民通过人民反对换边行驶组织（People Against Switching Sides，简称 PASS）追求自身的利益。虽然有 PASS 在法庭上提出质疑，但从靠右行驶改为靠左行驶的转换，如期在 2009 年 9 月 8 日启动。即便已经有了一年缓冲期，改装后能靠左边行驶的公交车数量仍不够多，不足以维系该国大众交通系统的运作，导致之后几天出现大混乱与脱班延迟。9 月 12 日，出现换边后的第一桩实际伤亡事件。有辆公交车开错边，冲撞一名 12 岁的男孩，害他性命垂危。反对派齐声大喊："我早就说过了吧！"

但到了 9 月中，已经没有人提报其他事件。生活恢复常态——新的常态：靠左边开车，使得该国人民能以更简单、更便宜的方式，从邻近的新西兰、澳大利亚进口汽车。

如果说，萨摩亚的换边行驶事件最后可以为我们带来什么教训，那就是当我们处在改变的痛苦与不适中时，应谨记克林顿总统在1993年时对美国人民说的："因循守旧的代价，远高于改革的代价。"

组织的逻辑
The ORG
第八章　灾难与改革

约翰·布朗（John Browne）在英国石油公司的职业生涯从当一名实习生开始，当时他还在剑桥大学攻读物理学学位。他于 1969 年毕业，之后就在这家公司担任全职工作，并在英国石油待了将近 40 年。他的履历道尽了他在这家石油公司阶层中的快速升迁。他一开始是地区石油工程师，后来成为石油工程师，之后在管理阶层中一级一级往上爬：阿伯丁办事处经理、英国石油会计经理，以及众多更资深的高层主管职位。这些经历，让他最后在 1995 年进驻首席执行官办公室。

布朗刚进入英国石油公司时，英国政府仍是其最大股东，这家公司更像是一个政府官僚组织。英国石油的王国，由拥有 3000 多名员工的伦敦总部掌管，从这里向全球各地众多运营单位发出指令，当地员工听命行事。总部会把不同数量、成分的原油配给各炼油厂处理，告知各加油站每星期有多少汽油可卖，完全不管这些数据对利润来说有何意义。20 世纪 60 年代，英国石油便是苏维埃经济的缩影。克里姆林宫的经济学家决定明斯克要运送几袋马铃薯到俄罗斯中心地区，完全不管明斯克的人民比较喜欢马铃薯还是小麦。苏联的官员即便产出更多（马铃薯或小麦）也很少获得奖励；手上无半点权力的英国石油本土经理人也一样，有功亦无赏，那又何必努力呢？明斯克杂货店的货架上空空如也，同样，英国石油每年也持续亏损数百万英镑。

布朗之前的首席执行官鲍勃·霍顿（Bod Horton）于1990年上任，誓言削减总部办公室里数千个职位。大约在此时，英国首相玛格丽特·撒切尔（Margaret Thatcher）正释出政府持有的英国石油股权。钻油不像推动巴尔的摩东区警政或管理儿童福利服务，这是不会太棘手的组织型任务。我们很容易就能估计出油井里能钻出多少原油、成本多高，也可以追踪石油的需求。因此支持撒切尔的这一派认为，必须赋予企业完全的利润动机，以确保能用最有效率的方式来取得与输送石油。①

在新的民营架构之下，再加上霍顿充满活力的领导，英国石油脱胎换骨，用霍顿的话来说，便是"成为全世界最成功的石油公司"。但最后发现，要达到这种境界，大部分原因和开除员工有关。②有将近10%的员工被辞退，留下来的大多数员工发现，他们还是在一个大致没变的官僚体制中，而且要多做10%的工作。但至少英国石油的人力成本缩减了10%，对获利能力来说不无小补。

布朗于1995年成为首席执行官时，他有机会在管理上全部重来一遍。布朗和霍顿的个性明显相反。霍顿高调傲慢，他曾经对《福布斯》(Forbes)杂志的记者说:"我天生聪明,所以我总能比多数人更快找到正确答案。"布朗则态度温和、谨慎且注重分析。但布朗的目标和霍顿一样——要打造出组织更精简、更有效率的英国石油公司,授权给各经理人,好替股东和他们自己赚钱。若要实现目标,布朗不能只靠开除员工,还必须努力设计出适当的激励机制。

到了20世纪90年代末,布朗已经实践承诺。英国石油在1992年损失将近10亿美元;到1997年年底时,赚了将近50亿美元。员工人数减至5.3万人;而在霍顿上任前,英国石油雇用人数达12.9万。这家石油公司还想尽办法,要以更少的资源做更多的事:1995年时,钻探一座深水井需用时100天,到1997年,已经减至42天。原本盲目服从规则的僵固文化,变成承担风险与挑战极限。[3]布朗努力让英国石油从僵化且不断腐朽的准政府机构巨兽,变成创造利润的机器,成为华尔街投资人的宠儿,与一流商学院的研究案例。

布朗本人靠自身努力登上商业大师的地位,《哈佛商业评论》曾针对他如何有这番成就进行深入访谈,占了19页的篇幅。说到底,他的成就大致上来自遵循基本的组织经济学原则,如工商管理硕士班上所教授的,以及本书前几章描述的内容。随着政府所有权退出,在布朗带领下的英国石油不必像过去如此担心报告标准格式与规则,改为着重于可衡量的成本与营收目标。本土经理人被赋予追求最大利润的责任,并根据他们个人的表现领取报酬。

总部办公室缩减至必要的规模,负责和远程的运营单位——从阿拉斯加到波斯湾——分享最佳做法。英国石油是一个"学习型组织",不受没必要的中央控制层级干扰。现在90个事业单位,每一个都直接向布朗以及他手下的9位高层主管团队报告。这就是未来的扁平化组织之始。

所有权结构从政府持股转换为一般投资人的企业,不只英国石油一家,全世界都朝向私有化改革。互相链接的数据库和网页形成了一个网络,让管理界人士可以互相交换知识与信息,并让布朗和他的团队能应用最新设计的绩效指标,评估个别团队。"平衡计分卡"权衡绩效的各个方面,从成本精简效率、工伤比率,一直到保证以最低运营风险创造最高利润。一切都会受到衡量与评估,并据此奖惩。不一定会有人规定主管要做什么,但他们一定要根据绩效表现接受评估。

但后来证明,凭借尖端科技与激励设计进行管理,无法配合英国石油要面对的长期取舍,事实上,在任何组织都行不通。2005年3月23日,英国石油的高利润、无重大事故的免费午餐,终于停止供应了。当天英国石油在得克萨斯州的炼油厂爆炸,有15人死亡,伤者超过170人。这是美国史上最严重的安全生产事故。

英国石油委托一个小组,由前国务卿詹姆斯·贝克三世(James Baker III)领军,调查到底哪里出了错。贝克报告长达

374页,归咎于公司的领导层鼓励快捷方式、削减成本,而且假利润之名罔顾安全生产标准作业。英国石油于2000年收购美国石油公司,顺势接收得克萨斯州炼油厂。即便是当时,炼油厂厂长就已说过,这里只用了比"创可贴"好一点的东西勉强维持。已经面临维修费用不足的压力了,英国石油的领导层居然还要求再精简25%的成本。炼油厂的管理层还是遵命了,差不多勉强及格,他们的奖金酬劳全靠它了。

英国石油内部的报告也指出众多缺失,包括马虎执行安全规则,与不甚了解基本安全标准作业程序。英国石油慷慨地补偿了受害者,拨出16亿美元协助家属与生还者。但公司并未真正认识到罔顾安全及轻忽马虎的企业文化潜藏的危机。全新的、更好的英国石油公司及其平衡计分卡,都偏重几个可以轻松衡量的项目,例如工伤率,而非着重在是否设置了必要的层级体制以防范偶发的重大安全生产事故。在布朗带领英国石油转型之下,管理层还要再削减炼油厂25%的运营成本。

有时候你可以不劳而获,比方说,如果你不笨不懒,就可以得到成本下降25%的奖励,但这种事不会常有。虽然布朗在1997年接受《哈佛商业评论》专访时公开谈过利润与安全性之间会有取舍,但现在看来,显然当他接掌首席执行官时,英国石油并未太过远离在安全条件下追求利润的"限制条件"。

在贝克报告之后,英国石油和布朗花了10亿美元进行安全升级。但在得克萨斯州炼油厂事件后,英国石油又在2006年因为早该汰换的腐朽油管出问题发生了严重的普拉德霍湾漏油事件，然后在 2010 年发生了恶名昭彰的深水地平线钻井平台爆炸事件，近 500 万加仑的原油在墨西哥湾泄漏。发生这些事件的原因是：不顾安全性的考虑，以更低的成本急就章地实现英国石油制订的紧迫日程表。④ 英国石油需要更多的安全监护人，更少的创造利润明星。

到了发生深水地平线钻井平台爆炸事件时，英国石油的领导阶层显然已经做出非常糟糕，甚至可说是不可逆的选择。在得克萨斯州与英国石油王国的其他地方，问题持续发生。2009 年，英国石油接到 760 张由美国职业安全与健康管理局（Occupational Safety and Health Administration，简称 OSHA）发出的违反安全规范的传票，相比之下太阳石油有 8 张，雪铁戈 2 张，埃克森美孚 1 张。然而，倘若能回到 20 世纪 90 年代，当布朗甫以英国石油救星之姿获颁骑士爵位时，试着和他们的股东说说这些事，看看会得到什么反应吧。

灾难频传的组织

布朗打造有效率的英国石油，是深具远见且富开创性的作为，直到事情出错之前都是。

像布朗这种转型领导者采用以结果为重的做法，从数字上来看，每件事都会变得很顺利，就算距离布朗伦敦总部的办公室千万里，一切看起来也都没问题。只有在事后检讨时，我们才会看出削减成本的无情压力，以及在地方分权制度中授予当地管理者的自由，会造成哪些严重后果。英国石油会因为得克萨斯州炼油厂的管理层削减成本而奖励他们，因此他们大砍成本。平衡计分卡则奖励工伤率下降，以及因此减少的轻度安全事故。到 2004 年时，得克萨斯州炼油厂的工伤率已经降到有史以来的最低水平，是石油业界整体平均值的三分之一。⑤ 讽刺的是，即便公司鼓励各单位采取措施以降低小灾小难，但代价却是发生一次性重大灾难的风险会提高。根据定义，这类大事件很少重复发生，因此几乎不会被拿来和基准值比较，减灾也不会得到任何奖励。在发生一次重大事件之后，后面会出现一长串的零（亦即未再出现类似事件）。⑥ 你只需要搞砸一次，就没有第二次机会了。

英国石油最近的历史凸显了一点，那就是当布朗以及其他或许充满远见的领导者在改革企业，甚至改革世界时，不务实的组织设计理论与实际面对的挑战之间是有差异的：改革会像路·郭士纳（Lou Gerstner）领导 IBM 一样流芳百世（"拯救 IBM 免遭淘汰的人"）、雷富礼扭转宝洁那样成功，还是像英国石油一样酿成大灾难？在转型过程中，一切都是未定之数。我们从一开始便强调，组织是架构错综复杂的有机体，由众多可各自活动的部分以巧妙且复杂的方式整合在一起。地方分权可创造出前所未有的创新和效率，也可能带来死伤与屠杀，或两者皆有。英国石油的案例，凸显了我们应该把人性纳入组织设计的理论与原则当中。当我们要引领改革时,也要谨慎小心。你永远不知道附带的伤害会是什么。

本书的两位作者有一位共同友人,他的祖父很爱举一个例子,但这例子很可能是假的(或者就像他祖母说的,在俄罗斯的说法是"这是很久以前的事了,现在早就不是这样啰")。老爷爷说,在沙皇俄国的军队里,有位将军想处理军队的跳蚤问题。于是他发奖金,每抓一只跳蚤就可以领钱。当然,他预期,这支极富企业精神的军队会把跳蚤一只一只地赶尽杀绝。但他得到的结果是跳蚤越来越多。因为毛发最多、皮肤最厚的士兵开始养跳蚤大军卖给同伴,让大家都可以领到跳蚤奖金(一家硅谷的软件公司也出现另一种形式的现代管理虫虫危机。这家公司决定奖励程序设计师抓出软件里的"臭虫"[也就是程序错误],同样引起臭虫肆虐,就像沙皇军队里的抓跳蚤换奖金方案一样)。[7]

这些案例只是反映出在设计诱因时,成本效益取舍之间的意外成本。你付钱请人抓虫,你就得到虫;你付钱请人砍成本,你就可以压低成本,但有时会伴随致命的后果。

要在每个方面都有好的表现确实很难。正因如此,才会只有极少数的组织能面面俱到,而且通常到最后还是至少搞砸了某一项。这就相当于要组织一边嚼口香糖一边说话,或者一手画画、另一手写信。这并不表示布朗应该屈服于年复一年的数十亿亏损。改革可以是好事,但以布朗在英国石油时着重衡量与效率来说,他并未认识到要成为满足多重目标的组织得面对哪些挑战。

这么一来，通常会引发挫折、失望，甚至是非常严重的大灾难。

有用的人不打字

可能没有哪个组织比联邦调查局更清楚彼此冲突的目标会造成哪些问题。组织可能一开始就被设计成要满足多重目标（例如麦当劳、宝洁和英国石油），但也经常是历史意外造成的结果。以联邦调查局来说，则是两者兼具。

联邦调查局在1908年从美国司法部独立出来，当时的检察总长指派34名特勤探员成立调查局，负责审讯、逮捕与起诉罪犯。这个新单位到了来年便成为永久性机构，以利于降低逮捕诈骗分子的成本，也让美国司法部长在对抗国内犯罪这件事上，享有前所未有的控制权。联邦调查局很快在九大城市设立区办事处，每个办事处都被赋予权责，对抗责任区内的犯罪事件。埃德加·胡佛（J. Edgar Hoover）自1924年开始担任局长后，从来没离开过（他于1972年逝世），他扩展了联邦调查局，并将它变成专业机构。胡佛制定了绩效考评、区办事处查核等制度，并在发给执法警徽与配枪之前先训练探员（根据联邦调查局自己的官方历史所述，早期调查局里有很多训练不足、管理不善的业余执法人。比方说，费城有位探员就把他的时间分成两部分，一半抓坏人，另一半管理蔓越莓田）。[8] 胡佛也认同必须和当地警方合作，于是成立了联邦调查局国家学院，以便训练城市与各州的警力。

新闻报道及电影戏剧对联邦调查局打击犯罪的英勇事迹的描写,为这个机构的成就锦上添花,吸引小男孩渴望长大后也成为特勤探员。胡佛本身是很出色的公关人才,20世纪30年代他和电台合作,制作《帮帕克星》(*Gang Busters*)与《这是你的联邦调查局》(*This Is Your FBI*)等节目,描绘特勤探员的可敬身影,全力做好他们该做的事,那就是追捕犯人。

但胡佛没办法只管自己的事。法西斯主义在20世纪30年代兴起,他将此视为拓展调查局权限的大好机会。在总统小罗斯福的同意下,联邦调查局(到了20世纪30年代中期,世人都已用简称FBI代表这个单位)开始涉入情报收集任务,监控威胁国家安全的风险。第二次世界大战时,联邦调查局更多元化经营,做起反情报工作,担负起干扰美国境内海外间谍活动的重责大任。

战争即将结束时,联邦调查局回归搜寻与逮捕嫌犯的核心业务。这是设立联邦调查局的初衷,是该局文化中最重视的任务,也是局内提供升迁与记功嘉奖等奖励的根据。情报工作是文职人员敲打出的备忘录与机密报告,外界看不到,在内部也没有什么成就感。联邦调查局里的高低尊卑很明确,体现在局里几句已经讲烂的老话里,比如"有用的人不打字",以及"真正的探员只需要几样东西:一本笔记、一支笔和一把枪"。

除了满足胡佛本人的狂妄自大之外,没有理由把打击犯罪与情报工作两相结合，后者因此没什么地位。多数美国人认为，他们希望联邦调查局完成的任务主要是扫荡犯罪，局里的情报工作也因此退居二线。虽然美国和苏联冷战的戏码在全世界上演，但这主要是中央情报局（Central Intelligence Agency，简称CIA）的地盘，这是第二次世界大战后设立的机构，负责在海外收集情报。

负责情报工作者自认对国家安全贡献良多，而联邦调查局内部并不把他们当一回事，这种情况在2001年9月11日有了改变。当天有两架遭挟持的波音767客机分别冲撞世贸中心的双塔，导致近3000人丧命。另有两队人马又强行劫持两架飞机，指示他们飞往华盛顿特区。其中一架冲进国防部五角大楼，另一架飞往国会山，但因乘客试图夺回驾驶舱的控制权而于中途坠毁，机上人员无一幸免。

忽然之间，胡佛一手扶植、以打击犯罪为主的联邦调查局，也必须涉入国家安全任务了。

失误的情报

如果美国有设计更完善的国家安全机构，能否防范"9·11"恐怖袭击？世人对本·拉登与劫机者的愤怒慢慢退去，还有一些人把注意力转向联邦调查局和相关的情报单位，以及他们反制恐怖袭击的能力。联邦调查局的失败最后之所以摊在公众眼前，是因为一份由明尼阿波利斯的探员呈送给调查局局长的 13 页备忘录在 2002 年 5 月外泄，被 CNN 拿到手。备忘录里描述某些警示信号正大声疾呼："请注意，可能会有恐怖分子攻击。"如果当局认真看待的话，就会听到。在最后，调查员举出 12 条红色警示，靠着这些线索，或许可以预防"9·11"恐怖袭击行动。

可疑的伊斯兰激进分子在凤凰城参加飞行课程，联邦调查局的特勤干员肯尼斯·威廉姆斯（Kenneth Williams）注意到这件事，并心生警觉。他在 2001 年夏天发布备忘录，建议应展开全国性的调查行动，以查明基地组织成员去飞行学校上课的可能性，但没有人理会这份备忘录。数周后，另一个机会来了，但同样也消失了。联邦调查局明尼阿波利斯办事处接到一通电话，是一位在泛美航空国际飞行学校受训的学员打来的，指出一位名叫札卡利亚·穆萨维（Zacarias Moussaoui）的人，之前没受过什么飞行训练，但他以现金支付 6800 美元，想用"四到五天的时间"学会驾驶 747 客机。联邦调查局判定穆萨维想劫机，且他最近还去过巴基斯坦。但地区办公室未获得华盛顿总部的许可，无法搜索穆萨维的笔记本电脑及私人财物。之后的信息往来有多荒谬无稽，现在已是人尽皆知之事。明尼阿波利斯的联邦调查局主管说，他想确定穆萨维不会"控制飞机，并冲向世贸中心"。华盛顿的探员则回答："不会发生这种事……你说的这人只是对这种类型的飞机感兴趣。没别的。"

负责调查的"9·11"调查委员会，也把错误归咎在各情报单位间的沟通不良上。有个例子是，1999年时，其中两位劫机者要去马来西亚会见另外两名可能是恐怖分子的人，在途中被中情局追踪。中情局探员拿到其中一人的护照复印件，注意到此人持有有效的美国签证。当这两人结束会面前往泰国时，中情局泰国办事处没有及时收到消息，这条线索就没人再追了。不久后，这两名劫机者飞往洛杉矶，轻松通过海关，而海关的官员完全不知中情局对这两人有疑虑。

无法针对迫在眉睫的危机沟通重要信息并采取应对措施，总部办公室官员压下前线员工的善意提醒，以守旧拖延的态度面对紧急状况，各办公室和分支机构之间迟缓甚至断章取义的沟通，上述种种全是组织讽刺作品中的标准桥段。

《"9·11"调查报告》详述了这些组织面的失灵，也开始讨论要怎么做，才能确保短期内不会再发生另一次"9·11"事件。

每个人或许都同意，联邦调查局是在一个已经改头换面的世界里运作，美国国土安全面临各种不同威胁，调查局也必须随之改变。但什么才是联邦调查局与其国家安全相关机构的"正确"改革之道，至今仍引发激烈的辩论。比一般人更聪明、信息更充分的理性之士，对国家安全机构应该是什么样子，众说纷纭。

然而，就算我们对于未来的联邦调查局应该是什么模样达成共识，但这只已经年迈的老狗，有可能学会新把戏吗？

缺乏协调的国家安全

2001年，联邦调查局并非真在毫无所悉下遭受基地组织的攻击。在之前的10年里，至少有好几次预演行动，都预示着即将出现恐怖分子威胁。1995年，有一名在美国土生土长的疯子蒂莫西·麦克维（Timothy McVeigh）将一辆装满爆炸物的卡车停在俄克拉何马州的阿尔弗雷德·穆拉联邦大楼前并点燃引信，导致168人死亡，数百人受伤。1993年发生的汽车炸弹爆炸事件，联邦调查局一定也有从中得到一些信息，这次在世贸大楼北塔地下引爆的炸弹，是基地组织所为，他们是一群受过训练的激进人士，目的是让北塔倒向南塔，同时夷平双塔。

但没有人多加留意这些警示信息。联邦调查局内部并不是没有人看出即将发生大事，社会大众之所以会有疑惑，不解为何政府居然没有针对恐怖主义预做准备，理由之一即是联邦调查局的内部报告已经指出即将发生大型恐怖攻击。原本的打击犯罪工作已经耗掉太多人员物资，组织剩余的资源太有限，很难再把焦点转移到新的任务上。数十年来，美国民众主要面对的威胁不止有基地组织，更多的是像艾尔·卡彭（Al Capone）这些黑道老大以及他们的徒子徒孙。还有，你也无法立刻让庞然大物转向。虽然联邦调查局明白宣示其使命包含了两项任务，但大致上还是着重于打击犯罪的初衷。从联邦调查局位于华盛顿的70年代风格的总部收集到的情报很少，其中只有一小部分集中在日益增长的恐怖主义威胁上。2001年，联邦调查局聘用了2.8万人，多数都在56个主要的区办公室以及44个海外驻地。有人估计，在联邦调查局于2001年聘用的9000位特勤探员中，只有200人以反恐为主。1998年，联邦调查局的探员让12730桩案件定罪，定罪数字是探员接受评估的基准。其中有37件和恐怖主义有关。

改以情报工作为重，不只要重新指派实地作业探员的工作内容——从打击帮派组织犯罪转往收集情报。就像卫理教派与浸信会发展出新的奖励、升迁与监督做法，以适应重新组织的教会一样，联邦调查局也要全盘改变，才能配合新接下的保护国家安全的职责。新的联邦调查局需要截然不同的技能与激励，可能还需要架构完全不同的组织，而且必须调整心态与文化，才能适应这些正式的变革。

旧的联邦调查局很幸运，制定的目标很方便衡量，并可据此奖励表现良好的员工。执法人员解决犯罪事件，司法体系有效地提供必要的目标指针数值，供他们找出最顶尖的探员。成功的定义，大致上是逮捕、控告、起诉与定罪的数字。联邦调查局的工作和凶杀组警探类似，后者同样也依据解决的案件数目接受评估与奖励。

情报工作的成败如何定义？成功带来的是让人惊心动魄的宁静：没有飞机被挟持、没有装满爆炸物的卡车在曼哈顿市中心引爆、没有任何美国人民因为恐怖袭击而丧失生命。用特勤探员查尔斯·普莱斯（Charles Price）的话来说："解决犯罪事件的重点,在于找出发生过什么事。情报工作的重点,则在于找出会发生什么事。"然后制敌机先。联邦调查局负责情报工作的人员就像巡警,面对的是利害关系极大但难以衡量的恐怖袭击。

比起传统的侦查犯罪任务,联邦调查局的情报工作和英国石油的防灾工作会有更多共通之处。如果做得好,就可以避开大祸;但若要衡量情报工作有没有做好,根据定义,最清楚可见的指标,大致上是有没有发生某些几乎不会发生的情况。可接受的风险水平是多高?是每年一件大灾难?每十年一件?还是永远不会发生?

就算你可以衡量风险水平,比方说根据功败垂成的爆炸未遂案(易燃物质外泄,但很幸运没有引爆)或失败的警示演习,但若鼓励员工掩盖缺失以免激怒主管,最后只会让情况变得更糟糕。收集情报的工作是集体性的任务,可能很难设定任何绩效诱因。如果说国家安全是一幅拼图,你要如何奖励每一个提供小拼图块的人?如果你设计出一套根据情报叙薪的系统,握有个别线索的人可能不愿意和他人分享,免得自己做苦工,却让别人占功劳。

因此,你不该衡量灾难的"输出结果",反之,你可以衡量有助于巩固安全的"输入要素",例如耗费在安全演练上的时间,或设备维修方面的费用。联邦调查局在评估分析人员的绩效时,便尝试衡量分析人员在制作情报报告时的生产力,这些输入要素(报告)在汇总后,可让调查局的领导层知道目前显现的风险有多高。毕竟,他们发现交出最多报告的实地探员,在接受华盛顿的局内领导者评估时,在情报工作上也有最好的表现。

但当联邦调查局尝试激励情报工作人员,提供优于打击犯罪探员的相对强力激励时,便不明智地引发了经济学家路易斯·加里卡诺(Luis Garicano)所谓的"激励设计版的海森堡测不准原理"(Heisenberg Principle of incentive design),即当一个指标不作为绩效指标时,这指标才有用处。2007年,联邦调查局开始根据制作出的情报页数评估实地工作人员。到了2008年,产出的报告与情报工作质量间的正向关联就消失了,因为探员只会不断地增加报告篇幅而已。

在打击犯罪的官僚体系中鼓励分享信息,也会出现类似的紧张关系。在"9·11"袭击事件之前,任何负责过滤全美心有疑虑的探员来电或备忘录的人,本来应该都能对美国发出恐怖分子警报的(确实,有些非常关心此事的实地探员认为,基于他们为整幅拼图提供的那个图块,触动警报的关键人物就是他们)。但调查局内部以及各情报机构均采取地方分权制,根本不太可能针对跨境威胁协调出共同的应对之道。举例来说,中情局手上握有一份独立的可疑分子名单,和必须把可疑分子挡在美国大门外的移民单位握有的名单不尽相同,这真叫人难以置信。但不同的机构本来就有不同的列表和数据库。

若在犯罪大致上属本土性质的过去,缺乏协调也不成问题。芝加哥的银行抢匪,不过是在这座号称风城的城市里行抢而已；南方的药贩子也有各自的地盘。每个都会区都有自己的帮派分子，史卡佛（Scarfo）家族掌控费城的黑手党，布法利诺（Bufalino）则号令斯克兰顿；而纽约因为业务够多，足以撑起五大家族。犯罪事件的传统模式很适合执法机构的作业方式，每个案子都由启动案件的分局负责。由拥有一套成熟线人、和当地警方关系密切并且也了解该地犯罪生态的当地探员追查。

大致上说来，华盛顿的调查局探员不介入个案调查工作。曾近距离追踪联邦调查局及其改革的哈佛商学院研究者，引用某国会员工所说的话，形容主管每个地区办公室的特勤探员，是"他们那块小封邑里的王子，而（联邦调查局）局长就像是不见得有力量控制他们的国王"。碰上全国关注的问题时，首先跳上台面的办事处会主导调查方向。即便碰到大案，遇到恐怖袭击的最源头问题，上述的区域责任制仍然成立，头号公敌本·拉登最初是被纽约办事处找到并起诉的。后来纽约办事处就变成之后所有相关调查的中心，总部的反恐部门则居于支持地位。

地区办公室之间的松散联系，用来对付三流骗子尚可，但非常不适合用以全面应对新出现的恐怖分子威胁。恐怖分子可不会划地自限，警示红旗能横跨城市与区域出现，有助于区别谁是喜欢747飞机的古怪穆斯林，谁又是决心开飞机冲撞高楼的恐怖分子。

联邦调查局分布式的阶级组织，就像是国家安全组织的缩影。联邦调查局和中情局的口语用词不尽相同，也有各自的情报作战军事行动。因此当泰国官员对曼谷的中情局官员说，那两名可疑的恐怖分子已经搭上飞往洛杉矶的飞机时，中情局的人从未想过要通报联邦调查局，某种程度上导致调查局错失可轻易揪住这两人的大好机会。这两人在2000年春天向一名调查局的线人租房间，来年他们就驾着美国航空第77号班机冲进五角大楼，这是"9·11"恐怖袭击的其中一项行动。如果联邦调查局的地区办事处会为了定罪率而彼此竞争，不同的情报组织就会为了得到华盛顿立法高层（他们负责把大致固定的情报预算分配给各机构）的青睐而相互竞夺。在后冷战时期的那几年，对着永远虎视眈眈想要削减预算、心存怀疑的国会，中情局要很努力证明自己仍然举足轻重。

调查局里带枪的打击犯罪型探员优于坐办公室的情报分析人员，这种心态反映在从事业生涯轨迹（多数联邦调查局高层主管职位都由办案的探员担任）到计算机系统的一切。早在"9·11"袭击事件之前，联邦调查局便已经推出更高级的科技——虚拟案件档案。5年后的2005年这套系统便遭废弃，成为价值1.7亿美元的纪念碑，无法撼动联邦调查局的纸笔文化。打击犯罪的这一派人马，不需要信息分享系统，他们也不想要信息分享系统。梦想成为联邦调查局探员的小男孩、小女孩，想的可不是打字输入数据。要探员分享与比较笔记，他们只会看到缺点的那一面，尤其我们身处维基解密与网络攻击的时代，计算机系统只会导致他们谨慎建构的案件更容易落入错误的人手里。

这一切有助于强化一个重要因素，哈佛商学院教授简·里夫金（Jan Rivkin）说，此因素是调查局最重要的打击犯罪资产，同时也是最大的改革障碍，那就是调查局的文化及探员的特质。探员并不只是为了可能会获得升迁而努力逮捕犯人，他们很多人认为，在调查局里，被调离街头、转调管理职位就代表下台。显然，这些人追求的，也不完全是更高的薪水。特勤探员只要愿意离职转任民间单位，薪水就可加倍。调查局探员长时间工作以侦破犯罪案件，是因为这是他们下定决心要做的事。如果华盛顿里有某些官僚要他们去做别的事，那可真该死了。

组织反恐工作

国会及美国可以容忍某个地方的大使馆爆炸，或者美国的军事设施偶尔遭到攻击，这是维持一个全球性帝国的代价。但在美国本土有将近3000人遭杀害，则会让全体美国人齐声怒吼"永志不忘，永不再现"。维护美国核武器的任务，不能有任何闪失，美国军方也圆满执行任务，没有半点差错。[9] 为什么联邦调查局办不到？

国会举行了听证会，各种委员会也随之成立。报告出炉了，学界人士与政策专家发表了他们的结论，不同派别的学界人士与政策专才也发表了相反的结论。在这些行动当中，联邦调查局的领导阶层所计划的是进行组织改造。

政府方面的结论，都在《"9·11"调查报告》当中。报告的第十三章与最后一章提出了许多国家安全改革建议。在5个小节中，每节都以"统一"一词开头："统一做法，打破国内外的界线""统一信息分享的做法"，诸如此类。各情报机构各自为政，以及联邦调查局内部分裂的组织，都受到谴责，片面数据之所以无法串连成有意义的信息，责任全在他们。联邦调查局的分散式国家安全行动导致重大灾祸，就像英国石油用意良善的地方分权制导致了悲惨难看的安全纪录。这两个机构都必须向美国军方看齐，制定规则法典与标准作业程序，以确保全体人员都能以相同的态度应对共同的敌人。

但最响亮的呼声来自学术殿堂，来自芝加哥大学法律系教授理查德·波斯纳（Richard Posner）。他主张，如果有什么是必须改变的，更分散的组织架构可能是好事。波斯纳原本对国家安全议题不太感兴趣，直到《纽约时报》请他替周日版的书评看看《"9·11"调查报告》为止。居然有人是因为《纽约时报》的书评而被要求审阅政府报告，以最保守的说法来说，实属罕见。但"9·11"是公众非常关注的事件，因此政府和诺顿出版社签约，以商业出版形式大量发行这份报告（这份报告也是一本引人入胜的图书，还进入全美图书大奖的决选名单。波斯纳说，这本书"饶富兴味……是不可多得的文学佳作"。初版60万册被一扫而空，之后又卖出超过百万册）。

《法学研究杂志》（*Journal of Legal Studies*）将波斯纳列

为20世纪最常被人引用的法律学者。他可以滔滔不绝畅谈各种主题,从堕胎、动物权一直到反托拉斯,而且这还只是"a"字头的主题而已。虽然他不曾深思国家安全议题,但还是答应写书评。之后他评述道:"外部人士的观点可以增添价值。"

这份报告的作者团队咨询了10个国家的1200位专家,钻研了200万页的情报相关文件。然而,在几段对报告的用字遣词与叙事质量的恭维后,波斯纳这位外部人士就将本报告的结论斥为"毫无令人赞叹之处"。

一开始研究国家安全是为了书评,后来变成波斯纳的兴趣,一般人可能会把空闲时间花在读蹩脚小说、看电影或电视上。波斯纳写作的速度超过大部分美国人的阅读速度,短短几年内,这份小小的休闲嗜好,让他写出4份篇幅像书本一样长的美国国家情报工作分析。[10]

在情报收集这方面,波斯纳的立场是要专责,而不属于倡导兼顾型组织的这一派。他认为,联邦调查局的一切设计都是为了解决犯罪,那就让这个单位守住打击犯罪的任务就好。胡佛在20世纪30年代扩张联邦调查局,不过是趁势而为,却以分歧且不兼容的任务加重了调查局的负担。波斯纳点出了美国境外收集情报工作的情况。在某些国家,理性的组织不会因为被像胡佛这样的领导人干扰就走偏了方向。在加拿大,这些功能分配给加拿大皇家骑警与安全情报局,后者在1984年从加拿大皇家骑警中独立出来。在英国,负责犯罪调查的是苏格兰场,国内情报工作则由军情五处负责（007任职的军情六处是军情五处的姊妹单位，负责海外情报工作）。

波斯纳反对一般的共识意见，不仅在联邦调查局内部组织架构这点上。"9·11"调查委员会主张要设置一个国家安全最高管理人，位居由各个国家安全组织组成的大三角形最高层。这样的职位其实早就有了，至少在书面上是如此，自1947年通过《国家安全法》（*National Security Act*）以来，就设置了一个中央情报局局长的职务，由此人负责管理中情局，且监督范围涉及其他情报机构。但这个由各情报机构组成的大团队，通过大力游说，使得这位局长除了新设立的中情局以外并无实权。

"9·11"调查委员会主张重新审视最初的原则，真正落实情报工作由中央集权，设立另一个国家情报局长的职务，不隶属于任何个别机构，但有权监督所有机构。中央集权的威权，有助于协调各机构之间的信息体系，针对分享重要信息提供奖惩，并且还能防范过去曾发生的失误，不要再让17名自杀式炸弹袭击者进入美国，神不知鬼不觉地计划攻击。

在波斯纳这边，他则指出另一个情报收集上的缺失，说明分权的好处，以支持他的主张。在2003年美国领导入侵伊拉克的行动之前，差不多美国整个情报体系都有一种错误的想法，认定萨达姆持有生物、化学或核武器，也就是所谓会造成重大毁灭的武器（英国的军情六处同样也被骗了）。如果说，无法预防"9·11"的恐怖攻击，是因为情报分支机构之间的信息分享或统一程度不够，萨达姆持有重大毁灭性武器这项错误结论，则是过度分享信息的结果。

情报分析面临的挑战，是从片段信息中抽丝剥茧，从无害的噪声中挑出有用的线索。对努力跑在世界前面的实地探员来说，最有价值的信息，就是在指挥链中上报时会让主管感到满意的消息。这就是唯唯诺诺的人会做的事，而我们每个人身上至少都有一部分应声虫的特质。举例来说，每个人都知道国家情报局局长已经深信不疑，认定伊拉克境内正在制造大量毁灭性武器，告诉长官事实并非如此，是很勇敢，但也很愚蠢的行径。确实，负责调查大量毁灭性武器的政府调查委员会发现，在这件事上，情报机构的主管处罚独排众议者，奖励深入挖掘信息以支撑主管既有想法的人。假设一位总统要找的不是唯命是从的情报人员，他会想设置真正自主的情报收集单位，让每个机构针对未来的威胁提出诚实且独立的看法。

统一的金字塔式的组织有一项天生的特质，那就是越接近顶端，会失去越多信息：前线的探员把他们挖掘到的线索交给长官（例如每一个地区办事处的主管），长官再从他们得到的消息中挑选出最重要的部分，进行分析整理，然后把报告往上呈交。有效过滤信息是经理人的工作之一，但这也代表有些想法会在筛选与更高层的判断裁量下消失，毕竟，高层管理人或许很重要，但他们也不是完人。当然，这座金字塔越高，前线的观察也就需要更长的时间才能上达天听。

这表示庞然大物的情报机构层级是坏事吗？这就得看你要解决的情报问题是什么了。波斯纳指出，以宝洁的产品周期为例，提案要经过 40 到 50 道核准程序，才会送到首席执行官那里，由他同意或驳回。这种做法对这家公司来说没问题，我们现在并非处在肥皂或洗洁精大革命的时代，不会有不创新就完蛋的后果。而且公司不会希望看到未经检验的"全新加强"配方最后会致癌或导致婴儿死亡，进而伤害到更多其他品牌。

以国家安全来说，冷战就相当于宝洁面对的稳定且可预测的商业环境；现今的恐怖主义威胁，则比较接近硅谷，这是一块由许多互相集结且外人难以理解的组织组成的不断变动的版图，多数线索走进死胡同，少数的出色洞见则有绝大的价值。让更多的想法都能通过门槛、进入"产品开发"阶段是一件好事。

以当中涉及的利害关系来看，上述的论点更能成立。如果是要修改汰渍的配方，就算把某些好想法压下来，成本也不会太高；对宝洁的获利表现而言，或许不过是四舍五入的误差值而已。但若过早将好情报挑掉，你也许会错失能防范下一次大灾难的线索。2010 年，有一位生于阿富汗的美国弗吉尼亚州居民在脸谱网上宣称，他知道如何制造可炸掉华盛顿地铁系统的土炸弹。这可能是精神病患的呓语，或者让人作呕的胡说八道，也许无伤大雅。但也有这么一点可能是，他会用行动证明他的大放厥词，"假阴性"（指当威胁为真时，却没有采取行动）的代价，是华盛顿地铁内的生灵涂炭。

波斯纳并非只看到中央集权情报收集与分析组织的缺失。"9·11"调查委员会的主要结论是，在更统一的情报组织架构下，过去的错误就不会再重现。波斯纳看到了其中必会出现的取舍，以及中央集权式的改革未来将导致哪些失误（更多唯命是从的人、重要的线索无人理会）。

另一方面……

深知内情的内部人士认同波斯纳大部分的批评。中情局自己的期刊《情报研究》（*Studies in Intelligence*）中刊出一篇书评，评论波斯纳的著作《不确定的防护罩》（*Uncertain Shield*）。这篇书评大致上呼应波斯纳的主张，他认为统一官僚体制内的信息分享很有可能过犹不及（但这篇书评也主张，波斯纳是外部人士，不太了解即便"9·11"事件后实行了应有的改革，各情报机构仍属地方分权）。

波斯纳力主联邦调查局要一切为二，引来更多人的疑问。上述《不确定的防护罩》书评的作者是斯坦利·莫斯科维茨（Stanley Moskowitz），他在中情局做了一辈子的情报人员与联络官，任职过的地方遍及莫斯科、耶路撒冷和华盛顿。莫斯科维茨把成本效益的论述抛回给波斯纳，指出在他40余年和全世界情报机构合作的经验中，他发现根据职责划分的机构经常互相牵制、两败俱伤，例如苏格兰场和军情五处。所以没有理由期待联邦调查局和负责国内情报的新成立机构之间，会有什么不同的互动。他们都在相同城市里的类似地盘上工作，强大的毒品走私分子都在南边。逮捕毒品走私犯与谋杀犯是执法问题，但确保毒品不会涌进得州与加州则是国家安全问题。实务上，国内安全与打击犯罪无法干净利落地一分为二，不像企业集团的食品和洗洁精部门。即便在企业界，最直截了当的协议拆分也有暧昧不清之处，就像根据无过失原则协议离婚的夫妻会争夺谁该拿走结婚时的瓷器，原本单纯的事情也因此变得复杂。

不管是两个人还是两个组织的结合，所有不幸的婚姻当中都有各自的问题。说到底，每一桩婚姻都至少有些让人不太满意之处：散落各地的臭袜子、偶发性的郁郁不乐，或者是对学校、假期以及一切意见相左。但倘若在一起的成本太高，超过有人陪伴的欢娱及共同生活的经济效率时，那该怎么办？再套用婚姻的比喻，如果加一点咨询与沉淀冥想，是否有助于保留美好的部分？还是差异根本就无法妥协？

波斯纳看到的联邦调查局担负了两项彼此不兼容的使命，哈佛商学院的里夫金教授则看到了紧张，但也看到当情报与犯罪部门要纳入单一组织时，必须努力化解差异的必要性。里夫金是位成就斐然的管理学者，之前也曾担任顾问。2005年，他有机会和联邦调查局合作，分析该局的管理流程，他的焦点因此从企业界转向国家安全策略。波斯纳是以客观疏离的外界人士眼光评估联邦调查局，里夫金则遵循哈佛商学院的传统，尽力融入组织，或许为了能更深入了解其优势与挑战，而牺牲了中立性。

里夫金和同事迈克尔·罗伯托（Michael Roberto）、兰杰·古拉蒂（Ranjay Gulati）合作，在6个月内，耗费大部分时间和联邦调查局的内部人士讨论改革。他们获得各式各样的观点，有卫星办事处里端咖啡的小职员、华盛顿的资深管理人员（包括联邦调查局局长罗伯特·穆勒［Robert Mueller］），以及在这两个极端之间的其他人。也许他们在研究过程中被灌输太多"联邦调查局集权统一"的想法，这三位学者主张，如果立法者忽略波斯纳的外部人士看法，让联邦调查局保持完整样貌，对美国来说会比较好。6年多来，他们写了一系列的教案研究、一篇《哈佛商业评论》论文，以及一篇学术论文，这些文章专论加在一起，字数还不及波斯纳法官写的一本书。

里夫金认为，联邦调查局显现出各种标准信号，代表这是一桩值得拯救的婚姻。现场工作探员和当地警察主管交流，亲近地直呼其名而非客气地称姓（联邦调查局有11000位探员，只有通过这样的紧密连接，他们才能在有3亿人口的美国执法），当地的关系也是收集情报的重要耳目。爆炸行动的成本昂贵（"9·11"袭击的成本估计将近50万美元），因此恐怖分子会兼营走私、贩毒、印制伪钞及其他违法行为，以筹募行动资金。他们可能会因此在负责打击犯罪的探员面前露馅，如果将负责犯罪案件的探员整合纳入反恐行动，将可把重要信息传递给情报分析人员。被逮捕的威胁也可以用来套取必要信息，将恐怖分子的基层组织一网打尽。而逮捕犯下轻罪者，则可隔离或许会成为恐怖分子的人，至少让他们暂时无法出来作乱。号称第 20 位"9·11"劫机者的穆萨维便是这样，他因为违反移民规定而遭拘留，因此无法参与攻击行动。但如果联邦调查局要防范另一次"9·11"，维持统一集权组织的益处，必须不只是理论上的可能性而已。联邦调查局必须告别过去由打击犯罪的探员治理的岁月，成为一个真正能综合兼顾、担负双重目标的组织。

对英国石油公司而言，必须结合"明星"负责的精简成本任务与"监护人"负责的安全钻探石油目标。到了 2010 年夏天，已证明这是极为棘手的两难，但新任首席执行官罗伯特·杜德利（Robert Dudley）要求，未来几年还要把勘探支出增加 2 倍，同时宣称安全性是他的最优先考虑。杜德利是否找到了布朗没找到的成功方程式？还是这又是另一个渴望鱼与熊掌兼得的不切实际案例？一个组织真的可以同时着重两个截然不同的任务，并且在两方面都表现出色吗？

兼顾型的联邦调查局

到了 2001 年 9 月 12 日，显而易见的，联邦调查局必须重新排列优先级。2002 年 5 月，穆勒局长发出一份宣言，列出联邦调查局的前十大要务。"保护美国免遭恐怖攻击"是第一条，到现在仍是如此。

但在写作本书时，因"9·11"袭击事件而引发的实际改革行动仍在进行中。在控制严密的独裁体制中（比方说军队），如果主管下令改变优先级，从打击犯罪改为防范恐怖主义，忠心耿耿的士兵隔天一觉醒来后，马上就会遵行新命令。但联邦调查局各地区办公室的领地已经回到"9·11"前的样貌，无法强制他们就范，只能靠反恐大业来赢得他们。这会是一场漫长、艰难的战争。当里夫金被问到他认为什么是阻碍联邦调查局改革的最重大因素时，他没有指向过时的计算机系统、不相称的激励机制或人力限制。他毫不迟疑地回答，重点在于文化。只要联邦调查局仍赞颂戴警徽佩枪者的成就，胜过于看重从事国家安全工作的脑力分析工作，不管要改变的是什么，都非常困难。不受控制的野猫是无法成群的。

2001年，美国没有时间也没有耐心等野猫驯化成群。因此里夫金和他的研究同仁建议，短期内，联邦调查局别无选择，只能把原来的地方分权变成集中式的独裁统治，让调查局局长统御所有的实地探员。穆勒局长正是这么做的，他先公告地区办公室，指示他们追踪每一条恐怖分子线索，剩下的时间和精力才花在其他目标上。在2003年到2010年之间，调查局总共收到18万条线索，特勤探员完全被恐怖主义相关的案子给淹没了。

高层也下令要改变员工的组成结构。每一个地区办事处都设有一个由10名分析人员组成的情报小组，负责找出联邦调查局在当地需要获得哪些信息，以评估严重影响国家安全的重大威胁。这些驻守当地的团队不归当地管理层统辖，而是直接向联邦调查局总部新整合而成的情报处报告。总部也聘用了更多情报分析师驻守华盛顿，以管理来自全美的信息。情报分析师也编入调查小队，以便将执行任务时发现的相关线索纳入安全分析。不这么做的话，将两个部门整合在一起又有何意义？其他探员无须从事案件调查，专责培养线人与联络人，为国家安全评估项目提供信息。在由事件原始单位指派任务的系统下，纽约办事处在本·拉登事件中掌握大局，是因为他们最早发现他，这套系统也被汰换，由中央掌控所有反恐案件。

当联邦调查局将资源导向情报工作的同时，穆勒局长也很努力地确保这些资源有被善加利用。在"9·11"之前，对许多情报分析师来说，实际的工作内容比较偏重打杂，而不是专心做一名国家安全专家，这种条件很难吸引心智敏锐的分析师离开华盛顿各智库。虽然联邦调查局宣称会有一个更新、更好的分析师聘用方案，但一份 2005 年的报告发现，该局仍旧很难觅得人才填补空缺，部分理由是这些工作内容的杂事成分太多，分析成分太少。[11] 找出成功的衡量标准，对于培养情报单位的领导人才来说很重要，但这也是一大挑战。如果用每个月的报告字数来奖励分析师，会让本来可利用报告篇幅作为绩效指标的用处消失。若根据分析师培养的线人人数奖励他们，同样也会导致他们把精力放在冲量，而不求质精。任何从事像情报分析这类"艰难"任务（难以监督、有多重组成要素、通过团队执行）的组织，都会遭遇这些挑战。

接下来,还要延续另一项堪称传奇的作为,那就是将联邦调查局的案件记录计算机化,情报收集人员非常看重这项工作,执法人员有时则对此厌恶之至。价值1.7亿美元的虚拟案件档案彻底失败之后,联邦调查局接下来又尝试推动过几次科技升级,但都无疾而终。到了2010年,探员还在等着新系统上线,希望能减轻他们的文书工作,以便挪出更多时间进行能学以致用的专业工作。

如果用"半个杯子是空的"这种悲观论调来看待后"9·11"的改革,很可能会妨碍改变联邦调查局的尝试:没有人对改革满意,每个人都不开心。以穆勒局长的话来说,新的联邦调查局必须"以情报为导向"。但联邦调查局仍无法吸引最优秀、最聪明的人才参与情报工作,也并未完全善用目前拥有的情报分析师。以情报为导向的任务威胁到许多执法探员,他们之前可是联邦调查局的英雄。

这就是穆勒为联邦调查局拟定的长期计划必须面对的挑战。维持联邦调查局本来的完整,用意是创造出协同效应,妥善运用本土关系,以及在国安威胁与犯罪这两个互有牵连的世界里获得的情报。把决策权推回给地区办公室与个别探员最能收效,因为这些人最能判断哪些线索值得追踪,哪些领域(是联合垄断的毒品业务、基地的基层组织,还是其他完全不同的方向)代表最严重的国家安全威胁。

过去几年来,虽然华盛顿的领导阶层会定期督导管理,以确定反恐仍是局里的第一要务,但地区办事处的主管又拿回了更大的决策自主权。

大家都满意改革结果吗?看来很难。

当纽约地区办事处开始改变探员组合、从着重监视黑帮转为反恐时,我们也和布鲁克林区检察总长办公室的一位检察官见了面。检察署要起诉犯人,极仰赖联邦调查局收集的证据,而这也正是一个世纪前创设这个机构的原因。接受我们访谈的检察官,可想而知,对于收集证据的工作资源遭到删减而不满。他自己特别偏重组织型犯罪,对他来说,资源转移代表严重削弱打击纽约黑手党的相关行动。联邦调查局纽约地区办公室有5个现场工作小队,每个小队各自掌管五大家族之一,如今被删减成3队。联邦调查局的负责小组比黑帮群组还少了将近一半,这绝对不是黑帮家族的损失。数年来的打击犯罪成果终将化为乌有。

被删掉的人转调到反恐部门。这位联邦检察官会认为目前联邦调查局的优先任务有问题吗?不尽然。他完全理解,防范重大恐怖分子攻击事件再度发生,应是调查局的优先考虑,但要和压制黑帮的日常工作两相平衡。

他的解决方案是什么?增加联邦调查局的预算,让它能继续和黑帮战斗,同时也能支持新的反恐任务。国会预算委员会或许要问,钱从哪里来?他也想过这问题,马上提到应删减司法部里几个律师职务,这些人负责核准他提出的使用监听与其他监控手段的要求。他主张，基于纽约其他办事处都已设立烦琐的核准流程，这些司法部的人力便成为无意义的冗职。他认为，额外的签核层级是早期的产物，对那时候的国家财力来说，这点成本不算什么。

没错，有时候真的有白吃的午餐。但我们推测，华盛顿司法部里负责防范公民权遭滥用的律师，会有不同的看法。

如果本书有什么值得记取的信息，那就是半杯水可能是你能期待的最好结果。如果收集情报的人或打击犯罪的人有一方全然满意，这可能代表联邦调查局的领导层没有做出正确的取舍。你不能一直取悦每个人，联邦调查局局长也不应该有这样的想法。你必须压制银行抢匪、洗钱罪犯以及纽约的黑手党，同时努力防范造成重大灾难的恐怖袭击行动再度出现。就像"9·11"的事后检讨一样，联邦调查局在未来某个时候很可能会发现，尽力而为还不足以保全每一位美国人的生命。同样，这个机构会再度受到大众的指责。因为大众拒绝承认，任何组织在一个充满取舍与妥协的世界里，必定难以完美。

结语　未来的组织

每个时代都有乌托邦主义者。到目前为止，他们全错了，问问设计出办公室小隔间的仁兄就知道了。

当办公室家具设计公司赫曼·米勒（Herman Miller）于1964年引进"动感办公室"时宣称，这是"全世界第一套以可重组组件组成的开放式系统办公室，大胆脱离现代认定办公室家具应是什么模样的既有假设"。[①]设计灵活职场空间的团队，以罗伯特·普罗普斯特（Robert Propst）为首，他是该公司的研究主管，应该是一个重效率、公平且抱持自由开放态度的人。旗下的设计师想要实现的目标，是撼动人们的工作方式，改变"牛棚"式的开放楼面设计[②]，让每位员工不再只能分到一张小桌子，通过为每个人提供更多空间提高生产力。设计师相信，随着能把更多的工作摊在眼前，有更多的空间可存放文件，每个人必定会更有生产力，这样的设计正是因此才得到"动感办公室"的别称。设计中有两张办公桌，几把椅子，一张小桌子，以及几个直立式的档案柜，甚至连站着都能工作。这确实是一大革新。

这也是彻底失败的产品。

"动感办公室"系统给每位员工一组不规则且不受限制的个别家具单元，非常昂贵，也很难组合，而且不适合要求每位员工必须有一个固定位置的大企业。因此，普罗普斯特和设计师重新回去画图，1968年时推出"第二代动感办公室"，修正第一版中的缺失。现在每位员工都有一张办公桌，并以矮墙区隔，提供某种程度的隐私。小巧紧密的设计，再加上矮墙，代表组织可以塞进更多办公桌，更紧密地放在一起，但邻座同事还是能在不打扰他人的前提下互动。办公室格子间于是诞生。新一代的家具销量一飞冲天，许多办公室家具制造商也争相仿效他们的设计。

社会心理学家戴维·弗兰兹（David Franz）说，办公室隔间的根基，是控制论的反主流文化版本的"平等主义、社群网络与民主的'人民力量'"。办公室格子间不仅更有效率，而且还合乎道德。支持格子间的人士如英特尔的首席执行官安迪·葛洛夫（Andy Grove），他自己的位置便在该公司开放式办公室某一边的格子间里。《大西洋》（*Atlantic*）月刊里一贯冷静务实的专栏作家詹姆斯·法洛斯（James Fallows）亟欲将隔间文化的力量传播到其他的商业世界里，包括"轮胎公司、设备制造业、彩色电视产业"。每一处的办公室都将因此变得时髦，不需要主管，而且更自由。这样的办公室，是伟大的平等主义下白领职场愿景的一部分。像格子间这样的创新，将使组织层级更为扁平，解放所有脑力劳动者的心灵，赋予他们创造杰出成就的能力。③

身兼媒体大亨、亿万富翁与纽约市长，同时或许也是最知名的格子间族的迈克尔·布隆伯格（Michael Bloomberg）就掌握了这股精神。他曾对《纽约时报》说："实墙是障碍，我的工作就是要移开障碍。"彭博社的办公室，在设计上就是为了要在两个世界中各取所长：以低矮面板隔出的格子间，可促进开放的沟通同时又可维护隐私；以玻璃隔出的会谈空间，则可进行更私密的对谈。马特·温克勒（Matt Winkler）是彭博社的第二把交椅，他说："任何人都可以看到主管在哪里，不会被人挡驾，这是一件好事。这让每个人知道办公室里没有秘密，我们都是一伙的……就像是在同一条船上。"④

下一次当你在自己格子间里的工位打卡时，请记住：这就像是登上马特·温克勒的船。

乔治·尼尔森（George Nelson）对办公室格子间的看法和温克勒大不相同，而且很可能更言之成理。尼尔森写道："就算你不是特别敏锐的批评家也能了解，一般来说，'第二代动感办公室'绝非能为员工创造愉悦环境的系统。但想办法塞进最多人的规划者会喜欢，他们想要挤进最多的'员工'（而非个人）、'人员'、企业僵尸、活死人、沉默的大多数。这个市场很大。"尼尔森是何许人也？他是设计出原始"动感办公室"的其中一名设计师。在"动感办公室"最初遭遇失败后，他为了设计方向，和普罗普斯特针锋相对，后来离开了这个案子。

就算是普罗普斯特本人，在 2000 年过世之前，对于自己参与了后来他称之为"庞大的疯狂"（monolithic insanity）的设计，也感叹不已。⑤

组织的性质：一点提醒

办公室改革者被拖往两个方向。有些人会跟着科学管理之父泰勒的脚步，以及后续一波波的管理科学家。他们认为，有了足够的头顶监视器、电子表格、计算机化以及分析，便能"解决"组织及其问题。或者，也有人会跟着 20 世纪七八十年代的梦想家，他们受到反主流文化自动化运动的启迪，认为移除上述的组织基础设施，让员工接受混乱、复杂、新科技或三者兼备，可让员工自由地发挥全部的潜能。这些理想主义者假设，有了（或少了）某些办公室家具与计算机芯片的组合，就可像是施了魔法一般，一举解决组织的问题。其实并不会。

组织不是一个问题，组织是一个解决方案，只不过是一个会制造出麻烦现实问题的解决方案。比方说，人们要靠持续互动才能收集"软性"信息；经理人淹没在太多的电子表格中，被拽往太多地方；有很多难以评估或难以设定激励的复杂工作；另外，很遗憾的是，还有人性的问题：需要繁复的公文往来程序与层级官僚监督，才能让人们安分守己。这些都是组织人生的取舍。

科斯的基本观点在 1937 年开启了交易成本经济学，他的洞见至今仍然成立。组织的内外分界要由取舍的成本定义，衡量到底是由企业内部自己动手做，还是交由外面的市场。同样也成立的是，即便有了超级计算机与信息科技系统，随着组织不断扩大，层级组织与管理的成本最后仍会节节上涨。若能体察、理解组织背后这些无法改变的事实，可以帮助你辨别哪些事情无法或不应改变、哪些可以，以及两者间有何差异。

组织生活里还有另一项无法改变的事实，那就是所有的改变都有其成本和效益。理想主义者的愿景对成本视而不见，可惜人生不是这样的。

这不是说组织一直以来都没改变。组织当然会变，而且从很多方面来说，都是越变越好。当新事物渐渐变成老化、荒谬的标准时，我们常常就看不到它们过去的小小胜利。暂停一分钟想一想，在"动感办公室"系统革命以前，办公室是如何运作的，就是这样的状态，激励普罗普斯特与他的设计团队成为坚定的乐观主义者，可惜到最后他们还是失望了。来看看《朝九晚五》(*9 to 5*) 这部 1980 年的院线片。电影的重点在于颠覆办公室里的性别角色，由多莉·帕顿（Dolly Parton）、莉莉·汤姆林（Lilly Tomlin）和简·方达（Jane Fonda）饰演的主角，绑架了傲慢、贬抑女性的老板达布尼·柯尔曼（Dabney Coleman），并接管办公室。

别管电影里过时、充满性别歧视的对话与情节，或是 20 世纪 80 年代初期的喜剧明星，请看看牛棚式的开放办公室：又深又长的办公室里没有任何实墙或格子间遮掩，里面放满了小小的办公桌，桌上有"待办"以及"已办完"文件夹、打字机、笨重的黑色电话，此外少有其他东西（即便这部电影上映时，距离"动感办公室"上市的时间已经很久了，但格子间式的设计攻占办公室空间的速度很慢，是蚕食而非鲸吞）。只有主管才有办公室，经理办公室在大办公空间的周边排开，所以他们有窗户；牛棚式开放办公室在日光灯的照耀下更是燥热难耐。谁有办法在这种环境下工作？相较之下，格子间仿佛是沙漠里的海市蜃楼，看来能创造隐私权并提高生产力。

乌托邦之二：缓慢的演进

很多这类的海市蜃楼想法都引起理想主义者的注意。有一个概念即便不断有证据显示不可能实现，但仍持续有人提起，那就是"无纸化"办公室。这概念始于施乐的帕洛阿尔托研究中心，但实际获得的回响，是只被当作营销口号，拿来推销复印机。然而，有些比广告公司文案人员更有远见的作家，很快地就投入新局。1975年6月，《商业周刊》在一篇名为"未来办公室"（The Office of the Future）的文章中，预言纸质时代将结束，这篇先知先觉的文章，预言每一张办公桌上都将摆放一部个人计算机，但不可能出现完全无纸化的乌托邦。⑥

无疑人类和纸的关系出现了很大的变化。问问美国邮政服务

（写作本书时，美国邮政服务正处于崩解消失的边缘）就知道了。它们会证实，随着世人广泛使用电子邮件及其他电子通信，手写的书信大幅减少。

虽然电子数据的储存与通信技术不断进步，无纸化办公室仍是遥远的未来才可能出现的愿景，每一个曾经因为存档需求而把电子邮件打印出来的人都很明白这一点。⑦在哥伦比亚大学的商学院（本书的作者之一菲斯曼，很享受那里完全以实墙隔开的办公室生活），每年仍有超过2万份的费用报告以纸质形式，在各办公桌上流转等待签核；纸质文件是电子文件打印的，这些电子文件从未被纳入作业流程里。

你或许认为很容易就能达成无纸化的境界，但改变的成本很高。哥伦比亚大学应收账款主管，也就是未来要监督费用报告转换为数字化签核的负责人，并未忽略这件事。在评估费用报告无纸化的成本效益时，他可以想象一旦启动改革后，当天早上会怎么样，会如滚雪球般涌进大量的电子邮件，或者抱怨，或者要求他自行请罪，而他那套精心设计的计算机系统里的意外故障问题，因此更加显眼。⑧办公室里的基本设施和程序都是为了应对纸质作业，比方说，档案柜里放满了需要重新整理与编目的历史数据，还要有备份数据，以防硬件设备故障。

有时候，我们甚至会后悔采用数字化。很多图书馆员仍感叹，在"经历无纸化"之后，他们失去了美丽、好用，而且有历史意义的卡式目录。这不完全是怀旧而已。很多上图书馆的人也认为,"发现"的感受随之消失了,比方说通过翻目录找到赫尔曼·麦尔维尔(Herman Melville)的《抄写员巴特比》(*Bartleby the Scrivener*),或在相邻的目录卡上意外找到他另一本比较不知名的中篇小说《贝尼托·切雷诺》(*Benito Cereno*)。

但在 2007 年时,《计算机世界》(*PC World*)杂志仍在推销无纸化的概念,推荐适当的软件与硬件组合,以及必要的步骤(别忘了"自动启动扫描"及"设定工作流程")。最近《福布斯》有位记者把重心放在平板电脑,讨论平板电脑如何注定会消灭"大量的纸"以及"由纸建构而成的长期和平"。⑨

信息科技与咖啡店

预期无纸化的时代将要来临,是过度高估了信息科技对组织生活的影响力。这股相信科技能释放一切的信念,也助长了移动办公室的前景,在移动办公室的世界里,"数字游牧民族"不用再忍受无意义的通勤、冰冷的制式环境以及毫无弹性的上下班时间,可以在山巅上或咖啡馆里更开心、更有效率地工作。

多数机动性计划的立足点,都是源于以下这个概念:如果有适当的科技基础设施,我们就可以在家中或任何"第三空间"(third space)工作,像是星巴克。第三空间本身就是一个突破性的概念,是星巴克的首席执行官霍华德·舒尔茨(Howard

Schultz）借用了社会学家雷·奥登伯格（Ray Oldenburg）的想法。[10] 基本原则是，星巴克将营造出独特的客户体验，重点不只在于咖啡，更强调客户想要待在充满亲密熟悉事物的愉快气氛里：可直接看到咖啡师傅调制饮品，闻到新鲜烘焙的咖啡豆香气，还有舒适的椅子。这就是舒尔茨所谓的"邻家小店的温馨感"。

第三空间是一个完全革新的概念，扭转美国人民和邻里、城市的互动模式，以及他们勾勒地方面貌的方式，也改变了人们购买咖啡的习惯。如今，在居家及职场等第一、第二空间之外，还有另一个同样舒适的空间，一个可以闲坐、思考、聊天、阅读、写作，还有，对，甚至可以让你工作的地方。

星巴克牵引出数不尽的仿效者：提供更优质咖啡与更舒适座椅的咖啡店，而且很多时候，这些还真的都是街坊邻居式的小店。如果说第三空间的发展是以星巴克为起点，如今则已经欣欣向荣，像旧金山的 Ritual Roasters 咖啡店这类地方，上班时间处处可见笔记本电脑和平板电脑。2008 年，《纽约时报》有篇文章引用硅谷投资人的话："当你进入 Ritual Roasters 咖啡店时，店里的客人看起来不是在写程序，就是在写博客，要不然就是在设计让他们可以发大财的作品。"第三空间行动办公室适合小说家、早期的软件创业者、从事软件设计的自由工作者，他们希望能离开家透透气，但又不想支付办公室租金。[11]

对于许多喜欢在上班时间不时出去透个气、到外面的街坊咖啡店工作的上班族来说，第三空间也有好处。理想主义者并非完全错误，只是他们在逻辑上过度跳跃，想象每个组织某种意义上都会变成咖啡店。他们看到第三空间的出现，跟着它的发展脚步来到了美丽但不符合逻辑的终点。

从现实上来说，如果真会发生的话，我们预期移动办公室革命会先出现在结果易于衡量的独立任务上。也就是说，这并不适合需要面对面会谈或监督的工作，而组织里的工作大部分都属于这一类。

对适合的工作类型来说，例如电话营销，在家庭计算机与高速网络连接问世以后，员工能在远方从事全职工作。这对他们自身有益，对雇主亦然。事实上，这类事早已存在。我们在第五章中提过的为印度纺织工厂带来更优质管理的斯坦福经济学家布鲁姆，他也曾针对中国一家在线旅游公司的远程电话营销人员做实验。

布鲁姆和斯坦福的研究同仁与携程旅行网的创办人合作，在半数的机票与酒店部门客服人员家中装设必要设备，让他们能远程作业。携程网是中国的旅游网站，相当于西方的 Expedia 和 Travelocity。客服人员的生日若为偶数日，那就一周以远程方式上班四天，在舒适的居家环境下工作。生日为奇数日者，则维持过去的模式，在排列许多格子间的超大办公空间里伴着一台计算机工作。[12]

现在，没有主管监督员工有多频繁出去抽根烟或对客户有没有礼貌，我们可以想象，职场弹性上班的实验结果一定很糟糕。懒散的心情、晴朗的阳光或咖啡店带来的诱惑实在太大了。在此同时，要衡量每位客服人员的每周绩效轻而易举，计算他们接听的电话通数，以及这些来电转换成机票订单或酒店订房的比率。

在本例中，弹性大获胜利。居家工作者接听电话的通数超过在办公室上班的员工，来电转换成订单的比率则大致相同。在舒适的居家环境下可以完成更多工作。说不定，快乐的员工也会是有生产力的员工。布鲁姆和他的研究团队也追踪了这两群客服人员的离职率和请假频率。居家工作者比较不会请假，也比较少离职，两个数值都低于被迫通勤到办公室上班的同事。[13]

更扁平，但规模更大

信息科技能发挥的功效，比理想主义者所想的更无远弗届、更复杂且更有趣。信息科技一词，是1958年《哈佛商业评论》一篇名为《20世纪80年代的管理》（"Management in the 1980s"）的论文暂时创造出来的说法。这篇文章的作者哈罗德·利维特（Harold Leavitt）与托马斯·维斯勒（Thomas Whisler）描述了"一种还没有单一定名的新科技"，他们称之为"信息科技"（IT）。两位作者非常有远见，他们宣称信息科技将会"快速进入管理领域，为管理型的组织带来明确且深远的影响"。以他们提出信息科技将如何重新塑造组织面貌的论述来说，至少有一部分是对的。

就像之后其他的理想主义办公室论者一样,利维特和维斯勒预示中层管理者将会消失,而"消除因沟通断章取义、误解目标与无法准确衡量数十条生产线及员工的个别贡献而导致严重失当决策的风险"的计算机系统,将取而代之。换言之,计算机芯片与算法将超越中层管理者的功能。当中层管理者消失在组织结构中,组织层级就变得更少、更扁平。[14]

显然,现在我们还是有中层管理者与断章取义的沟通,但组织确实比过去更扁平了。哈佛商学院的教授伍尔芙以300家公开上市公司为样本,个别记录从首席执行官到部门主管等管理层的阶级变化。从1986年到1998年这12年间,层级减缩了25%。当企业变得更扁平的同时,它们也变得更"宽广",直接向首席执行官报告的高层主管人数更多了:1986年时直接归属于首席执行官的"首席XX官"序列有4.4位,到了1998年增为8.2位(这也表示,在未来的组织里,首席执行官要花更多时间开会。伍尔芙发现,因为扁平化而使首席执行官的直属部下人数增加,效果会直接转换成要花更多时间和他们开会)。

伍尔芙和她的共同研究人员拉詹说,2002年通用电气的组织再造是最切题的案例。当年,通用资本公司的主席辞职了。通用电气的首席执行官杰夫·伊梅尔特(Jeff Immelt)没有找人递补,反而要4位事业部主管直接向他报告。伊梅尔特说,这样一来,他们"就可以直接和我互动,有助于加速决策与执行"。[15]

伦敦政经学院研究人员所做的研究指出，在20世纪后半叶的"大扁平化"（Great Flattening）运动中，信息科技至少扮演一定的角色。⑯搭建信息科技系统的公司，更强烈地要求更多经理人直接向每位主管报告。阶层的扁平化，起于赋予基层员工更多自主权。随着基层员工的指尖掌握了更多信息，就越来越不需要咨询主管或寻求其专家意见。如果说信息就是力量，信息科技的广为流传便是赋予力量的方法。

但不同于信息科技的更强大的通信系统，事实上，则把决策又往层级的上层推。假设有一家小型家用热燃油运送公司的业主，每个星期四下午都会出去打网球。无可避免地，一定会有员工打电话来询问运送事宜：这位或那位客户可以透支信用额度吗？在之前的时代，员工可能必须做决定。但现在，业主可以通过手机亲自做决定，这样一来，即便人不在办公室，他也可以把自己的专家判断传达下去，虽然他可能希望自己有时候可以不用管事。

科技也改变了组织本身的疆界。但事情没有那么简单，这世界并不会变成每个人都是在网吧工作的自由工作者。矛盾的是，科技引发了另一股可以说方向完全相反的变动。1980年，《财富》杂志的美国五百强企业中，第二十四大的企业是波音，当时该公司的员工人数不到10万人。到了2011年，表中的第二十四大企业变成大型家居修缮用品公司劳氏，该公司雇用了将近20万人。

带动这股雇用人力增长的因素，和导致波音与其他公司变得更扁平的科技力量，至少有一部分是相同的，即更多的信息。事实上，劳氏公司雇用人数的增长，有部分理由和车载计算机的问世有直接关联。装在货车上的计算机，让主管可以一路追踪卡车司机的活动状况，从载货出门直到抵达目的地。过去还没有行程记录时，如果司机想要的话，他可以在休息站停留久一点，之后再以每小时超过100公里的速度，一路在高速公路上狂飙，把时间补回来，将自己、路上的其他人以及公司的利润都置于险境。

更糟的是，长途货运的司机最后可能会把整晚的时间都耗在休息站睡觉、嫖妓、交易毒品、偷窃甚至谋杀上。新泽西州内犯罪率最高的行政区，就把治安不良的问题归咎于卡车休息站。[17] 要派员工去赌城开会已经够糟了，要派员工开卡车长途送货，更是糟上加糟。

也因此，像劳氏这样的公司过去会聘用自由工作者，这类司机有自己的卡车，他们自己负担卡车的耗损成本，以及因玩忽职守造成的危险。这类外包商在驾驶时会更注意、更勤奋，因为他们知道损害或延迟都会变成自己的负担。[18]

行车记录仪成了无所不在的"老大哥"，一路上随时随地监视卡车司机的一举一动，改变了货运该由组织内部负责或外包之间的基本取舍关系。如今，劳氏公司可以通过更轻松且更可靠的方式追踪与协调货运。也因此，相较于数十年前，劳氏现在自有的卡车变多了，聘用的卡车司机也多了，其中的部分缘由，就是应用了同样协助星巴克成为现代办公室基地的信息科技。

数字设备公司的网络

孤独的英雄,漫画书里我们的好朋友,例如蝙蝠侠、超人以及蜘蛛侠,都要打破界限、免受组织束缚才能成就伟大(反之,坏人总是有一群忠实的追随者听候差遣)。如果蝙蝠侠一天到晚都要把时间耗在监理所排队登录蝙蝠车的行踪,或者在警察局填写一大堆文件,他就没时间保护哥谭市免受坏蛋滋扰,永保和平。

成为蝙蝠侠或许是最终极的办公室幻想。你终于可以大喊:"我已经完全疯了,我再也受不了了!去他的文件!去他的标准报告格式!我看到的是一件工作,这件事要做好,组织才能受惠,而且是一起,我们要一起把事情做好,真是该死!"

在我们赞颂漫画书里特立独行与想法不受拘束的人大大成功的同时,别忘了他们通常也是带来灾难的人。同样令人扫兴的是,创举和善意都必须遵守组织的规则。

格伦·卡罗尔(Glenn Carroll)是斯坦福大学商学院教授,当他在教导商学院学生善意的员工创举会带来哪些灾难时,他举的是数字设备公司的商业研究案例。这一案例要说明的是,企业在争取极为重要契约时的善意,最后如何变成招致厄运的一击。

1989年,正当全世界都陷入不景气之际,数字设备公司也削减成本并裁员。与此同时,公司也知道,以迷你计算机这中间市场为主的核心业务正严重衰退,被大型计算机与个人计算机夹击,这两种产品正快速地将迷你计算机挤出市场。如今公司需要赢得重大契约,好为利润注入亟须的源头活水,更重要的是,借此提振员工低迷的士气。

数字设备公司企业整合系统副总裁鲁斯·古勒提(Russ Gullotti)看出,如果能拿下为柯达提供内部沟通网络的契约,将是一个大好机会。数十年来,数字设备公司都为柯达提供计算机设备。柯达目前在找一家能管理其公司内部每一个沟通层级的公司,从购置设备到网络管理都要包括在内。这个机会价值数千万美元,更有潜力让数字设备公司转型,一举变身成替企业客户提供完整信息科技解决方案的供应商(数字设备公司正确地预测出市场将朝这个方向演进)。如果数字设备公司失去这个项目,不只是失去一个新项目而已,公司也预期将会失去目前和柯达的所有合作。

数字设备公司在柯达的总部、纽约州罗切斯特市设有一个小型办事处,专门服务这家客户。罗切斯特团队没有任何电信通讯的经验,并且从某种程度上来说,也和数字设备公司位于马萨诸塞州梅纳德市的总部脱节。如果把整合建议书的工作完全交给柯达客户服务团队,数字设备公司完全没有机会胜过IBM、美国电话电报公司与斯普林特等业界重量级公司。而这份契约对公司来说又是如此重要,于是数字设备公司的资深高层主管古勒提接下重任,成为这个项目的重量级负责人。

投标前的汇总期只有一个月,根本不可能通过正式渠道要求人手与资源。但这正好又变成数字设备公司的强项。这家公司素以创举、创新的文化自豪，在计算机产业有很长一段时间都居于领导地位。就像惠普、3M以及其他创新的摇篮一样，在数字设备公司，斗志昂扬的员工深受鼓励，要完成前景看好的项目，但前提是要获得主管相当的支持肯定。在公司上下不断谈论柯达项目、兴奋之情处处洋溢的情况下，古勒提手握兵符，可以随意调度他需要的资源，在最短的时间内整合出一份攻击力道强劲的标书。

古勒提完全善用这次机会。他在数字设备公司内部拥有别人难以企及的网络，而且还拥有绝佳的说服力：公司里的人都改变了自己的生活常规，北上到纽约州全力冲刺，焚膏继晷、夜以继日。一位曾参与本项目的员工这么说："那就好像是过去的数字设备公司又回来了：我们'做正确之事'。这是一个大好机会，可推动数字设备公司成为重要的电信公司。有些人搬到罗切斯特市，全心全力投入这个项目。他们取消了生日派对、周年纪念，取消了生活中的一切，只为了赶上项目的期限。"员工们对各自的主管说："罗切斯特那边需要我们。"

他们的努力最后得到回报。柯达将候选公司的范围筛选到只剩下IBM和数字设备公司两家，最后把合约给了数字设备公司。古勒提和他这支仓促成军的团队成为最大赢家。

在拿到为柯达提供通信网络的合约后，数字设备公司还需要敲定细节，决定到底要提供哪些服务。古勒提已经功成身退回到梅纳德，团队里的其他成员则改为不时飞到罗切斯特出差。实际履行契约的工作，很可能会落到客服团队身上，但到目前为止，这群客服人员都还没在这个大项目中插上一脚。用古勒提的话来说，客服人员"直接根据书面"作业就好了。倘若他们一开始就参与契约标书作业，将拖累辛苦工作的"技术人员、创意人员与特立独行的人"，这些人是通过正常指挥链以外的程序调度，特别组合而成的一支赢家团队。

当财务部门与客服部门开始审查他们要做哪些工作以履行契约时，这些制定出烦琐公文流程的照章办事、严谨慎重的人员，发现合约中有一条关于财务的部分严重算错，而且就在要签约的几个小时前才看到。数字设备公司的员工花了大把精力，用最大的善意进行这个项目，但这一切却惹出了大灾难。

嘲弄组织的规则，有利于把事情做好。但有时，少了该有的权衡，最后的结果变成并非原来所想的正确之事。饱受批评只会数豆子的会计人员以及法规遵循部门的人员，他们存在的目的是：即便大灾难偶尔难免，但务必确保重伤出现的频率不要太过频繁；任务能不能完成，他们倒不是那么在乎。创新与开创在组织里自有其重要性，但必须沟通协调并遵守规定。其中的巧妙是，要知道两边的权重各是多少。

大型组织里网络纵横交错的危机显而易见——没人负责、没有协调、没有监督、没有明确的工作与责任定义……这一切都源自我们先有了组织。

有时候，我们不需要超人。有时候，我们需要的是克拉克·肯特。[19]

终极组织：基地组织

恐怖组织基地于 2001 年发动美国境内的攻击，借此占据了全球各大报的头版头条，当时许多专家指出，这是一个网络型组织的胜利。这个团体看起来没有领袖、没有官僚，也没有太多阶层。基地组织拥有全心全意奉献的追随者，这些人愿意为了组织付出生命；他们每一个人都受到同样的信仰激励，每个人都设定同样的目标。未来的组织，可不可能就演变成这副模样？

当美国入侵伊拉克，并遭遇根据同样网络原则运作的暴力反制行动时，答案昭然若揭。这个恐怖组织是一个由各个地方分权的网络组成的联盟，阻挡了美国大军的力量，他们葫芦里卖了什么药，当然值得许多想完成任务的组织借鉴。

但且让我们先看一份备忘录。这份备忘录于 2008 年曝光，然而其日期可回推至 20 世纪 90 年代，是埃及基地组织的领袖穆罕默德·阿特夫（Mohammed Atef）写给一名属下的。之前曾担任农业工程师的阿特夫写道[20]：

你做的事让我很失望。我筹措了 7.5 万卢比，让你和你的家人前往埃及。我知道你并未把收据交给会计，而且你花了4万卢比订房,把剩下的钱据为己有,说你有权利这么做……还有冷气机的问题……在基地组织里,兄弟用的家具都不是私人所有……我要提醒你和我自己,违反规定会遭到什么惩罚。

没错,所有基地的成员都要交差旅费报告。光是对信仰的忠贞或"违反规定会受惩罚"的威胁,并不足以让军队的步调一致。即便是基地,这个未来的网络型组织,都要臣服于组织的力量之下。

马克斯·韦伯(Max Weber)是19世纪的德国哲学家,他后来成为现代社会科学之父之一,也是最初的组织学者之一。他说层级体制的兴起就像"铁笼"一样,会粉碎人们的自由意志,让每个人都身在"极地夜里的冰冷黑暗之境"。而他也写道:"决定要推动层级式组织的理由,以技术层面来看,绝对有优于其他组织形式之处。"

这并不是一幅美好的愿景,我们也不希望你活在这样无可奈何的环境中。[21]

我们希望,你能清楚看透神学家莱因霍尔德·尼布尔(Reinhold Niebuhr)所写的"宁静祷文"(Serenity Prayer)里总结的信息:

上帝，请赐我平静，让我接受我无力改变的事物；

赐我勇气改变我可以改变的事物；

并赐我智慧让我能分辨两者之间的差别。

我们希望，通过本书让你了解到组织在成长、演变时必须面对的取舍，也让你拥有平静去接受无法改变的事物，有勇气去改变你能改变的事物，并拥有智慧以分辨两者之间的差异。

致　谢

菲斯曼

首先也是最重要的，我要感谢我的共同作者。本书是以团队合作从事案例研究的方式写成的——通过快乐且有益的合作，这个过程确实比各个部分的总和更伟大。

我也要感谢许多家人，包括近亲与远亲，谢谢他们极有耐心地听我发表各式各样关于组织经济学的不成熟概念。

沙利文

以前的人说，你没办法靠自己的力量写出一本书，这话用在这里可是对上加对。首先，我要感谢菲斯曼付出的时间、耐心、专业与友谊。

我也要感谢我的家人，特别是我的妻子温迪（Wendy），感谢她在我写作的过程中一直以适度的幽默、和蔼的洞见给我支持，就算我想放弃我该负责的这部分时，她也没有放手。

我们两人要一起感谢以下诸位，他们或者读了初稿（或部分初稿）并提供建议，或者慷慨地同意接受访问，或同我们讨论书中的概念：

尼克·布伦、格伦·卡洛尔、戴维·狄·塞尔（David del Ser）、赛斯·狄屈克（Seth Ditchik）、史蒂芬·杜顿（Stephen Dutton）、罗兹·恩格尔（Roz Engle）、托德·费奇（Todd Fitch）、乔舒亚·刚斯（Joshua Gans）、凯伦·吉奈特（Karen Gennette）、罗伯特·吉本斯、吉米·古特曼（Jimmy Guterman）、汤姆·胡巴德（Tom Hubbard）、马特·卡恩（Matt Kahn）、斯科特·科米纳斯（Scott Kominers）、戴维·莱尔中校、普瑞斯顿·麦克菲（Preston McAfee）、亨利·明茨伯格、彼得·莫斯科斯、克里斯·帕森斯、杰夫·彼得森上校、尚·里夫金、斯科特·厄本以及参与麻省理工学院组织经济学午餐研讨会的各位嘉宾。

我们也要特别感谢伍特·德赛因（Wouter Dessein），感谢他慷慨拨冗并提供专业知识，协助我们从大量的组织经济学学术文献中理出头绪。也要感谢他贡献的许多绝妙点子，帮我们把理论和实际范例相链接。我们在本书中也借用了很多他的好点子，他甚至应该拿三分之一的版税。

最后，我们要感谢我们的经纪人杰·孟德尔（Jay Mandel），也要谢谢最初对本书提案大感兴趣的约纳森·卡普（Jonathan Karp）。同时要感谢我们的编辑兼出版人卡瑞·戈德斯坦（Cary Goldstein），他和十二出版社（Twelve）的团队表现得无与伦比。

注　释

引言　组织：一部为完成任务而打造的机器

1. 关于工时的研究，请见美国劳工统计局（U.S. Bureau of Labor Statistic）的美国人时间运用调查（American Time Use Survey）。关于职场配偶，请见 http://en.wikipedia.org/wiki/Work_spouse。文中提到65％的统计数据，出自市场调查研究机构迷惑公司（Captivate）的其中一项办公室脉动调查（Office Pulse Survey），见 http://officepulse.captivate.com/work-spouse。欲全面了解职场配偶的概念，请见 Timothy Noah, "Prexy Sks Wrk Wf," *Slate*, November 17, 2004。

2. 当经济学家尝试用简化的黑箱式经济体概括全世界时，通常会产出"谷物"和"机械"——代表劳工赖以维生的养分与汰换老旧故障机械的新资本——喂养理论模型中的农工复合体；而产出所有生产成果的，也正是这个复合体。因此，这个世界会陷入生产与消费的恶性循环，导致生产量必须越来越高。

3. 你可以从柯蒂斯的网站上完整读到这个悲惨的故事，请见 http://www.dustincurtis.com/dear_american_airlines.html。

4. Stephen Meyer, "Efforts at Americanization in the Industrial Workplace, 1914-1921," in John Gjerde (ed.), *Major Problems in American Immigration and Ethnic History* (New York: Houghton-Mifflin, 1998).

Daniel Raff, "Wage Determination Theory and the Five-Dollar Day at Ford," *Journal of Economic History*, Vol. 48, No. 2 (Jun., 1988): 387-399. 丹尼尔·拉夫（Daniel Raff）主张，以提高效率说明福特的加薪举动，并非充分的解释因素，实质因素是福特害怕劳工采取集体行动，以拉夫的话来说，福特此举是"用钱买和平"。

5. 便利贴的幕后推手 3M 显然是第一家提供类似条件的企业。1948 年时，这家公司就允许员工挪出 15% 的工时从事创意研究，请见 http://www.fastcodesign.com/1663137/how-3m-gave-everyone-days-off-and-created-an-innovation-dynamo。引人注目的是，借由 Google+ 涉足社交网站，尝试和脸谱网等网站打对台，是谷歌最重要的战略性布局，但这却是由上而下的行动，而非由下而上。

6. 这种循环持续不断。现在脸谱网变成一家价值 10 亿美元的公开上市公司，被迫必须捍卫自家员工，不至于被下一代创新公司前景大好的期权（未来价值可能难以数计）给收买，更不用说还可以脱离层级组织而获得的自由。

7. 迈克尔·阿灵顿（Michael Arrington）在知名博客 TechCrunch 中，撰写了一系列文章，讨论挖人墙脚的问题，包括"谷歌提出令人咋舌的反制条件以阻止员工流向脸谱网"（Google Making Extraordinary Counteroffers to Stop Flow of Employees to Facebook），网址见 http://techcrunch.com/2010/09/01/google-making-extraordinary-counteroffers-to-stop-flow-of-employees-to-facebook（2012 年 7 月 15 日抓取网页）。前苹果工程师被谷歌开除的故事则来自网站 Gawker，网址见 http://gawker.com/5696695/google-fired-an-apple-legend-for-leaking-internal-memo（2012 年 7 月 15 日抓取网页）。

第一章　黑箱：为何要有组织

1. 刚开始创业时，厄本镜框的定价是 450 美元，他的定价大约一年提高 100 美元。你若质疑厄本眼镜是否真的有此能耐，我们要提一提本书的作者之一菲斯曼的经历，他拥有两副厄本镜框，常在曼哈顿地区引来 20 来岁的美女赞不绝口。

2. 当菲斯曼拜访厄本位于地下室的工作室时,厄本养的狗贺伯(Herb)大咬菲斯曼在巴尼斯新买的外套,可谓报应不爽。

3. 这不代表他们什么事都做得很好。在自传《惠普之道》(The HP Way)中,戴维·帕卡德提到他们第一件产品射频发射器的价格太低,导致他们卖一件就亏一件。我们特别要提出的是,许多论坛中都曾多次提到惠普的这段历史。我们也使用了迈克尔·马龙(Michael Malone)的著作《比尔与戴夫:休利特和帕卡德如何打造出全世界最伟大的企业》(Bill and Dave: How Hewlett and Packard Built the World's Greatest Company)的内容,及其他相关数据。

4. 管理学大师彼得·德鲁克在1954年首度创造出这个词,请见其著作《管理的实践》(The Practice of Management)。

5. Peter Burrows, "Hewlett & Packard: Architects of the Info Age," BusinessWeek, March 29, 2004(网址为http://www.businessweek.com/magazine/content/04_13/b3876054.htm,2012年7月14日抓取网页)。

6. Andrew Pollack, "Hewlett's 'Consummate Strategist,'" New York Times, March 10, 1992 (http://www.nytimes.com/1992/03/10/business/hewlett-s-consummate-strategist.html?src=pm).

7. Alex Dobuzinskis, "Fiorina, Hurd: No Practitioners of 'The HP Way'?" The Globe and Mail, August 9, 2010 (http://theglobeandmail.com/news/technology/fiorina-hurd-no-practitioners-of-the-hp-way/article1666530/).

8. Bob Evans, "Global CIO: In Praise of Mark Hurd's 9,000 Layoffs at Hewlett-Packard," Information Week, June 2, 2010 (http://www.informationweek.com/news/global-cio/interviews/225300072).

9. 根据哈洛德·德姆塞兹(Harold Demsetz)在《所有权、控制与公司》(Ownership, Control, and the Firm)一书中所言,罗纳德·科斯在1991年获得诺贝尔奖的演说中,也引用了相关的论点,演说全文请见

http://www.nobelprize.org/nobel_prizes/economics/laureates/1991/coase-lecture.html。

10. 实际上，聚集在商品交易所的多半是针对铜矿、小麦和猪肉的期货价格做投机交易的交易员。真正的原材料生产者与消费者早已签订了"期货"契约，锁定他们的产品价格与要支付的生产要素价格，把未来价格波动的风险留给仅负责交易而不实际生产或消费任何具体商品的投机者。

11. Eric K. Clemons, Il-Horn Hann, and Lorin M. Hitt, "Price Dispersion and Differentiation in Online Travel: An Empirical Investigation," *Management Science*, 48, No. 4(April, 2002): 534–549.

12. 但组织方面的学者确实留意到科斯的观点，理查德·赛尔特（Richard Cyert）、詹姆士·马奇（James March）和赫伯特·西蒙（Herbert Simon）也帮忙打下基础，促成下一波的组织经济学，这也是本书接下来的焦点。我们在此处未提及这些人，并不代表贬低他们的贡献。写书的过程涉及太多取舍，得在简练和完整性之间选一边。

第二章　组织要如何设计工作内容

1. 这是美国军队里对待性倾向的政策。军方不问，军人也不可透露。

2. 莫斯科斯是跟着麻省理工学院教授约翰·范·马南（John Van Maanen）的脚步走。20世纪60年代，马南在西雅图曾经跟着警察接受训练并在街上巡逻。

3. 丹尼尔在数月后辞职。但根据莫斯科斯在其著作《穿披风的警察》（*Cop in the Hood*）一书中所言，再加上与莫斯科斯的访谈（我们大致以访谈为准），当丹尼尔的继任者上任、警局人事再度洗牌之后，莫斯科斯本来的别有用心也消失不见了。

4. 2009年，巴尔的摩市的谋杀率在美国超过25万人的大城市中排名前五，和莫斯科斯就读警校时差不多。

5. 关于这一点，请见史蒂夫·科尔（Steven Kerr）经典而有趣的论文："On the Folly of Rewarding A while Hoping for B," *Academy of Management Journal*, 18(1975): 769–783。

6. 近期巴尔的摩市警局的逮捕率下降一半，凶杀率也同时下降，这番结果让人印象深刻。

7. 译注：这是美国法律系统中的一种制度，被告向职业保释人缴纳一定比例的保释金，剩下的保释金由职业保释人筹措后交给法庭。被告交给职业保释人的费用相当于服务费，不会返还。

8. 赏金猎人是平民，不必一定是执法人员，可缉拿逃犯领取赏金。

9. Jason Hibbs, "Firefighters Watch as Home Burns to the Ground," Sept. 29, 2010, WPSD, local NBC affiliate in Tennessee (http://www.wpsdlocal6.com/news/local/Firefighters-watch-as-home-burns-to-the-ground-104052668.html).

10. 团队生产模式也让个别团队可以实行自我管理与进行创新，他们可以提出自己的解决方案，安排团队的工作方法以实现最高产量。在装配线上，每一位员工只看到生产过程中的一个步骤，因此很难去思考如何重新设定整体流程，以加速生产。因此，装配线的创新要由高层经理人驱动，但这些人可能离生产现场太远，很难看出最好的模式。

11. Timothy Tyler, "Where the Auto Reigns Supreme," *Time*, April 3, 1972.

12. Brian Jacob, Lars Lefgren, and Enrico Moretti, "The Dynamics of Criminal Behavior: Evidence from Weather Shocks," *NBER Working Paper* No. 10739, September 2004 (http://www.nber.org/papers/w10739).

13. Gretchen Morgenson, "Was There a Loan It Didn't Like?" *New York Times*, November 1, 2008 (http://www.nytimes.com/2008/11/02/business/02gret.html?partner=rssuserland&emc=rss&pagewanted=all).

14. Pierre Thomas and Lauren Pearle, "WaMu Insiders Claim Execs Ignored Warnings, Encouraged Reckless Lending," Nightline/ABC News, Oct. 13, 2008 (http://abcnews.go.com/TheLaw/story?id=6021608&page=1).

15. 这与家得宝的高层主管穿上橘色围裙制服在店面和仓库工作有异曲同工之妙；真人秀节目《卧底老板》(*Undercover Boss*)，也记录了《财富》五百强企业的首席执行官在第一线努力工作。关于独木舟网站公司，请见"The Way I Work," as told to Liz Welch, Inc., Feb. 1, 2010 (http://www.inc.com/magazine/20100201/the-way-i-work-paul-english-of-kayak.html)，以及 Robert Levine, "The Success of Kayak.com," *Fast Company*, September 1, 2008 (http://www.fastcompany.com/magazine/128/globe-trotter.html)。

16. 在1997年之前，《计算机世界》不断刊出文章，主张："CD-ROM格式的参考文献比纸质的百科全书更优越，这种事真会让人觉得很糟糕。如果你可以用70美元买两片光盘，得到完整未删节的多媒体参考内容，谁要花800美元购买重达500磅、多达12册的怪物放在书架上？"之后，更出现了因特网。大英百科全书公司在2012年春天后就不再出版纸质版本。

17. Lauren Dell, "The Perks of Working at Google, Facebook, Twitter and More," *Mashable*, October 17, 2011 (http://mashable.com/2011/10/17/google-facebook-twitter-linkedin-perks-infographic/).

18. Frances Frei and Corey Hajim, "Commerce Bank" (HBS Case 603-080) and "Four Things a Service Company Must Get Right," *Harvard Business Review*, April, 2008.

19. 迈克尔·斯宾塞（Michael Spence）以就业市场的信号研究在2001年赢得诺贝尔经济学奖，本书是以最简单的形式来进行讨论。

20. Tony Hsieh, *Delivering Happiness: A Path to Profits, Passion, and Purpose*（Business Plus, 2010）。

21. 即便早在 20 世纪 70 年代，作家约瑟夫·瓦姆博（Joseph Wambaugh）也曾针对洛杉矶的警务写过一些有点虚构色彩、可笑又可怕的场景，例如《唱诗班男孩》(*The Choirboys*)。

第三章　如何构建组织

1. 有个老掉牙的故事说路德把他的论纲钉在天主教会的门上。很可惜，这是假的。

2. 广义的基督教指的是所有接受基督思想的宗教，至 11 世纪分为罗马天主教和希腊正教，而罗马天主教又在 16 世纪宗教改革时再分为新教派与旧教派。狭义的基督教指的是宗教改革后的基督新教。

3. 教会销售赎罪券的历史由来已久，凭借的教义是，捐赠是虔诚信徒必须实行的"善功"。但即便是由明智的领导者掌理，销售赎罪券都会让任何销售团队陷入困扰不已的相同问题中。比方说，1215 年时，教会领袖针对赦罪教士发出警告，不准他们寄宿客栈，否则教会的费用将会快速攀升。但在利奥十世的统治下，赎罪券的销售已经完全走样。在德国，最主要的赎罪券推销人是一位名叫约翰·台彻尔（Johann Tetzer）的多明我会（Dominican）传教士，他想出了一句销售台词，历史学家埃蒙·达菲（Eamon Duffy）译为："银币铿锵掉进箱，炼狱灵魂入天堂。"铿锵！

4. 请见卫理公会网站"Mission and Ministry"。

5. 感谢哈泽尔指出这一点。

6. 类似老鼠会。

7. 塔米从未失去信仰，也从未放弃资本主义者的冲劲，继续靠着销售书籍与自己的电视节目赚进大把钞票，直到她于 2007 年过世为止。吉姆则在"赞美上帝"崩解后经历艰困的人生，之后他仍从事大众传播相关事业。

8. 引自卫理公会网站"Structure & Organization: Governance",最后存取日为 2012 年 7 月 8 日。

9. 《卫理宗纪律书》(*The Book of Discipline of the United Methodist Church*)第 258 章第 2 节。

10. 本书的作者之一菲斯曼是第一项研究的参与研究人员。

11. 威廉·查德威克在其著作《偷羊》中提到,这便是教会成长运动(Church Growth Movement)的良善本意。教会成长运动一词,最初是在 20 世纪 50 年代中期,由传教士唐诺·马盖文(Donald McGavran)所提出。

12. Leonard Sayles, "Matrix Management: The Structure with a Future," *Organizational Dynamics*, 5, no. 2(Autumn, 1976):2.

第四章 层级组织与创新

1. John Keegan, *A History of Warfare* (New York:Vintage, 1994).

2. Alfred D. Chandler, "The Railroads and the Beginnings of Modern Management," Harvard Business School case, 1995.

3. 空降部队在诺曼底登陆战役中遭逢的灾难,详细记录在史蒂芬·安布罗斯的《兄弟连》(*Band of Brothers*)一书中。本章的相关说明,也是以此书作为数据源。

4. 这句话的用词有很多不同的版本,本书引用的版本摘自史蒂芬·安布罗斯所著的《诺曼底登陆》(*D-Day*)一书。

5. Colonel John T. Carney Jr., *No Room for Error: The Covert Operations of America's Special Tactics Units from Iran to Afghanistan* (New York: Ballantine, 2002).

6. 斯科特·斯努克以动人心弦的方式完整讲述黑鹰直升机遭击落事件,他是退役陆军上校，目前是哈佛商学院的教授。请见其著作 *Friendly Fire: The Accidental Shootdown of U.S. Black Hawks over Northern Iraq* (Princeton: Princeton University Press, 2002)。

7. John Love, *McDonald's: Behind the Arches*.

8. Best Global Brands 2011, Interbrand.

9. 我们不认为《小姐好辣》一片里有任何笑话。或者，就算有的话，也不太可能和迪士尼的形象一致。请见爱德华·杰·艾普斯坦的《大银幕后：好莱坞钱权秘辛》。

10. 现在当地的运营已经逐步走上正轨，麦当劳最后把他们垂直整合企业中的部分业务售出。请见 Andrew E. Kramer, "Russia's Evolution, Seen Through Golden Arches," *New York Times*, February 1, 2010 (http://www.nytimes.com/2010/02/02/business/global/02mcdonalds.html)。

11. John Cloud, "In Defense of Applebee's," *Time*, July 25, 2006 (http://www.time.com/time/nation/article/0,8599,1218911,00.html)

12. 欲了解一般性的背景资料，请见约翰·洛夫：《麦当劳：探索金拱门的奇迹》；Clayton Christensen, "Innovation: A Happy Meal For McDonald's," *Forbes*, October 26, 2007 (http://www.forbes.com/2007/08/31/christensen-innovation-mcdonalds-pf-guru_in_cc_0904christensen_inl.html)。

13. 意见箱里的建议不一定都有益：有一名伞兵在霸王计划之后提了一项建议丢进意见箱，内容是要强迫每一位飞行员从时速240公里的飞机上跳机，让他们尝尝看那是什么滋味。

14. 有鉴于鳕鱼资源耗竭，麦当劳在20世纪90年代改用无须鳕鱼（hoki），最近又因为无须鳕鱼数量减少而改用阿拉斯加鳕鱼（pollack）。

15. Tim Hindle, "Survey: The Company: The New Organization," *The Economist*, January 19, 2006.

16. 有很多人支持这样的观点,其中一位就是20世纪上半叶的经济学家熊彼特,他一直乐见自己的创新研究享有如宗教般让人崇拜的地位(至少对追随他的后进经济学家而言是如此)。熊彼特最为人所知的,是他提出"创造性破坏"一词,用来描述资本主义经济体中会有一波波的企业创新,持续地取代更大、更有历史且能创造利润的企业。但他也指出,有很多的创新便来自规模过大的大企业,因为他们有财务资源可以花在研发上,且因为他们担心被新创公司取代,因此有动机从事研发。

17. Stephen Ambrose, *Duty, Honor, Country: A History of West Point* (Baltimore:Johns Hopkins University Press, 1999).

18. "Social Sciences"简短发音时类似 SOSH,与寿司(Sushi)谐音。

19. David Cloud and Greg Jaffe, *The Fourth Star: Four Generals and the Epic Struggle for the Future of the United States Army* (New York: Crown, 2009).

20. 本书付梓时,索耶已经不在西点了。文中的讨论,对照的是2010年3月和索耶中校的谈话。

21. 这是彼得森本人对韦斯利·摩根(Wesley Morgan)所言。摩根是普林斯顿大学即将升大二的学生,也是美国预备军官训练团(Reserve Officers' Training Corps, 简称ROTC)的储备军官,暑假时加入驻伊拉克美军。

第五章 好的管理是什么样的

1. 麦肯锡并未参与本项研究,这或许并不足为奇。如果在印度执行麦肯锡式的管理无效,或者更糟,还让棉纺织业者的利润下滑,他们要怎么对客户保证麦肯锡提供的是有价值的服务?他们可能也因为成本太高而裹足不前。所有研究相关资料,都可从网站上取得(www. worldmanagementsurvey.org)。印度的管理研究请见 Benn Eifert, David McKenzie, Aprajit Mahajan, and John Roberts, "Does Management Matter: Evidence from India," Stanford University Working Paper, 2012; 原始的全球管理实践调查请见 Nick Bloom and John Van Reenen, "Measuring and Explaining Management Practices Across Firms and Countries," *Quarterly Journal of Economics*, 122, no 4(2007):1351-408。

2. 剩下这6家工厂隶属于某些拥有另外14家工厂的企业，经济学家利用控制组审视"好"的管理做法是否会散布到同一家企业的不同工厂里。

3. 后来又洗了某些照片，放在研究报告后面。

4. 最新由麻省理工、耶鲁大学与世界银行研究人员所做的研究指出，更好的管理为小型组织带来的回报更大。2012年有一项研究，为墨西哥的中小企业（平均员工数为14人）提供价值11000美元的免费管理顾问。研究人员发现，只要一个月，利润的增加就足以支付管理顾问费用。请见 Miriam Bruhn, Dean Karlan, and Antoinette Schoar, "The Impact of Consulting Services on Small and Medium Enterprises: Evidence from a Randomized Trial in Mexico," Yale Economics Department Working Papers No. 100,Yale University Economic Growth Center Discussion Paper No. 1010。

5. 经验曲线的概念，是20世纪60年代末由波士顿咨询公司创办人布鲁斯·亨德森（Bruce Henderson）发展出来的。

6. 如果他真的抓到经理偷窃，他在法律上也找不到什么补救措施。就像布鲁姆及其他人指出的，印度执法极为不彰，严重性更胜于缺少经理人。

7. Alfred D. Chandler Jr., *The Visible Hand: The Managerial Revolution in American Business* (Cambridge: Belknap Press of Harvard University Press, 1977). See also Steven W. Usselman, "Still Visible: Alfred D. Chandler's The Visible Hand," *Technology and Culture*, 47 No. 3 (July, 2006) and the Economist's obituary of Chandler, which ran in the May 17, 2007, edition.

8. 指20世纪的美国非常强盛，在政治、经济、文化等各方面主导全球，因此20世纪也就是美国世纪。

9. 钱德勒的中间名"D"便是杜邦（Du Pont）的 D。家族关系助他一臂之力，让他有机会记录一流美国企业的管理做法；更别提当斯隆经营通用汽车时，通用汽车有一大部分属于杜邦家族。

10. 以上是三本书的书名，出版于 20 世纪 50 年代，描写当时的美国社会。

11. 戈登·萨姆纳是歌手斯汀的本名。这句歌词的原文是"packed like lemmings into shiny metal boxes"。

12. Michael Lewis, "The New Organization Man," *Slate*, Oct. 30, 1997 (http://www.slate.com/articles/arts/ millionerds/1997/10/the_new_organization_man.html).

13. Roy Radner, "Hierarchy: The Economics of Managing," *Journal of Economic Literature,* Vol. 30, No. 3 (September, 1992): 1382-1415.

14. 虽然一般人都认同需要有专业经理人，但在哈佛商学院取得资金开办工商管理硕士课程后，又过了数十年，专业经理人才真正主掌大局。而除了会计、算术和书法之外，到底哪些科目应该纳入专业管理训练中，当时也引发过争议（到目前情况仍是如此）。如欲了解管理教育发展的全貌，包括文中提到设有独立书法学系的商学院，请参考卡特·丹尼尔（Carter Daniel）的《MBA 百年史》(*MBA: The First Century*)。

15. Luis Garicano and Esteban Rossi-Hansberg, "Organization and Inequality in a Knowledge Economy," *Quarterly Journal of Economics*, 121, no 4 (November, 2006):1383-1485.

16. Guido Friebel and Michael Raith, "Abuse of Authority and Hierarchical Communication," *RAND Journal of Economics,* Vol. 35, No. 2 (Summer, 2004): 224-244.

17. 彼得博士认为，一般人认定积极进取便能获得升迁的倡导是始作俑者。

18. 很多公司因此有管理轮调方案，让未来可能成为领导者的人在升迁之前先审视自己，是否适合担任领导角色。

19. 随机提拔，代表你很可能不会升任表现最好的基层员工，这样一来就可以保证效率可以继续延续下去（意思是，最好的员工很可能得不到升迁，因此只好继续做原本的工作）。因为根本无从猜出谁会在新职务上表现最好，因此随机选择就和其他的选才方法一样好。请见 Alessandro Pluchino, Andrea Rapisarda, and Cesare Garofalo, "The Peter Principle Revisited: A Computational Study," *Physica A*, vol. 389, no. 3 (February, 2010): 467-472。

20. 指把一些不太重要的事情搞砸。

21. 欲了解氧气项目详情，请见 Adam Bryant, "Google's Quest to Build a Better Boss," *New York Times*, March 12, 2011 (http://www.nytimes.com/2011/03/13/business/13hire.html)。

22. 你可以从朗德斯（Rands）的网站上找到一系列的文章，说明为何事实上经理人并非魔鬼，请见 http://www.randsinrepose.com/archives/2006/02/17/managers_are_not_evil_pt_1.html。朗德斯，又名迈克尔·洛普（Michael Loop），他也写过一本书《管人：一位软件工程经理的甘苦》(*Managing Humans: Biting and Humorous Tales of a Software Engineering Manager*)。

23. 请见格拉汉姆的博客（www.paulgraham.com/makersschedule.html）2009 年 7 月份的文章 "Maker's schedule, manager's schedule"。

24. IFC Advisory Services in East Asia and the Pacific, "Supervisory Skills Training in the Cambodian Garment Industry: A Randomized Impact Evaluation," IFC Working Paper, 2009.

25. 虽说不见得一定会有人行为不检，但我们认为确实如此。在《怪诞行为学》(*Predictably Irrational*) 一书中，杜克大学（Duke）心理学家丹·艾瑞里（Dan Ariely）描述了一项实验室实验，根据受试者正确答对的数学问题付钱给他们。控制组的答案由实验室工作人员评分，第二群人则由受试者自行报告他们答对了几题，让他们有机可乘，谎称自己的成绩以增加收入。毫不意外地，自行报告成绩的群组提报答对的题数较多。更有意思的是，当受试者收取代币，之后才能换成现金时，他们作弊的数字比直接收取现金时来得高。艾瑞里认为，这是一个很值得关注的问题——我们很容易就从储藏室里多拿一些笔和影印纸，但大部分的人都不会从小钱箱里摸走钞票。

第六章　豪华办公室和首席执行官

1. Rakesh Khurana, *Searching for a Corporate Savior: The Irrational Quest for Charismatic CEOs* (Princeton :Princeton University Press, 2002).

2. 麻省理工学院的管理学院名称早已抛下"产业"二字。现在的斯隆管理学院坐落在由弗兰克·盖里（Frank Gehry）设计的价值 1.42 亿美元的校舍，俯瞰马萨诸塞州剑桥市的查尔斯河。

3. 明茨伯格于 1965 年取得麻省理工学院的管理硕士学位，1968 年取得麻省理工学院的管理博士学位。

4. 当然，企业里有很多冗长的会议，这些会议占用首席执行官们超过 10%的工作时间。

5. Rosanne Badowski with Roger Gittines, *Managing Up: How to Forge an Effective Relationship with Those Above You* (New York: Doubleday, 2003).

6. 明茨伯格公开表示他之所以不喜欢工商管理硕士，正是基于这个理由。他认为这些人根本不知道哪些才是相关的信息。

7. 已经有很多人深入层级体制内的信息流动，其中包括一流的组织经济学家路易斯·加里卡诺，请见 "Hierarchies and the Organization of Knowledge in Production," *Journal of Political Economy*, Vol. 108, No. 5 (2000)。

8. Michael E. Porter and Nitin Nohria, "The CEO's Role in Large, Complex Organizations," in Nitin Nohria and Rakesh Khurana ,eds., *Handbook of Leadership Theory and Practice* (Boston: Harvard Business Review Press, 2010).

9. 文中两句范例都引用宝洁首席执行官罗伯特·麦克唐纳（Robert McDonald）在公司 2010 年年报中的序言。

10. 这句话同样呼应了早期管理大师、哈佛商学院的特德·莱维特（Ted Levitt）与他的重要论文《营销的短视》（"Marketing Myopia"），该文于 1960 年首度发表于《哈佛商业评论》。

11. 这是 20 世纪 70 年代后期苹果公司推出的第三代苹果计算机，以乔布斯的女儿命名。

12. Adam Lashinsky, "How Apple Works: Inside the World's Biggest Start-up," *Fortune*, May 23, 2011.

13. Marianne Bertrand and Antoinette Schoar, "Managing with Style: The Effect of Managers on Firm Policies," *Quarterly Journal of Economics*, 118, no. 4(2003): 1169-1208.

14. 薪资为 59 万英镑，再加上 104 万英镑分红，另外还有 120 万英镑的留任奖金。

15. 2011 年，穆拉利的年薪达到 3400 万美元，因为在他的领导下，福特汽车继续创造出创纪录的利润。"EasyJet CEO: Because I'm Worth It," *Wall Street Journal*, "The Source," February 19, 2010 (http://blogs.wsj.com/source/2010/02/19/easyjet-ceo-because-im-worth-it/)。

16. 算牌牵涉到要记住一副牌或多副牌里出过的牌，并利用这些信息算出有利于算牌者的赢牌概率。以 21 点来说，目标是尽量要牌到最接近但又不超过 21 点，当一位玩家手上握有 19 点，而且知道有多少张 2 点的牌已经出现过了，他就有很大的胜算。拉斯维加斯的庄家一次用多副牌，并在发牌之前切牌，以限制算牌的成效。

17. 但赌场并不像你想象的那么严密，请见 Andrew Rosenblum, "Why Baccarat, the Game of Princes and Spies, Has Become a Target for High-Tech Cheaters," *PopSci*, August 11, 2011.

18. 光是算牌的可观利润，不足以为算牌者带来更高的薪资。如果玩 21 点那么容易赢的话，算牌者之间的竞争就会使大家能分到的利润都减少，因为总是会有人用低价抢市，以获得相对稀少的金主支持。如果说，以这些玩家而言，他们能够找到最好的其他工作，就是在快餐店煎汉堡这类无需技巧的工作，他们也赚不到比最低工资高太多的薪水。麦当劳首席执行官的年薪，比在基层赚取最低工资的煎汉堡员工高了千倍，这一点隐含着很多人相信，与寻找领导人的企业数目相比，优秀的经理人（有能力让营收 10 亿美元计的企业获利能力稍微提高一点的人）是相对稀缺的。换言之，这个世界的超级首席执行官人数不够多。以下这篇《财富》刊出的文章，就在颂扬麦当劳现任的超级首席执行官，在许多类似文章中，绝对也隐含了上述的假设。请见: Beth Kowitt, "Why McDonald's Wins in Any Economy," *Fortune*, August 23, 2011.

19. 正因为这个理由，就像一份 2012 年的研究（Morten Bennedsen, Francisco Pérez-González, and Daniel Wolfenzon, "Evaluating the Impact of The Boss: Evidence from CEO Hospitalization Events," available at http://www.stanford.edu/~fperezg/valueboss.pdf）所指出的，首席执行官如果入院治疗将影响公司的获利，而其他资深高层主管若因病住院，则不会对公司的利润构成任何可衡量的效果。

20. 美国棒球小联盟分为六级，最高级为 AAA 小联盟，最接近大联盟。

21. Sherwin Rosen, "The Economics of Superstars," *American Economic Review*, 71, no. 5 (December, 1981): 845-858。就算首席执行官真的有那个价值，超级明星则很可能看不到大格局——随着名声与媒体关注而来的众多机会，会让他们分心，例如写书或是进入企业界担任董事。加州大学伯克利分校的金融学教授乌里克·马孟迪尔（Ulrike Malmendier）与加州大学洛杉矶分校的吉奥福·泰特（Geoff Tate）教授，也提出同样的说法：超级明星首席执行官太过相信自己不会犯错会发生什么事？他们在这方面多有论述。马孟迪尔和泰特审视首席执行官们得到各项荣衔之后的记录，比方说《福布斯》《首席执行官》（*Chief Executive*）与《商业周刊》等杂志的"年度最佳首席执行官"。他们发现，成为年度最佳首席执行官对首席执行官本人来说是好事——得奖的领导者加薪速度比公司内的其他高层主管更快，但按理说，公司绩效改善，这些高层主管也该记上一笔功劳。不过相对于略逊一筹的首席执行官，得奖首席执行官所领导的公司在得奖后的几年利润都会下滑。请见 "Superstar CEOs," *Quarterly Journal of Economics*, vol. 124, no. 4 (November, 2009): 1593-1638。

22. 这句话原出自波士顿咨询公司的合伙人戴维·布伊克（David Buik），由记者格拉梅·维尔登（Graeme Wearden）引用，请见 "BP Credit Rating Downgraded after Tony Hayward's Grilling by Congress," *Guardian* (UK), June 18, 2010。

23. W. Bruce Johnson, Robert P. Magee, Nandu J. Nagarajan, and Harry A. Newman, "An Analysis of the Stock Price Reaction to Executive Deaths: Implications for the Managerial Labor Market," *Journal of Accounting and Economics*, 7 , nos. 1-3(1985): 151-174.

24. "Inherited Control and Firm Performance," *American Economic Review*, 96, no. 5 (December, 2006): 1559–1588。佩雷斯-冈萨雷斯在另一项研究中使用丹麦的数据，指出公司的首席执行官如果第一胎生男孩，当首席执行官退休时，这些公司的绩效也比较低。他认为其中的理由是，如果有明确的男性继承人，这些公司很可能仍然由家族领导。第一胎的性别是随机的，因此就这些选择由家族管理的企业来说，很难把绩效的差异说成管理风格的差异所造成的。

25. 但公司里有这种极富影响力的投资人也有其问题。沃尔顿家族可以施展在董事会的庞大权力，指定迟钝的沃尔顿家人担任首席执行官，这样一来，沃尔顿家的这位庸才就有地方打发时间了；或者他们也可以强力游说，让公司把资金转进沃尔顿家族的慈善基金；又或者，他们也可以坚持店面装修一定要交给沃尔顿家族的建筑公司，而且价格还比别人高。

26. Louis Lavelle, "The Best and Worst Boards," *BusinessWeek*, October 7, 2002.

27. 戴维·马沙（David Matsa）和埃玛丽亚·米勒（Amalia Miller）发现，1997 年时，美国大企业中有 7.6％的董事是女性；到了 2009 年，增加为

14.8%。董事会基本上还是一个男性的世界。"Chipping Away at the Glass Ceiling: Gender Spillovers in Corporate Leadership," *American Economic Review* P&P, 101, no. 2(May, 2011):635–639。

28. Kevin Hallock, "Reciprocally Interlocking Boards of Directors and Executive Compensation," *Journal of Financial and Quantitative Analysis*, 32 (1997): 331–344。企业智库 2003 年进行一项分析，发现 2002 年时，超过千名炙手可热的董事加入了 4 家甚至更多家的董事会，其中有 235 人进驻了 6 家甚至更多家企业（"US Board and Director Interlocks in 2003," The Corporate Library）。

29. Brian Bell and John Van Reenen, "Firm Performance and Wages: Evidence from across the Corporate Hierarchy," CEP Discussion Paper No. 1088, May, 2012.

30. 这并不代表企业界过去就没有严重的例外。纽约证券交易所是一个非营利机构，为了让其主管迪克·格拉索（Dick Grasso）领取的丰厚薪酬配套显得合情合理，他们选择的同侪名单包括金融界的巨人如花旗集团和富国银行（Wells Fargo），但未纳入其他证券交易所或非营利组织。请见 Michael Faulkender and Jun Yang, "Inside the Black Box: The Role and Composition of Compensation Peer Groups," *Journal of Financial Economics* 96(2010):257–270; "Is Disclosure an Effective Cleansing Mechanism? The Dynamics of Compensation Peer Benchmarking"（未出版之研究报告）。

31. Thomas A. DiPrete, Gregory M. Eirich, and Matthew Pittinsky, "Compensation Benchmarking, Leapfrogs, and the Surge in Executive Pay," *American Journal of Sociology*, 115 no. 6 (May, 2010): 1671–1712.

32. 这是聘用合约中的条款，规定当公司控制权有所变动时——比方说遭到并购，高层主管无论是被迫或主动离职，都可以拿到丰厚的补偿，美国最早有这种制度。

33. 与此同时，有这么多恶意并购者虎视眈眈地寻求接手的目标（通常会让高层人事大幅变动），对首席执行官来说，并不值得全心投入经营，完全了解公司里的大大小小事项。但值得一提的是，后来詹森已经改变心意不这么想了。

34. Jesse Edgerton, "Agency Problems in Public Firms: Evidence from Corporate Jets in Leveraged Buyouts," *Journal of Finance*, forthcoming. Raghuram G. Rajan and Julie Wulf, "Are Perks Purely Managerial Excess?" *Journal of Financial Economics*, 79 (2006): 1–33.

35. 在迈克尔·刘易斯（Michael Lewis）的《大空头》（*The Big Short: Inside the Doomsday Machine*）中，描写了几个极为成功的案例。

第七章　组织的文化

1. 以上引用不知名人士的话，请见 "Traffic Change Drives Samoa into Turmoil," *Television New Zealand*, March 25, 2009; David Whitley, "Samoa Provokes Fury by Switching Sides of the Road," *Telegraph* (London), July 3, 2009。

2. 更正式地说，组织文化是"一般共有的社会理解，源自组织成员共通的假设与世界观"。本定义的原出处，请见 Roberto A. Weber and Colin F. Camerer, "Cultural Conflict and Merger Failure: An Experimental Approach," *Management Science*, 49, no. 4 (April, 2003): 400–415。

3. Weber and Camerer, "Cultural Conflict and Merger Failure."

4. 请见 http://www.straightdope.com/columns/read/634/why-do-the-british-drive-on-the-left。亦请见 http://books.google.com.au/books?id=lyo-DAAAAMBAJ&lpg=PA11&pg=PA37#v=onepage&q&f=false。另一种比较不可信的说法是，多数欧洲人之所以靠右走是因为法国大革命的关系。这套理论指出，在法国大革命之前，挥着剑（且骑马时靠左边走）的法国贵族强迫农民避到右边去。因此当大革命发生时，之前备受压迫的人已经养成靠右走的习惯，这群人现在摇身一变，变成主掌大局的人。还没上断头台的贵族只想保持低调，混进人群里，因此他们也靠右走。最终拿破仑征服欧洲，他把靠右走的规范传出去，其中包括德国；德国后来把这样的规范传到了萨摩亚。在这种说法里，至少最后一部分是对的。有关驾驶规则的历史，最权威的指南应是彼得·金凯德（Peter Kincaid）的著作《道路的规则》(*The Rule of the Road: An International Guide to History and Practice*)。

5. 开明自利（enlightened self-interest）是一种更广义的自利动机，追求的是利己利人。

6. 博弈论也大量应用在真实的博弈策略中。扑克牌界的明星克里斯·弗格森（Chris Ferguson）花了13年时间取得计算机科学的博士学位，部分原因就是身为高手的他累积出越来越多清明的旁观者观点。他后来在2011年全速扑克大赛（Full Tilt Poker）的丑闻中遭到指控。

7. 罗伯特·萨顿（Robert Sutton）：《论浑人》(*The No Asshole Rule: Building a Civilized Workplace and Surviving One that Isn't*)。亦见萨顿的博客 http://bobsutton.typepad.com/my_weblog/2006/06/the_no_asshole_.html。

8. Ernst Fehr and Simon Gächter, "Cooperation and Punishment in Public Goods Experiments," *American Economic Review*, 90, no. 4 (September, 2000): 980-994. 在近期的一项研究中，哈佛大学和斯德哥尔摩经济学院（Stockholm School of Economics）的研究人员证明，容许受试者奖励他人的良好行为，有助于合作，效果和惩罚一样好。请见 D. Rand, A. Dreber, T. Ellingsen, D. Fudenberg, M. Nowak, "Positive Interactions Promote Public Cooperation," *Science*, 325 (2009): 1272-1275。

9. 从这个角度来看，甘地（Mahatma Ghandi）说以眼还眼最后只会让整个世界盲目，并不见得是对的，如果每个人都知道伤害他人有何后果，一开始就没有人会失去他的眼睛。

10. 你可以从《纽约时报》上读到这家公司以及这场灾变的相关报道：http://topics.nytimes.com/top/news/business/companies/massey-energy-company/index.html. 该报告可在 http://library.corporate-ir.net/library/10/102/102864/items/305025/Massey_CSR_sm.pdf 查看。

11. 请参考投资者枢纽中心网（Investors' Hub）中的这篇文章：Naureen S. Malik, "The Best Value in Coal Country" (http://investorshub.advfn.com/boards/read_msg.aspx?message_id=23351598)。

12. 同样，要促成利他行为，惩罚的威胁也是很有用的辅助工具。有一项研究稍微修改了原始的独裁者游戏，让收到钱的陌生人去判断独裁者的分配公不公平。如果收钱的人判定为不公，那两边就什么都没有。可能的惩罚（会伤害双方）让更多独裁者决定公平分配最符合自身利益。

13. 其中的经典论文为：H. Tajfel, M. Billig, R. Bundy, and C. Flament, "Social Categorization and Intergroup Behaviour," *European Journal of Social Psychology*, 1 (1971): 149–177。但泰佛尔做过很多这类实验。

14. 军事司法统一法典（Uniform Code of Military Justice）第八十九条到第九十一条规定了违法事项及最高刑责。

15. 以自杀炸弹袭击者来说就没这么确定，因为如果攻击成功，他们的家人会获得丰厚的经济补偿，且他们也确实相信殉难后会得到丰厚的奖励。John Easterbrook, "Salaries for Suicide Bombers," CBS News, February 11, 2009。

16. 请见 Robert Gibbons and Rebecca Henderson, "Relational Contracts and Organizational Capabilities," *Organization Science* (Articles in Advance), December 22, 2011。网址请见 http://orgsci.journal.informs.org/content/early/2011/12/22/orsc.1110.0715.abstract。

17. 这类故事可能不尽为真，但这不重要。比方说，请看以下这则在辟谣网站（Snopes.com）上揭露诺德斯特龙故事的文章：http://www.snopes.com/business/consumer/nordstrom.asp。

18. Bob Sutton, "Places That Don't Tolerate Assholes: Updated Honor Roll," *Management Matters blog*, July 22, 2007.

第八章 灾难与改革

1. 类似的逻辑促使全世界的政府出售石油公司、电力公司、水力公司，以及任何适用民营管理及利益诱因的国营事业。

2. 在霍顿展开英国石油的减肥行动之前，先对员工发布了一份备忘录，承诺给所有人一份"充满挑战的事业"。在这之后，他大量削减职务，度过了短暂、不快乐的两年时光，而很多员工一定会同意，用最保守的说法来说，这两年还真是带来极大的事业挑战。

3. 范例如 Joel Podolny, John Roberts, and Andris Berzins, "British Petroleum: Focus on Learning," Stanford GSB Case Study, S-IB-16A, 1998。

4. 在普拉德霍湾漏油事件之后，2008 年时，"通过麻省理工学院教育项目与斯隆高层主管教育办事处，正式成立了……运营学院（Operations Academy，简称 OA）"，这是英国石油与麻省理工学院共有的合资企业。其目的是"强化英国石油持续改善的文化"，基本上，这是努力要将得克萨斯州炼油厂爆炸事件的调查报告化为实际行动。麻省理工宣布成立本合资事业的公告请见 http://web.mit.edu/newsoffice/2008/bp-mit-0410.html。亦请见《伦敦书评》（London Review of Books）上对最近两本讨论英国石油的著作的评论：Mattathias Schwartz, "How Fast Can He Cook a Chicken," London Review of Books, Vol. 33, No. 19 (October 6, 2011): 25–26。

5. Chemical Safety Board, "CSB Investigation of BP Texas City Refinery Disaster Continues as Organizational Issues Are Probed," October 30, 2006。

6. 真实情况未必如此。你当然可以想成追踪数据和奖酬几乎付之阙如，但也可能是企业鼓励管理阶层将任何已结案的记录尘封。

7. Scott Adams, "The Dilbert Principle," Wall Street Journal, May 22, 1995.

8. 联邦调查局的官方版本历史请见其网站：http://www.fbi.gov/philadelphia/

about-us/history,联邦调查局因为面对绑架和其他跨州犯罪而兴起的历史,请见布莱恩·伯勒(Brian Burrough)的《社会公敌:美国最汹涌的一波犯罪浪潮及 FBI 的诞生,1933-1934》(*Public Enemies: America's Greatest Crime Wave and the Birth of the FBI, 1933-1934*)。

9. 这样的成绩有多少可以归功于运气?这问题没有答案。我们手边有一个名为"本来可能发动意外核战的 20 场灾难"(20 Mishaps That Might Have Started Accidental Nuclear War),细数计算机芯片故障的例子及其他世界如何差点毁灭的惊悚故事,其中一半都发生在古巴导弹危机那 5 天当中。请见 http://www.wagingpeace.org/articles/1998/01/00_phillips_20-mishaps.php。

10. 同样在这三年里,他还写了另外两本书、十几篇学术论文,和诺贝尔经济学奖得主加里·贝克尔(Gary Becker)一起经营一个活跃的博客,并在芝加哥第七区上诉法庭(Chicago Seventh Circuit Court of Appeals)担任法官。"我持续工作,"他说,"我没有休闲嗜好(若你把分析国家安全当成嗜好,那就另当别论)。我也不看电视,不观赏体育活动。"以上这段话引自 Eric Herman, "Posner the Pragmatic," *American Bar Association Journal* (September, 1990): 100。

11. Melanie W. Sisson, "The FBI's 2nd-Class Citizens," *Washington Post*, op-ed, Saturday, December 31, 2005.

结语　未来的组织

1. 赫曼·米勒的企业官网上也有这段话: http://www.hermanmiller.com/designers/propst.html。

2. 在此借用棒球界的术语,指 20 世纪七八十年代类似小学教室桌椅一字排开的办公室,就像是棒球队员休息的牛棚一样。

3. David Franz, "The Moral Life of Cubicles," *New Atlantis*, 19, Winter 2008. 关于"移动办公室"的发展史,请见 Jerryll Habegger, *Sourcebook*

of Modern Furniture (3rd ed) (New York: W.W. Norton, 2005) 及 Leslie Pina, *Classic Herman Miller* (Atglen, PA: Schiffer Publishing, 1998)。

4. 但坦白说，办公室听起来一点都不像我们坐过的船。他说的这些话，指的或许是登上温克勒家族停泊在海恩尼斯码头（Hyannis Port）的游艇后的生活。文中引语的出处见 John Tierney, "The Big City; By the Cubicle, The Dilberting of City Hall," *New York Times*, January 4, 2002。

5. 关于尼尔森，请见 Stanley Abercrombie, George Nelson, *The Design of Modern Design* (Cambridge: The MIT Press, 1995)。普罗普斯特这句话引自 Julie Schlosser, "Cubicles: The Great Mistake," *Fortune*, March 22, 2006。

6. Abigail J. Sellen and Richard H. R. Harper, *The Myth of the Paperless Office* (Cambridge: MIT Press, 2001); Anonymous, "The Office of the Future," *BusinessWeek*, June 30, 1975. 事实上，在《无纸化办公的神话》(*The Myth of the Paperless Office*）一书中，作者阿比盖尔·塞伦（Abigail Sellen）与理查德·哈珀（Richard Harper）提到，使用电子邮件反而让企业用纸量增加，平均增加 40%。

7. 我们很快就会知道结果如何。本书付梓时，哥伦比亚大学正规划要执行费用报告无纸化。

8. Venkatesh Rao, "The End of Pax Papyra and the Fall of Big Paper," Forbes blog, March 13, 2012.

9. 请见奥登伯格的著作: *The Great Good Place: Cafés, Coffee Shops, Community Centers, Beauty Parlors, General Stores, Bars, Hangouts and How They Get You Through the Day* (New York: Paragon, 1989)，从本书的副标题可以感受到他有多么大力推动他的主张。

10. Gergory Dicum, "Hipster Hunting Ground," *New York Times*, July 13, 2008 (http://www.nytimes.com/2008/07/15/travel/15iht-13surfacing.14498817.html)。以舒尔茨的话来说，积极扩张的结果，导致星巴克各

家店面"稀释了客户体验的浓度"。以客户的话来说,星巴克糟透了。不信的话,可以和任何不到 20 岁的人聊聊,试着说服他们星巴克刚开业时被认为是"很时髦"的店,看看对方有何反应。舒尔茨的话,引用自一份泄露到星巴克八卦博客(Starbucks Gossip blog)的备忘录,标题为"星巴克首席执行官提出警告,星巴克经验已经被商品化"。(http://starbucksgossip.typepad.com/_/2007/02/starbucks_chair_2.html)。

11. Nicholas Bloom, James Liang, John Roberts and Zichung Jenny Ying, "Does Working from Home Work? Evidence from a Corporate Experiment," Stanford University working paper, 2012.

12. 布伦观察到捷蓝航空(JetBlue)也有同样的动态。捷蓝聘用了很多家庭主妇,她们把工作排进送小孩上学及其他日常行程与任务(私人沟通活动)当中。

13. 在针对未来做出重大预测时,利维特和维斯勒一定会猜错一些事。最值得注意的是,他们预测计算机将会强化"首席某某官"等高层主管的权力,但我们看到很多组织的走向完全相反。

14. Oriana Bandiera, Andrea Prat, Raffaella Sadun, and Julie Wulf, "Span of Control and Span of Activity," Harvard Business School working paper 12-053.

15. 利维特和维斯勒预告中层管理者将会被电子表格与其他信息科技系统所取代,也对了一部分。近年来相对教育程度后 99% 的人薪资停滞不动,劳动经济学家就至少把部分原因归咎于信息系统取代了低层白领工作。

16. Nicholas Bloom, Luis Garicano, Rafaella Sadun, and John Van Reenen, "The Distinct Effects of Information Technology and Communication Technology on Firm Organization, " Center for Economic Performance Discussion Paper, 2009.

17. Teresa Fasanello, "Bloomsbury Has Highest Crime Rate But It's Blamed on the Truck Stop," *Hunterdon County Democrat*, November 24, 2010.

18. 聘用从事自由工作的卡车司机不代表没有问题。像劳氏这样的企业，非常仰赖卡车司机在起点和终点协助夹板、木材等材料上下货。装卸货是很辛苦、耗时的工作，而且当卡车司机在装运码头等货物进港时，船运也很可能会有延迟的问题。这是很典型的"多重任务"问题，就好像警察必须把时间区分为解决谋杀案和开违规停车的罚单一样。如果劳氏想要和独立作业的卡车司机签约，这种司机到最后可能会因为偷工减料、弄坏电动工具，或因其他方式而减少利润。请见 George P. Baker and Thomas N. Hubbard, "Empirical Strategies in Contract Economics: Information and the Boundary of the Firm," *American Economics Review*, 91, no. 2(2001): 189–194; Thomas N. Hubbard, "Information, Decisions, and Productivity: On Board Computers and Capacity Utilization in Trucking," *American Economic Review*, 93, no. 4(2003): 1328-1353; George Baker and Thomas N. Hubbard, "Make Versus Buy in Trucking: Asset Ownership, Job Design, and Information," *American Economic Review*, 93, no. 3(2003): 551-572。

19. 超人的名字。

20. Sebastian Rotella, "Al Qaeda Crosses the Ts in 'Terrorist'," *Los Angeles Times*, April 16, 2008.

21. 韦伯确实建议有魅力的领导者（比方说战士、先知以及其他有愿景的人，如政治人物）可以逃出组织的铁笼。

图书在版编目（CIP）数据

组织的逻辑 / (美)雷·菲斯曼, (美)蒂姆·沙利文著; 吴书榆译. -- 北京：九州出版社, 2022.12
ISBN 978-7-5225-1232-7

Ⅰ.①组… Ⅱ.①雷… ②蒂… ③吴… Ⅲ.①企业管理—组织管理学—研究 Ⅳ.①F272.9

中国版本图书馆CIP数据核字(2022)第229279号

The ORG
Copyright © 2013 by Tim Sullivan and Ray Fisman
This edition published by arrangement with Grand Central Publishing, New York, New York, USA
All Rights Reserved

著作权合同登记号：图字 01-2022-6932

组织的逻辑

作　　者	［美］雷·菲斯曼　蒂姆·沙利文著　吴书榆译
责任编辑	王　佶
出版发行	九州出版社
地　　址	北京市西城区阜外大街甲35号（100037）
发行电话	（010）68992190/3/5/6
网　　址	www.jiuzhoupress.com
印　　刷	天津中印联印务有限公司
开　　本	889毫米×1194毫米　32开
印　　张	10.75
字　　数	212千字
版　　次	2022年12月第1版
印　　次	2023年6月第1次印刷
书　　号	ISBN 978-7-5225-1232-7
定　　价	60.00元

★ 版权所有　侵权必究 ★